中国文化元典关键词研究丛书

李建中　主编

罗积勇　杨帅　刘丽玲　著

墨家元典关键词研究

人民出版社

总序　元典关键词的原创意蕴与现代价值

中华元典①是中国传统文化最早的宝库，中华元典关键词②则是宝库中的无价之宝。元典的创制者用"关键词"昭示他们对宇宙、社会和人生的观察与思考，元典的阐释者借"关键词"赓续、传承、阐扬、新变中国文化。中华元典关键词是中国人的名号与实质，是中国人之所以为中国人的文化依据，是轴心期③中国文化生生不息、亘古亘今的语义根源。后轴心期历朝历代的文化，常常以"关键词"之重释的方式回到文化元典：如西汉董学之重释"天人"、魏晋玄学之重释"三玄"、唐代韩柳之重释"道"、宋代程朱之重释"理"、明代王学之重释"心"……作为21世纪的中国学者，我们既要站在现代文明和思想的理论高度，

----

① "元典"一词的创制者冯天瑜将五经以及《论语》《墨子》《孟子》《老子》《庄子》《荀子》等先秦书认定为"中华元典"，冯著《中华元典精神》（上海人民出版社1994年版）对"中华元典"的创制、发展以及近代转换作出了具有原创性和开拓性的论述。

② "关键词"乃一比喻性所指，喻指核心的、重要的术语、概念、范畴和命题。这个意义上的"关键词研究"几乎与中华元典同时诞生。

③ 德国哲学家卡尔·雅斯贝尔斯《智慧之路》（柯锦华等译，中国国际广播出版社1988年版）第九章"人的历史"指出，以公元前500年为中心，约在前800年至前200年之间，人类精神的基础，同时独立地奠定于中国、印度、波斯、巴勒斯坦和希腊。正是在那个时期，才形成今天我们与之共同生活的这个"人"，发生于那个时期的精神历程构成了一个轴心，故可称之为"轴心时期"。雅斯贝尔斯所说的"轴心时期"在中国正好是春秋（前770—前476）和战国（前475—前221）时期。

又要面对现代社会错综复杂的文化问题，以"关键词"的方式返回文化元典，整体系统、深刻辩证地重新阐释中华元典关键词，重新揭示中华元典关键词的原创意蕴和现代价值。

中华元典关键词，以"词根"的方式沉潜，以"坐标"的方式呈现，以"转义"的方式再生，既是轴心期华夏文明生生不息的语义学根源，亦为中外文化和而不同的话语前提。因而，欲揭橥元典关键词的原创意蕴及现代价值，须从词根性、坐标性和转义性之考察开始。元典关键词之语义考察，一是以五经以及儒墨道法兵诸家文化元典为文本依据，诠释中华元典关键词的词根性（关键词的文化源起与辞源学释义）；二是以历史时空为经纬，厘定中华元典关键词的坐标性（关键词如何标识不同时代的文化观念，如何贯通不同时代的文化命脉）；三是以世界为视域，诠解中华元典关键词的转义性（关键词的赓续、新创以及语义再生等）。这种"原生—沿生—再生"的语义考察，可为推进中华元典研究提供新的观念、方法和入思路径。

一

有一部名为《我的盛大希腊婚礼》的美国影片，讲述希腊侨民在美国的生活，其中一位希腊父亲逢人便说：你给我一个单词，英语、法语、德语、西班牙语都可以，我告诉你这个单词的希腊语词根。这段不乏喜剧意味的台词，道出一个不争的文化史事实：轴心时期的古希腊文明是西方文化的根柢之所在。从词源学的特定层面而论，西语的词根在古希腊，汉语的词根在先秦。中国文化关键词的"词根"深深地扎在先秦元典之中，如《周易》的"文"与"象"、《老子》的"道"与"德"、《庄子》的"言"与"意"、《礼记》的"乐"与"和"等等。这些单音节的词，在其所表述的特定领域之中，是最早的（本源），也是最根本的（本原），故可称为"元关键词"。凡与它相关的术语、范畴和命题，都以它为词根或者说从它的根基上生长出来。因此，就其"元生性"而言，它们既是先秦文化的关键词，又从源头上构成中华文化关键词的词根。

"人文之元，肇自太极，幽赞神明，《易》象惟先"①，作为中国历史上最负盛名的文学理论家，刘勰的文学理论书写，是从追溯"文"的词根性开始的。"文"，既是《文心雕龙》最大的关键词，又是《文心雕龙》五十篇所有带"文"的术语、概念、范畴和命题的词根：诸如人文、天文、文明、文化、文德、文心，又如文章、文体、文象、文采、文风、文骨等等。刘勰之论"文"，可归纳为两大内涵：一是文之道，二是文之体。若置换为当今文学基本原理的关键词，则前者相当于文学的本源和本质，后者相当于文学的内容和形式。而这两大义项的"文"，其词根性都在先秦元典即五经和诸子之中。

《文心雕龙》追原文之"道"，从天地的"玄黄色杂，方圆体分"讲起，"天玄地黄"出自《周易》坤卦上六的爻辞及《文言》，"天圆地方"出自《大戴礼记·曾子天圆篇》。刘勰接着讲，天以日月"垂丽天之象"，地以山川"铺理地之形"：前者出自《周易》离卦的《象传》，后者出自《周易》的《系辞上》。刘勰由天地而"傍及万品"，自然界的万事万物都有自己的颜色和形体，所谓"动植皆文"，人为五行之秀、天地之心，岂能无文？而"天地之心"、"五行之秀"又出自《礼记·礼运篇》。人以自己的言辞来彰显道，正如天地万物以自己的色杂、体分来彰显道，这也就是文之"道"，或口文学之本原和本质。刘勰从天地之"文"讲到人之"文"，无一处无来历，这"来历"便是包括《周易》和《礼记》在内的先秦元典。

---

① 范文澜：《文心雕龙注》上册，人民文学出版社 1958 年版，第 2 页。

就词根性而言，"文"还有更远的"来历"。《文心雕龙·原道》篇为追寻"文"之本，为揭示"文"之道，以"人文之元"为中心，论及三类"文"：第一类可称之为"人为之文"，准确地说，是处于人类文明滥觞期的人文创制，如八卦、九畴。第二类可称之为"神赐之文"，如河图、洛书。刘勰讲"河图孕乎八卦，洛书韫乎九畴"，可见人为之文是神赐之文所孕育的，或者说人之为文须"取象乎河洛"。第三类是前面谈到的天地自然之文，如日月叠璧、山川焕绮，如龙凤呈瑞、虎豹凝姿，如云霞雕色、草木贲华，如林籁结响、泉石激韵……关于这一类"文"，刘勰谈得最多也最有诗意，因为天地自然之文不仅是人之为文"远取诸物"的对象，亦为刘勰揭示文之道的立论依据。三大类别的"文"，各有其形色，各有其声貌，各有其质地，各有其涵泳，而它们共有的也是最为基本的特征是，因其有形色而能被感知。这一共同特征从何而来？原其词根，来源于"文"之甲骨文释义：人之文身，或曰文身之文。

甲骨文的"文"，从武丁时期到帝辛时期，均有"文身"之义："象正立之人形，胸部有刻画之纹饰，故以文身之纹为文。"①《礼记·王制》有"被发文身"，许慎《说文解字》有"文，错画也，象交文"，而甲骨文"文"字形胸前的纹身即为"交文""错画"。细读甲骨文的"文"，至少可见出三个层面的词根性。人类最早的"文"不仅是人为的，而且是描画于人的身体之上的，"人"与"文"整然一体，不可分离。此其一；"文"是人类最早的"刻画之纹饰"，或者说是远古人类所创造的文化的艺术的文本。此其二；作为人类最早的文化艺术创造，"文"的主要特征是可睹可观、可感可知，是人类感知觉的对象。此其三。而最后一点，正是"文"的基本特征。前文所说的"文"之三大类，人为之文、

---

① 徐中舒主编：《甲骨文字典》，四川辞书出版社 2006 年版，第 996 页。

神赐之文和天地自然之文，其中神赐之文还可以说是人为的，因为神或神文归根结底还是人的创造；而天地自然之文则与人为之文完全无关。因此，这三类"文"，只有在第三个层面（可观可感）才是完全相通或相同的：天地自然之文的"垂象"和"铺形"自不待言，神赐之文是"龙图献体，龟书呈貌"，这两大类文的"象""形""体""貌"，与人为之文的"交文""错画"，其最初的源头在甲骨文"文"字的"以文身之纹为文"之中。

如果说，"文之道"是指人类以自己所创造的"文"来言说或呈现"道"；那么"文之体"则是这种言说或呈现的文本化。前者揭示文学的本源和本质，后者表述文学的内容和形式，二者都是以"文"为词根，其词根性有着共通之处。刘勰论"文之体"与他论"文之道"一样，也是无一处无来历，而最初的来历依然是先秦元典。《原道》篇"龙图献体"，事本《周易》。《征圣》篇"明理以立体"，取象《周易》"夬""离"二卦；又"辞尚体要"，语出《尚书·毕命》；又"政化贵文""事迹贵文""修身贵文"云云，实谓不同内容不同种类的文体，以"贵文"为共同特征。《宗经》篇"文能宗经，体有六义"，不仅尊五经为后世文学"大体"（或曰"体制"）之楷模或圭臬，更是视五经为后世文学体裁（或曰"体类"）之本根和源起。《序志》篇重提《周书》论辞，贵乎体要"，又感叹"去圣久远，文体解散"，这是站在先秦五经的立场，评骘后世文学之弊端。

在"文之体"的特定层面而论，"文"之词根性依然可以追溯至甲骨文"文"字形的"文身之纹"和"刻画之纹饰"。刘勰《文心雕龙·序志》篇，开篇解诠书名中的"雕龙"一语，称"古来文章，雕缛成体"，这里的"古来文章"，既包括先秦诸子，如孔子的"文以足言"，《老子》的"五千精妙"，《庄子》的"辩雕万物"；亦包括五经，所谓"五经之含文也"，所谓"圣贤书辞，总称'文章'，非采而何"。非雕缛何能成体？无纹饰何能称文？所以《征圣》篇赞美圣人的"文体"是"含章之玉牒，

秉文之金科"，而后人著文习体，"征之周孔，则文有师矣"。

《序志》篇开篇推崇"雕缛成体"，与后章批评"饰羽尚画，文绣鞶帨"，看似相悖，实则相关。黄侃《文心雕龙札记》论及二者的关系时说："此与后章'文绣鞶帨，离本弥甚'之说，似有差违，实则彦和之意，以为文章本贵修饰，特去甚去泰耳。全书皆此旨。"①在黄侃先生看来，"本贵修饰"与"去甚去泰"共同构成《文心雕龙》全书大旨；而就"文"这个关键词而言，二者均为其词根义之所在。"文章本贵修饰"自然是"文"的词根义，故"文"又可写作"纹"或"彣"；而文之修饰须"去甚去泰"，须恰到好处，也就是《尚书·毕命》说的"辞尚体要"，同样是"文"的词根义。我们看甲骨文的"文"字，那位正立之人，其胸前的纹身简洁明了，可谓"体要成辞（文）"。没有刻画之纹饰，不能称之为"文"；而多余的或过分的纹饰如文绣鞶帨如饰羽尚画，则背离了"文"之本旨：对"道"的言说和呈现。正是因为过度的文饰会遮蔽文对道的言说，刘勰才特别强调体要。

"文"的原型是"人"，所谓"象正立之人形"；"体"则是"人"本身，人的身体之总称。《说文·骨部》有"体，总十二属也"，段玉裁注称"十二属"为人体"首、身、手、足"所属的十二个部位。②在人体的特定部位纹饰刻画便成了"文"，因而"体"是"文"的载体，"文"是"体"的文化的艺术的呈现，是人类最早创造出来的有生命有人格有灵魂有美感的"文体"。这种生命化人格化的"文之体"，在《文心雕龙》中时时可见。《谐隐》篇有"体目文字"，周振甫《文心雕龙今译》释"体目"为"人身主要部分"③。《俪辞》篇有"造化赋形，支体必双"，"体植必双，辞动有配"，用人体四肢的对称之美喻指文学的对句艺术即俪辞

---

① 黄侃：《文心雕龙札记》，华东师范大学出版社 1996 年版，第 276 页。

② 参见（清）段玉裁：《说文解字注》，上海古籍出版社 1981 年版，第 166 页。

③ 周振甫：《文心雕龙今译》，中华书局 1986 年版，第 136 页。

之美。《附会》篇有"才量学文，宜正体制：必以情志为神明，事义为骨髓，辞采为肌肤，宫商为声气"，将人体各部位与文体各部位一一相配。《时序》篇有"体貌英俊"，"体貌"用作动词，"谓加礼容而敬之"①，礼敬殷勤之面容，亦与人体相关。"文之体"，实乃"体之文"也。只有真正把握到"文"的词根性，方能明辨"文之体"，方能揭示"文之道"。

二

《诗经·大雅·文王》有"周虽旧邦，其命维新"，"旧邦"代表文化传统，"新命"则指新的文化使命或传统文化的新发展。轴心期时代最有代表性的几种文化类型，如古希腊、古罗马、巴比伦、埃及、印度等，有旧邦而无新命；而后轴心期时代的文化强国，如美国，如欧洲的一些国家，有新命而无旧邦，至少是没有像西周那样古老的旧邦。轴心期各国文化，诚如冯友兰先生所言，"惟我国家，亘古亘今，亦新亦旧"②。而中国传统文化的赓续、传承和新变，与元典关键词之词根性的生长密不可分。就文化关键词研究的特定层面而言，中国文化的生命力是通过元典关键词的生命力体现出来的。换言之，元典关键词强大旺盛的生命力，从观念和思想的深处激活了中国传统文化的生命力。源起于轴心时代、扎根于先秦元典的中华文化关键词，在其后漫长的演变历程中，以"词根"的方式沉潜，以"坐标"的方式呈现，既标举特定时空的文化观念，又接续前世与后代的文化命脉，从而成为不同历史时期的文化坐标。

---

① 范文澜：《文心雕龙注》下册，人民文学出版社 1958 年版，第 682 页。

② 冯友兰：《三松堂全集》第一卷，河南人民出版社 2000 年版，第 301 页。

《诗经·小雅·大东》有"周道如砥，其直如矢"，中国文化的发展之"道"，虽不似"周道"那样如砥如矢，而是坎坷曲折，但毕竟从轴心期走到了21世纪。道之绵延，或短或长，总得有个路标；而中国文化之"道"，绵延几千年，历经无数个路段或曰时段，每一个时段都有特定的文化坐标，而文化坐标上所书写的，便是属于这个时代的文化关键词。比如本文第一节所讨论过的"体"。在《诗》《礼》《易》以及《孟》《荀》等元典中，"体"意指身体之总属、主体之认知和与"用"相对的"本"。六朝创"体性"张扬生命风骨，三唐用"体貌"识鉴诗性品质，两宋有"文体"辨析文章种类，而清季以降则以"体用"应对中西文化冲突……一代有一代之"体"和之"所体"，不同时代以"体"为词根的关键词标识着特定时代的"体"和"所体"，而其根柢却在文化元典的"体"所先在铸成的生命本体、认知本体乃至哲学本体之中。由此可见，文化关键词的坐标性椠深柢固于词根性之中，并从词根性之中枝繁叶茂地生长出来。

从"词根"生长为"坐标"，这是文化关键词的发展之"道"；我们以"道"这个中国文化的元关键词为例，来讨论关键词的历史坐标性。"道"的本义很简单，也就是《说文解字》所说的"所行道也"，"一达谓之道"。①"道"最早的词性既可名亦可动，故《诗经》既有"周道如砥"亦有"不可道也"。当"道"在先秦元典中由形而下的"所行道"抽象为形而上的"天之道"时，就成了各家各派不得不道的关键词。《庄子·天下篇》说"《诗》以道志，《书》以道事，《礼》以道行，《乐》以道和，《易》以道阴阳，《春秋》以道名分"，可见儒家是用六经道自家的"道"，正如墨家用《墨子》道自家的"道"，道家用《老子》和《庄子》道自家的道，所谓各道其道，各名其名，各是其是，各非其非。

---

① （清）段玉裁：《说文解字注》，上海古籍出版社1981年版，第75页。

据《论语·里仁》，孔子说"朝闻道，夕死可矣"，足见"道"比个体生命更为重要。孔子又说"吾道一以贯之"，又可见"道"的恒长与永久；但这个"一以贯之"的"道"究竟何指？孔子自己没有说，而曾子解释为"忠恕"。然而，在不同的语境下，孔子的"道"又有不同的含义：或曰"仁"，或曰"义"，或曰"中庸"，或曰"孝悌"，或曰"方法"，或曰"技艺"……"道"在《论语》一书中出现 60 次，其释义已如此复杂；而在《孟子》一书中出现 140 次，其释义更加繁复，故司马谈《论六家要指》要说儒家"博而寡要"。至于道家的"道"，干脆是不可道也，亦即司马谈所言"其辞难知"。但换一个角度说，正是因为"道"在先秦五经及诸子文本中语义繁复，才使得她能够成为后世的文化坐标。作为中国文化的元关键词，"道"，正是因其"词根性"根柢槃深，其"坐标性"才可能枝叶峻茂。

《庄子·天下》篇有"道术""方术"之分，这种分别既是语义的也是历史的。就语义层面而言，道术是"无乎不在"，是"天地之纯"，明于"道"者集"天人""神人""至人""圣人"于一身；而方术只是"百家众技"，仅知晓一方之术者实乃"一曲之士"或者是"百家之学"中某家某派的"君子"。就其历史即时序层面而论，是先有"古之道术""古人之大体""古之人其备乎"，后有"天下治方术者多矣""天下之人各为其所欲焉以自为方"。当"后世之学者"谙于"道"时，则"道术将为天下裂"。战国诸子百家，均为"道术"裂变之后的一方之术即"方术"，庄子一家亦不能例外，虽然他自己不太会承认。

"道术"的词根是"道"，就"道"这个关键词而论，其汉语词根性与历史坐标性之关联，亦发生在汉语语义与历史时序两个不同的层面。"道"在先秦元典中语义之繁复已如前述，甚至可以说，先秦元典中的"道"，其义项之多元，语用之复杂，词性转换之灵活，组词功能之强大，已足以胜任它将要在先秦之后所需承担的历史坐标性表达。仅就学术史的层面论，后元典时代，从两汉经学到魏晋玄学，从唐代三教合流到宋代儒学新生，从明代心学到清代朴学，从近代西学东渐到现代中西对撞，一直到当代的国学复兴，"道"关键词在不同历史时期的坐标性书写或当下诠释，均可以在先秦元典中寻找或发掘到各自所需的语义的和思想的资源。

两汉经学的"道"，用作动词，是对先秦儒家经书的解说；用作名词，则是汉代经学家所诂训所传疏出来的先秦儒家经书的微言大义。如董仲舒的《春秋繁露》，既是繁露（细解细说）《春秋》，也是《春秋》之道的展开和诠解（即繁露）。当然，《春秋繁露》只有十之五六的篇幅道《春秋》（主要是《春秋公羊传》）之道，而余下的篇幅，或道《周易》的天地阴阳之道，或道《尚书·洪范》的五行五事之道，或道《三礼》的郊禘祭祀之道。

如果说，"道"作为两汉经学的文化坐标，其要义是"道（传疏）"五经之"道（经义）"；那么，到了魏晋玄学，其作为文化坐标的"道"，则演变为"道（清谈）"《老》《庄》《易》三玄之"道（有无本末）"。魏晋玄学的开创性也是代表性人物王弼，用他的《老子指略》《老子道德经注》道老子之道，用《周易略例》《周易注》道《周易》之道。王弼《老子指略》："夫'道'也者，取乎万物之所由也……故其大归也，论太始之原以明自然之性，演幽冥之极以定惑罔之迷。"[1]这是对先秦原始道家之"道"的再阐释。当然，王弼还有《论语释疑》，但他是用道家的"道"来道孔子的"道"，如王弼解释孔子的"志于道"："道者，无之称也，无不通也，无不由也。况之曰道，寂然无体，不可为象。是道不可体，故但志慕而已。"[2]以道家的"无"说儒家的"道"，这是王弼也是魏晋玄

① 楼宇烈：《王弼集校释》上册，中华书局1980年版，第196页。

② 楼宇烈：《王弼集校释》上册，中华书局1980年版，第624页。

学"道"的重要特征。刘勰讲"道沿圣以垂文",两汉经学家心目中的"圣"无疑是孔子,而魏晋玄学家心目中的"圣"则是老庄。不同的时代,所宗所师之"圣"各不相同,故所尊所明之"道"亦各不相同。两汉经学与魏晋玄学,其文化坐标上都书写着一个"道"字,但"道"(用作名词)之内涵大异其旨,"道"(用作动词)之方式亦大异其趣。

到了唐代,作为文化坐标的"道",宗教味道特浓:既是道教之道,亦为佛禅之道。初唐李氏父子,奉道教为国教;时至中唐,佛教势力愈来愈大,以至于韩愈要写《原道》来探求儒道之原,以排斥佛老之说。韩愈站在中唐回望先秦,他发现:正宗的儒家之道,由尧舜禹汤而文武周公,由孔子而孟子,孟轲之后,"道"不得其传焉。韩愈在这里做了两件事:一是为儒家的"道"建立谱系,而这个谱系的根之深、源之远,是佛老杨墨完全无法比拟的;二是从国计民生的层面,实实在在地讨论儒道之利国利民,佛老之害国害民。这两件事,指向同一个目标:在唐代的文化坐标上,重写重述重释"道"这个关键词。

宋型文化与唐型文化有诸多差异,就"道"而言,以韩愈为代表的谱系重建者,是摒除"道"关键词中的佛老成分,而还原一个先王之道,一个博爱仁义之道。宋型文化的"道"当然也是儒家的,但宋代理学家的道既不排佛亦不斥老,而是引佛老入儒道以成新儒学。程颢程颐兄弟,同为新儒学,但二人对原始儒"道"的添加或曰新创各有侧重:程颢以"心"释"道",开启了后来的陆王心学;程颐由"道"而推出"理",以形成程朱理学。

说到宋代的文化坐标,我突然联想到北宋末年水泊梁山杏黄旗上的四个大字:替天行道。其实,宋江们的"道"既不是程朱理学的明德之道,亦非阳明心学的心性之道,而是与王学左派相关的百姓日用之道。这一点,我们从李贽的《容与堂本忠义水浒传序》可以读出。以李贽为代表的王学异端,用他的《焚书》《藏书》以及《水浒》评点,在明代

的文化坐标中，为"道"添加了极有思想性启蒙性的内涵。向上，承接上了《周易》的忧患之道；向下，开启了清代三大思想家顾、黄、王的启蒙之道。

清季以降，作为文化坐标的"道"，有两个新义项值得注意。一是以"道—器（技）"博弈应对外族进攻；二是以"道—logos"的对谈应对中西文化冲突。鸦片战争之后，最早"开眼看世界"的中国知识分子已经痛苦地意识到：中国传统文化并不优于西方近代文化，甚至在某些方面还落后于"外夷"。于是，以魏源的"师夷长技以制夷"为口号，终于提出了学习西方的问题，从而在"器"和"技"（亦为"道"的义项之一）即物质及科学技术层面率先开启了中国文化的近代化历程。"道"的词根性之中，既可以是名词也可以是动词，这与希腊语的 logos 正好可以互译互释。钱锺书《管锥编》释《老子王弼注》的"道可道，非常道"，称"古希腊文'道'（logos）兼'理'（ratio）与'言'（oratio）两义，可以相参"①。由此可见，不同时代对元典关键词"道"的不同之"道"（言说），标识着不同时代之文化的核心价值、认知路径和言说方式。

三

关键词研究作为一种方法，可称之为"历史语义学"（historical semantics）。② 就"语义"的层面论，本文所讨论的中华元典关键词的词根性、坐标性和转义性，依次构成特定关键词的元生义、衍生义和再生义；就"历史"的层面论，元典关键词的元生义形成轴心期华夏文明的

① 钱锺书：《管锥编》第二册，中华书局 1986 年版，第 408 页。
② 参见［英］雷蒙·威廉斯：《关键词：文化与社会的词汇》之《译者导读》，刘建基译，生活·读书·新知三联书店 2016 年版，第 13—22 页。

文化根柢，衍生义构成中国各个历史时期的文化坐标，再生义铸成现代性语境下中国文化的话语权和软实力。

在世界文化史的范围内考察，作为轴心期诸种文明之一的中华文化，之所以能绵延不绝、传承至今，与中华文化元典关键词的再生性特质是密不可分的。在文化多元的全球化时代，中华元典关键词以词根性固其本，以坐标性续其脉，以再生性创其新，从而在与异域文化平等对话的过程中获得阐释有效性和现代转义。在全球化时代的语境下，正是中国文化关键词的再生性赋予了中国文化以现代转型之机。这种再生性、转义性不仅折射出中国文化现在所面临的传统与现代、东方与西方的冲突、对话、交流及融合，更展示出中国文化亘古不灭的盎然生机和它极为充沛的应对力、转换力、更新力与传承力。

元典关键词的现代再生性大体上有着三种不同的类型。一是古今恒长型，二是古今变异型，三是古今悖反型。先说第一种。这类关键词有着强大、旺盛和恒久的生命力，从先秦"活"到当下，从轴心期时代"活"到全球化时代。比如本文第一节讨论过的元关键词"文"："文之为德也大矣"！如果说，《易》之"天文""人文"之分、"以文教化"之用以及"文言"之美，已在源头上赋予"文"以多元性和开放性；那么，现代社会仍然频繁使用的"文明""文化""文学""文章"乃至"文体""文辞"等关键词，就先天地秉有广阔的再阐释空间以及在现代语境下转义、通约和再生的巨大潜能。"文"如此，"和"亦然。"和"在先秦元典中频繁出场，或呈宇宙之"和"（如《老子·四十二章》"万物负阴而抱阳，冲气以为和"），或奏音乐之"和"（如《尚书·尧典》"声依永，律和声，八音克谐，无相夺伦，神人以和"），或举人伦之"和"（如《礼记·儒行》"礼之以和为贵"），或标人格之"和"（如《论语·子路》"君子和而不同"）等等。"和"关键词的谐和、调和、协和、圆和、中和等含义延展于中国文化的方方面面，成为中国文化最具再生力、承续力的"元关键词"之一。

《荀子·正名》:"若有王者起,必将有循于旧名,有作于新名。"王先谦案曰:"作者,变也。"① 故知"有循于旧名"者属于古今恒久型,而"有作于新名"者则属于古今变异型。所谓"新名",可以是新造的,也可以是外来的,但更多的是借旧名以说新义,所谓"名"虽存而"实"已变也,本文所讨论的"转义性"或"再生性"即包含此类。以"民"为例。据学者考证,金文中的"民"描画的是人的眼睛,锥刺其中,意指正在受刑罚的奴隶。② 可见最早的"民"虽有人之形体却无人之地位与权利。《说文·民部》:"民,众萌也。"段注:"萌,犹懵懵无知皃也。"③《荀子·礼论》:"外是,民也。"杨倞注曰:"民,民泯无所知也。"④ 就"懵懵无知见"这一义项而言,"民"又可训为"冥"或"瞑":前者如刘知几《史通·自叙》"民者,冥也,冥然罔知",后者如董仲舒《春秋繁露·深察名号》"民者,瞑也"。就"民""氓"互训而言,《说文·民部》有"氓,民也",段玉裁注引了两条语料,一条出自《诗经·卫风·氓》("氓之蚩蚩"),一条出自《孟子·公孙丑上》("则天下之民悦而愿为之氓矣"),段注曰:"盖自他归往之民则谓之氓。"⑤ 无论是那位抱布贸丝、二三其德的"氓",还是那些因不堪赋税之重负而远走他乡的"氓",都是没有社会地位,甚至没有固定居所的游民。我们今天常说"人民",而在古代社会,"人"与"民"其实是两个不同的等级。《说文·人部》:"人,天地之性最贵者也。"⑥ 孟子讲"民贵君轻",显然是对"君贵民贱"之社会现实的义愤和批判。现代社会常常使用的"人民","民"与"人"

① (清)王先谦:《荀子集解》下册,中华书局 1988 年版,第 414 页。

② 参见左民安:《细说汉字——1000 个汉字的起源与演变》,九州出版社 2005 年版,第 114 页。

③ (清)段玉裁:《说文解字注》,上海古籍出版社 1981 年版,第 627 页。

④ (清)王先谦:《荀子集解》下册,中华书局 1988 年版,第 358 页。

⑤ (清)段玉裁:《说文解字注》,上海古籍出版社 1981 年版,第 627 页。

⑥ (清)段玉裁:《说文解字注》,上海古籍出版社 1981 年版,第 365 页。

不仅同义，而且"民"之中新增了"民权""民生""民主"等现代义项，"人民"于是成为一个有着鲜明意识形态特征的关键词，而"民主"也由古代的"为民作主"而新变为"民为主人"。1949年9月第一届"中国人民政治协商会议"期间，黄炎培曾对民盟同仁说："人民共和国才把'民'当做'人'，须自家堂堂地还我做个人！"①"民"的地位的提高，"民"的性质的转变，是"民"这个文化关键词古今变异的确证。

文化元典关键词的现代转义性，第三种类型是古今悖反。前文所提到的"民主"语义的古今变异，其实也是一种悖反。可见，变异的极致就是悖反。我们以"鬼"为例，来看看这一类关键词如何从变异走向悖反。殷商时代，"鬼"，不仅与"神"同义，而且是地位很高的"神"。到了周代，鬼是指祖先神，《论语·为政》："子曰：'非鬼而祭之，谄也。'"孔子这里说的"鬼"指的就是已死的祖先。《楚辞·九歌》是一组用于祭祀的歌诗，其中《山鬼》祭爱笃情深的神女，《国殇》祭为国捐躯的将士，一位是"山中人兮芳杜若，饮石泉兮荫松柏"，一位是"身既死兮神以灵，魂魄毅兮为鬼雄"，或缠绵或壮烈，或柔美或阳刚，《九歌》所描写的"鬼"都是美的形象。佛教传入中国后，"鬼神"之"鬼"变为"魔鬼"之"鬼"，"鬼"的形象于是由正面而变为负面，由美而变为丑。这种悖反式变异一直延续到当下。现代社会，无神论者视"鬼"为子虚乌有，斥之为封建迷信。日常生活话语，带"鬼"的词多为贬义，诸如"鬼话""见鬼""鬼相信""鬼头鬼脑"等等。关键词的古今悖反，缘于历史文化的变迁，具有某种合理性。但也有一种并不具备合理性的误读和曲解，如"封建"。"封建"的本义是指"封蕃建国"的分封制，后人却误读为中央大一统的郡县制。冯天瑜先生的《封建考论》对此有深入的研究和精当的论述，此不赘。更有一种比"误读"更厉害的"诬读"

<hr>

① 张量：《历史一刻》，《中国新闻周刊》2009年第32期。

即"诬陷式解读",如"文革"十年对中国传统文化诸多关键词的批判。对于被"诬读"的关键词,需要正本清源,需要拨乱反正,这也是中华元典关键词研究的题中之义。

"关键词"之英文 KEY WORD 中的 KEY 有"钥匙"之义,而中华元典关键词正是开启中国文化之现代意义世界的钥匙,是贯通轴心时代与全球化时代华夏文明的密码,是让古老的中国诗性智慧在今日焕乎为盛、郁哉可从的点金棒,是历经多次风雨仍然支撑民族精神不死的文化心灵!因而,要实现中国文化的现代化,"关键词"不失为一个很好的切入点。它在那个文明炳耀的遥远时代里奏出温润和煦的无声乐曲,于代代相续的传承中会通而适变,历久而弥新。

李建中

2020 年 12 月

目　录

导　论 001

第一章　原“义” 021

第一节　“义”字溯源与墨家论“义” 021

　　一、墨家“义”是公义 024

　　二、墨家“义”以“利他”为要义 025

　　三、墨家“义”有公平正义的含义 027

　　四、《墨子》给出了行“义”的两大理由 027

　　五、得其所应得为“义”，贪其所不应得者为“不义” 028

第二节　“侠义”与“正义” 029

　　一、墨家与“侠义” 029

　　二、墨家与“正义” 035

第三节 墨家救世牺牲精神与义利统一观的影响 040

　　一、孙诒让与梁启超大力弘扬墨子救世牺牲理念 042

　　二、墨子人格与谭嗣同的牺牲精神 043

　　三、墨子的义利统一观及其影响 045

第二章　义本于"兼爱" 053

第一节　"兼爱"与"仁" 053

　　一、"兼"之形义及墨子赋予它的新意义 054

　　二、墨家"视人若己"与儒家的恕道 059

　　三、王阳明：墨家兼爱实不知爱之"渐"与"发端处" 064

第二节　"兼相爱，交相利"辨析 067

　　一、出于功利的"兼爱" 067

　　二、从墨家的义利统一观到孟子、陆九渊的义利之辨 070

　　三、公利与私利的分别 074

第三节　墨子论"兼士"与做"兼士" 075

　　一、"兼士"墨子 076

　　二、"兼爱"则"非攻" 078

　　三、"非攻"学说与和平主义 082

第四节　"兼爱"在近现代的衍变 084

　　一、孙中山："兼爱与耶稣所讲的博爱一样" 084

　　二、墨子"兼爱"与基督教"博爱"之比较 088

002

第三章 义自"天"出,义由"天"护 093

第一节 从"天志"到"天意" 094

　　一、墨家"天志"的含义 094

　　二、天与鬼神的关系 101

　　三、苏轼的天人观继承墨子、孟子 103

第二节 "鬼"的污名化及其角色的重新定位 105

　　一、"鬼"的能指、所指及其外延的变化 105

　　二、鬼在"赏善罚恶"中地位与角色的变化 115

003

第三节 外国的上帝与中国之鬼与天 130

　　一、晚清"基督教源于墨学"说 131

　　二、"天志""明鬼"与墨家的宗教思想 135

第四章 公平正义之纲目:"非命""尚贤" 141

第一节 由宿命到"非命"的发展过程 141

　　一、"命"字源流 141

　　二、命定说与民本说的调和 144

　　三、墨家独树一帜倡导"非命" 147

第二节 安命非力、知命用力和非命尚力的竞争 149

　　一、安命非力 150

　　二、知命用力 153

　　三、非命尚力 160

第三节 "非命"理念的再度复兴盛行 166

一、"非命"与清末救亡图存 166

二、现代社会与墨子"非命" 169

第四节 墨家尚贤理想与中国尚贤之路 172

一、墨子尚贤思想之内涵与儒墨之辨 177

二、荐选贤人的范围与方式 186

三、德才之辩——"贤人"内涵之演变、转移 192

第五章 "节用":资源的节约与分配的公平 199

第一节 墨家"节用"思想的由来与内容 199

一、"节用"探源 199

二、墨家"节用"内涵 203

第二节 诸家节用思想之比较 212

一、先秦诸子之节用观 212

二、儒墨之辨 220

第三节 历代崇俭节用与墨家思想的关联 230

一、汉之节俭 230

二、魏晋节俭 236

三、唐之节俭 239

四、宋之尚俭 243

五、明之尚俭 248

六、清之尚俭 252

第四节 节用思想的新变..255

　　一、中国共产党勤俭节约、艰苦奋斗的优良传统.........................255

　　二、现代转化：追求效益观念下的资源节约.................................260

第六章 墨家"名实"、推类与"三表"思想..................................265

第一节 墨家"名实"、推类思想..265

　　一、墨家的"以名举实"与先秦的正名思潮.................................265

　　二、墨家的推类思想...270

第二节 墨家推类思想对后世的影响..274

　　一、墨家推类思想对后世论辩体文章的影响.................................274

　　二、墨家推类思想与连珠体...279

　　三、墨子推类思想对古代中医、科技发展的影响.........................290

第三节 墨家"三表法"的影响与启示...293

　　一、墨子的实践观...294

　　二、墨子实践观对后世的影响...298

　　三、墨子实践观对后世的启发...310

参考文献..315

导　论

　　司马谈称墨家出于"清庙之守"，今人或称墨出于儒，总之，在礼崩乐坏、民心思治的时代，墨家代表早期工商业者及中下层民众发言献策。墨家以夏、商为法，言而有据，从春秋战国到西汉初年，与儒家并称为显学，颇有影响。

　　社会思想学说的发展变化，是影响社会发展方向和历史进程的重要因素之一。墨家作为先秦诸子的重要一家，在战国时期与儒家并称"显学"（《韩非子·显学》），《吕氏春秋·不侵》亦曰"孔、墨，布衣之士也，万乘之主、千乘之君，不能与之争士也"，可见儒、墨学说对士子的吸引力。我们调查了《吕氏春秋》中诸子故事，共计 48 个。《吕氏春秋》出自众手，记录的先秦学者也比较多，故事最多的是孔子，共 16 个。在战国末期，儒、墨是两大显学，很多学者论说都是假借孔、墨二人，《吕氏春秋》中孔、墨二人并称多次，如该书《高义》篇中分别列举孔子辞齐景公之养，墨子辞越王之封地，而且两事主旨相同，孔子因为齐景公不了解自己而辞，墨子也是因为越王不了解他的学说而辞。故事相似，主旨也相同。这些都暗示孔、墨在思想主张上有许多交集，墨出于儒有一定的根据，至少从墨子早期思想可以看出二者多有共同的主张。

　　墨家的节用贵俭、尚同尚贤、非命尚力学说，特别是非攻止战、兼爱互利主张，在战国时期产生过重大影响。孟轲为维护儒家的宗法亲亲观念，攻墨不遗余力，但是，孟子悄悄地改造了儒家的仁爱思想，增加了它的"泛爱众"的特征，还为这种爱、这种普遍的人类同情心找到了心理依据——人类的恻隐之心，同时将墨子倡导的论辩技能在实践中发扬光大。道家后学也吸收了部分墨家思想，如《吕氏春秋》之《去尤》《去宥》两篇，陈奇猷先生认为是宋钘、尹文流派之文。此说最初由郭沫若提出，其在《十批判书·稷下黄老学派的批判》中将二者定为一派："《汉书·艺文志》，小说家中有《宋子》十八篇，'其言黄老意'。《尹文子》一篇列于名家……《庄子·天下》篇以宋钘，尹文为一派……两人毫无疑问是属于道家的。"《宋钘尹文遗著考》中又将《去尤》《去宥》两篇定为宋钘遗说，逐渐被学界公认。

宋钘的书今已不见，我们只能从其他古籍中的记载对其思想进行分析。《庄子·天下》中说：

　　不累于俗，不饰于物，不苟于人，不忮于众，愿天下之安宁以活民命，人我之养，毕足而止，以此白心。古之道术有在于是者，宋钘、尹文闻其风而悦之。作为华山之冠以自表，接万物以别宥为始。语心之容，命之曰"心之行"。以聏合欢，以调海内。请欲置之以为主。见侮不辱，救民之斗，禁攻寝兵，救世之战。以此周行天下，上说下教。虽天下不取，强聒而不舍者也。故曰：上下见厌而强见也。虽然，其为人太多，其自为太少，曰："请欲固置五升之饭足矣。"先生恐不得饱，弟子虽饥，不忘天下，日夜不休。曰："我必得活哉!"图傲乎救世之士哉! 曰："君子不为苛察，不以身假物。"以为无益于天下者，明之不如已也。以禁攻寝兵为外，以情欲寡浅为内。其小大精粗，其行适至是而止。

对此段进行一下概括的话，宋钘、尹文学派的主张有：

1."不累于俗，不饰于物"，此为道家清心寡欲思想。

2."不苟于人，不忮于众"，不苛责他人，不违逆大众，与人为善，应当是墨家"非攻"思想的进一步发展。

3."愿天下之安宁以活民命"，墨家思想。《孟子·告子下》：兴天下之利，利天下为之。

4."人我之养，毕足而止，以此白心。"清心寡欲，道家思想。

5."作为华山之冠以自表，接万物以别宥为始。"墨家思想。

6."见侮不辱，救民之斗，禁攻寝兵，救世之战。"墨家思想的进一步发展。

《荀子·非十二子》："不知壹天下建国家之权称，上功用，大俭约，而僈差等，曾不足以容辨异，县君臣；然而其持之有故，其言之成理，足以欺惑愚众：是墨翟宋钘也。"本篇"墨翟宋钘"同称，表明作为道家的宋钘确实吸收融合了不少墨子思想。

至于《晏子春秋》，借儒者晏婴之言之事，大力弘扬墨家的节俭思想，这更是众所周知的事情。

西汉时，汉武帝确定"罢黜百家，独尊儒术"的思想政治方针，虽然有碍于墨家思想学说的顺利流传，但墨家学说并没有因此而"中绝"，依然对历代文人学者产生着大大小小的影响，对民间结义、任侠等产生着深刻影响，对早期道教的产生有过至关重要的影响。墨家的兼爱、天志、尚贤等思想通过融入儒家而继续得到传播，节用思想也通过像唐代魏徵这样的大臣的进谏影响着不同时代的最高统治者。在西汉、唐代、明末清初和近现代乃至当代，为许多思想家、政治家借重和发挥墨家思想，愈翻愈新，与时俱进。墨家的仗义利人、扶危济困和明鬼非命等行为方式和学说主张，深入人心，融入庶民乃至士人的血液之中。还有一个意义深刻的影响，就是墨家的"以名举实""推类"和"三表"思想对后世的科学研究、论辩文写作和政治方针、具体政策制定等，都产生过很大的影响。所以，对墨家文化元典关键词的研究意义重大。

本子课题拟解决的主要问题是通过清理墨家元典关键词的生成与流变，重现墨家学说的理论光辉，深入探讨它在塑造民族精神中所发挥的作用，并客观认识它的近现代转换与当代价值。本子课题重点研究的元典关键词有"义""兼爱""非攻""天志""鬼""非命""尚贤""节用""推类""三表"等。

一、墨子及墨家学说

墨子（生卒年不详），名翟（dí），东周春秋末期战国初期鲁国人，有争议一说滕州人，一说商丘人。宋国贵族目夷的后代，曾担任宋国大夫。他是墨家学派的创始人，也是战国时期著名的思想家、教育家、科学家、军事家。

墨翟是中国历史上唯一一个农民出身的哲学家，他创立了墨家学说。墨家在先秦时期影响很大，与杨朱之学并称"显学"。他提出了"兼爱""非攻""尚贤""尚同""天志""明鬼""非命""非乐""节葬""节用"等观点。以兼爱为核心，以节用、尚贤为支点。墨子在战国时期创立了以几何学、物理学、光学为突出成就的一整套科学理论。在当时的百家争鸣中，有"非杨即墨"之称。墨子死后，墨家分为相里氏之墨、相夫氏之墨、邓陵氏之墨三个学派。其弟子根据墨子生平事迹的史料，收集其语录，完成了《墨子》一书传世。

按墨家的规定，被派往各国做官的墨者，必须推行墨家的政治主张，行不通时宁可辞职。另外，做官的墨者要向团体捐献俸禄，做到"有财相分"，当首领的要以身作则。

　　墨家是一个有领袖、有学说、有组织的学派，他们有强烈的社会实践精神。墨者们吃苦耐劳、严于律己，把维护公理与道义看作是义不容辞的责任。墨者大多是有知识的劳动者。

　　前期墨家在战国初即有很大影响，与杨朱学派并称显学。它的社会伦理思想以兼爱为核心，提倡"兼以易别"，反对儒家所强调的社会等级观念。它提出"兼相爱，交相利"，以尚贤、尚同、节用、节葬作为治国方法。它还反对当时的兼并战争，提出非攻的主张。它主张非命、天志、明鬼，一方面否定天命，鼓励人们努力奋斗，自求多福，同时又承认鬼神的存在，告诫人们要秉承天志、兼爱互利，避免鬼神的惩罚。前期墨家在认识论方面提出了以经验为基础的认识方法，主张"闻之见之""取实与名"。它提出"三表"作为检验认识正确与否的方法。"三表"

包括"上本之于古者圣王之事"，即以历史记载的古代圣王的历史经验为依据；还包括"下原察百姓耳目之实"，即以众人的感觉经验为依据。最后还有一个实践检验的绝招，即"废（发）以为刑政，观其中国家百姓人民之利"，意思是，要以政治实践的结果是否符合国家和人民的利益为依据。这是中国哲学史上最早提出的关于真理标准的命题，对后世产生了重要影响。

　　后期墨家分化成二支：一支注重认识论、逻辑学、几何学、几何光学、静力学等学科的研究，是谓"墨家后学"（亦称"后期墨家"），另一支则转化为秦汉社会的游侠。前者对前期墨家的社会伦理主张多有继承，在认识论、逻辑学方面的成就颇丰。后期墨家除了肯定感觉经验在认识中的作用外，也承认理性思维在认识中的作用，对前期墨家的经验主义倾向有所克服。它还对"故""理""类"等古代逻辑的基本范畴作了明确的定义，区分了"达""类""私"三类概念，且对判断、推理的形式也进行了研究，其在中国古代逻辑史上占有重要地位。

　　战国以后，墨家已经衰微。到了西汉时，由于汉武帝的独尊儒术政策、社会心态的变化以及墨家本身并非人人可达的艰苦训练、严厉规则及高尚思想，墨家作为一个学派在西汉之后基本消失。但是墨家的是非观念、政治理想和刻苦自励、任侠仗义的精神，在民间、在江湖从未消失，甚至特定的社会变革时期，它往往重新作为一面旗帜，被有志之士高高举起，墨家的这些观念、精神被当作具有永恒魅力的关键词，不断被提起，不断被翻新。

本书围绕义、命、尚贤、兼爱、非攻、三利、鬼神、义自天出等选取《墨子》中的关键词展开论述。

二、《墨子》其书

《墨子》一书是墨子讲学时由弟子们记录后整理而成的。文字质朴无华，缺乏文学性，但逻辑性强，善于运用具体事例进行说理，使说理文章有了很大发展，对后代议论文的发展起到了重要作用。创立者为著名思想家墨子。

《墨子》是记载墨子（约公元前468—前387）言行和墨家学派思想学说的著作，由墨子的弟子及后学记录、整理、编纂而成。墨子名翟，相传为鲁国人，曾为宋国大夫，倡导尚贤、尚同、节用、兼爱、非攻、尊天、崇鬼、非命等主张，是墨家学派的创始人。《汉书·艺文志》著录"《墨子》七十一篇"，现行《墨子》只有53篇，佚失18篇，其中8篇有目无文。《墨子》虽保留了对话的形式，但已初具论说文的雏形。《墨子》的内容非常丰富，不仅在政治、经济、哲学、伦理、军事等方面有独到的思想见解，而且在数学、物理学、逻辑学等学科的理论与实践上开创先河。现在《墨子》通行的注本有清人孙诒让的《墨子间诂》、近人吴毓江的《墨子校注》。

《墨子》一书内容可以分为五大类。[①]

第一类是非核心篇目。

这一类包括《亲士》《修身》《所染》《法仪》《七患》《辞过》《三辩》诸篇，有人说这些篇目中的内容有些不是纯粹的墨家学说，但经我们分析，这些很可能是墨家的早期思想，特别是后四篇已有了墨家主要思想的纲目。

《亲士》篇中有这样一段话：

> 今有五锥，此其铦，铦者必先挫；有五刀，此其错，错者必先靡。是以甘井近竭，招木近伐，灵龟近灼，神蛇近暴。是故比干之殪，其抗也；孟贲之杀，其勇也；西施之沈，其美也；吴起之裂，其事也。故彼人者，寡不死其所长，故曰：太盛难守也。

单从这一片段看似乎是道家思想，但通观全篇，这实际上只是想说明，尽管真正的士有扬长露己、常招嫉恨的毛病，但由于治国不可无士，不可不用贤，故君主必须学会容忍，亲士用士。由于先秦诸子中的篇目有的是先收集材料，然后略加勾连以成篇，而此处与上下文的勾连也没做。再看《修身》篇。"修身"一词，好像是儒家之言，但许多研究都表明墨出于儒，所以早期墨家学说中有跟儒家相同的内容，不足为奇。《所染》中的"染苍则苍，染黄则黄"虽然也有人怀疑不是墨家思想，但这些话只是在陈述客观事实，并且墨子是用这个事实来证明君主要相信先王之道，要与贤人为伍，要用贤人，而这个被证明的结论完全是墨家的思想。"法仪"一词，有人疑是法家之言，但是通观《法仪》全篇，

① 参见郑杰文：《中国墨学通史》，人民出版社2006年版，第471—472页。

它是在反复证明要依据"天"的意志来树立规矩，确定标准，这绝对是墨家的思想。它与墨子后来提出的检验认识正确与否的"三表"法密切相关，请看《非命下》中的这段话：

> 子墨子言曰："必立仪，言而毋仪，譬犹运钧之上而立朝夕者也，是非利害之辨，不可得而明知也。故言必有三表。"何谓三表？子墨子言曰："有本之者，有原之者，有用之者。于何本之？上本之于古者圣王之事。于何原之？下原察百姓耳目之实。于何用之？废以为刑政，观其中国家百姓人民之利。此所谓言有三表也。

不难看出，"必立仪，言而毋仪，譬犹运钧之上而立朝夕者也，是非利害之辨，不可得而明知也"这段话中的"仪"就是《法仪》篇中的"法仪"。在墨子看来，不确立法仪，不确定标杆，就好像将一个东西放到了转动的陶轮之上，随其旋转，你永远无法分清东西、辨别是非。

《七患》重点讲了"节用"和"国备"（指国家粮储、兵备和城防），《辞过》反对君主奢侈淫放，再次强调了节用是国泰民安的保障。《三辩》通过回答程繁的诘问，墨子维护了自己的"非乐"的主张。

第二类是核心篇目。

这一类是代表墨家的主要政治思想。包括《尚贤》上中下篇，《非攻》上中下篇，《兼爱》上中下篇，《节用》上中篇，《非乐》上篇，《明鬼》下篇，《尚同》上中下篇，《非命》上中下篇，《天志》上中下篇，《节葬》下篇，《非儒》下篇。

除了《非攻》上篇、《非儒》下篇之外、各篇皆有"子墨子曰"四字，一般认为是墨子门弟所记的墨子之言。

第三类是墨家后学所记墨子一生重要言行的篇目。

这一类包括如下篇目：《耕柱》《贵义》《公孟》《鲁问》《公输》。

第四类是反映墨家逻辑思想的篇目。

这一类包括《经上》《经下》《经说上》《经说下》《大取》《小取》，共六篇。这六篇被治墨者称为墨辩，亦称为墨经。此六篇难通难译，古字词较多，辩理深奥，语言简单且晦涩。加上杂有光学、力学和数学等自然科学理论，乃至朴素唯物辩证法等方面的哲学论断，实属驳杂难解。但这一类是《墨子》的精华部分。近百年来学者在这方面整理的成果也最多。梁启超认为这六篇是墨翟自著，而孙诒让则认为是后墨学者所著。现一般采信孙说。

第五类是墨家有关守城备敌的方法的篇目。

自《备城门》以下到《杂守》共十一篇是也。

三、墨家的基本思想

墨家的基本思想主要有以下十点：

第一，兼爱。

即完全的、不分身份地位的无差别的博爱，与儒家的先亲人后他人的仁爱不同。儒家认为的爱只能从亲人开始，然后将对待亲人的方式扩展到其他陌生人身上。

墨家提倡兼爱，原本是为了扶助贫弱，止息战争。墨家的爱其实是基于人类的同情心，是基于只想过安稳日子的普通庶民的最基本的诉求。儒家的爱由亲人开始，然后扩充及于天下。从爱的情感的产生和实践看，似乎更有道理。兼爱与仁爱的区别，单从文字阐述上看，并不存在多大矛盾，但推广到如何"任贤"，如何做到法律的公平时，墨家的主张更容易被当今接受。但是，如果一个人对自己的父母兄弟都不爱，都不知道怎么爱，那就很难相信他会爱陌生人。换句话说，如果兼爱成了一个空洞的幌子，那么就有可能在这个幌子之下无所不为，甚至突破人性的底线。

第二，非攻。

墨家反对侵略战争，认为春秋战国时诸侯间的兼并战争是非正义战争。有意思的是，墨子是通过类比推理来证明其非正义的，《非攻上》曰：

今有一人，入人园圃，窃其桃李，众闻则非之，上为政者得则罚之。此何也？以亏人自利也。至攘人犬豕鸡豚者，其不义又甚入人园圃窃桃李。是何故也？以亏人愈多，其不仁兹甚，罪益厚。至入人栏厩，取人马牛者，其不仁义又甚攘人犬豕鸡豚。此何故也？以其亏人愈多。苟亏人愈多，其不仁兹甚，罪益厚。至杀不辜人也，扡其衣裘，取戈剑者，其不义又甚入人栏厩取人马牛。此何故也？以其亏人愈多。苟亏人愈多，其不仁兹甚矣，罪益厚。当此，天下之君子皆知而非之，谓之不义。今至大为攻国，则弗知非，从而誉之，谓之义。此可谓知义与不义之别乎？

杀一人谓之不义，必有一死罪矣，若以此说往，杀十人十重不义，必有十死罪矣；杀百人百重不义，必有百死罪矣。当此，天下之君子皆知而非之，谓之不义。今至大为不义攻国，则弗知非，从而誉之，谓之义，情不知其不义也，故书其言以遗后世。若知其不义也，夫奚说书其不义以遗后世哉？今有人于此，少见黑曰黑，多见黑曰白，则以此人不知白黑之辩矣；少尝苦曰苦，多尝苦曰甘，则必以此人为不知甘苦之辩矣。今小为非，则知而非之。大为非攻国，则不知非，从而誉之，谓之义。此可谓知义与不义之辩乎？是以知天下之君子也，辩义与不义之乱也。

我们对比以下，庄周也看到了"小窃窃钩而蒙诛杀，大窃窃国而为诸侯"这个不合理的现实，但是他最后接受了这种不合理的现实，并把它当作"一切都是相对"这个观点的事实论据。墨子则是奋起与这种不合理的社会现实作斗争，一方面以"兼爱""天志"来呼吁不要发动战争；另一方面则制作先进的防守和进攻设备，来帮助遭受侵略的国家，这从《备城门》以下到《杂守》的十一篇和《公输》篇可以看出，在墨经中，有不少关于力学、光学的内容，可以看出墨子是借助当时的科技来扶弱抗暴的。

第三，尚贤。

《左传·庄公十年》："十年春，齐师伐我。公将战。曹刿请见。其乡人曰：'肉食者谋之，又何间焉？'刿曰：'肉食者鄙，未能远谋。'"肉食者，就是指当时锦衣玉食的世袭贵族，他们腐朽无能，遇到大事偶尔也会利用一下像曹刿这样的有才能的人。既然那些靠血缘关系上位的世袭贵族们应付不了局面，解决不了国家大事，那就应该变更制度，代之以"选贤授能"的制度，"有能则上"，"无能则下"，而这些要求是《墨子》第一次明确、系统地提出来的。我们认为，墨子这种不分血缘亲疏的"尚贤"主张，是建筑在他的兼爱学说的基础之上的。

第四，尚同。

一人一义，十人十义，百人百义，千人千义。在这种没有统一思想、没有丝毫共识的状况下，是不可能产生统一意志的。而在当时情况下，没有统一意志，就不可能救国于危难，救民于水火。所以墨子提出"尚同"说，主张下级服从上级，全民服从天子，天子顺从"天志"。天子如果不服从天志，上天和鬼神就会降罚。

第五，天志。

墨子认为，工匠建造总是需要一个单位尺度作为计量，能工巧匠能够完全刻画无误，不巧者虽不能完全无误，但依尺度动作，效果仍然良好过单靠自己个人能力，主观的自由探索。所以墨子提出要按章办事，按照章程来操作。这个章程，这个规矩，就是"天志"，墨子在《天志上》篇中说道：

> 我有天志，譬若轮人之有规，匠人之有矩，轮匠执其规矩，以度天下之方圆，曰："中者是也，不中者非也。"今天下之士君子之书，不可胜载，言语不可尽计，上说诸侯，下说列士，其于仁义则大相远也。何以知之？曰我得天下之明法以度之。

墨子认为"天"是有人格的，高贵且聪明，天之行广而无私，施厚而不德，其明久而不衰，故应以天为尺度计量自己的行为。墨子认为天是无差别的博爱，何以知天兼而爱之、兼而利之也？以其兼而有之、兼而食之也。

今天下无大小国，皆天之邑也。人无幼长贵贱，皆天之臣也。所以人必须兼爱。最后一级一级地统一为兼爱整体，以兼爱的做法废除一切战争与争端。

第六，明鬼神。

墨子希望借神鬼之说使人们，特别是君主警惕，让大家知道，杀害无辜者，欺侮弱势者均得不祥，会遭恶报。

第七，非命。

墨子否定宿命的存在，认为赖其力者得其生，不赖其力者不得其生。行善行恶，现世有报。对君主而言，不存在一定不变的天祚，行暴政如桀纣者必亡国。对地位低贱的人来说，可以通过自己的努力来改变命运。

第八，非乐，节用，节葬。

墨家崇尚夏政，刻苦自励，摩顶放踵而利天下，在所不辞。墨子知稼穑之艰，晓百姓之辛劳，珍惜钱财，不能容忍将其浪费无谓之事和不急之事上。所以，他要摆脱划分等级的礼乐束缚，废除烦琐奢靡的编钟制造和演奏。古代音乐舞蹈费时耗事，花费甚大，耽误生产，乃无用之事。废除大型音乐，符合有利于平民的标准。

墨子认为贵族浪费，过度享受，会导致老百姓群起为盗。观察到万物节则阴阳和，以此劝说贵族，节用节葬。周朝的厚葬，对贵族是小事一桩，对穷人则要倾家荡产，还不能劳动生产。废除远古留下来的葬礼习俗，符合有利于平民的标准。但他的这些主张却直接冲击了以"礼"为核心的儒家。

第九，推类，明辩。

墨家的推类明辩思想不但体现在墨经中，而且，据詹剑锋研究，它还贯彻在墨子对上述八个方面的理论的论证中①。墨辩是独具中国特色的逻辑学体系，墨家运用它在科技上有不少发现。其在政治学说方面的运用，虽然现在看来不能完全认同，其某些前提经不起推敲，用现代逻辑学来看，其方法也难免有漏洞。但是，墨家明确在政治、社会的研究和建构中处处都要讲理。这一点却是与儒家明显不同的。

讲理好辩，有时可能会遇到诡辩，有混淆视听、扰乱民心的效果。所以，孔子说"巧言令色鲜矣仁"，"是故恶夫佞者"，对策是采取泛伦理的态度，远离这些佞人。但墨家不同，墨家是要以理服人，要明辨是非。

事实上，在学术争辩中，儒家后期对墨家思想进行了部分的吸收改造，成为了自己思想的一部分。如墨家贵义的思想对孟子有着直接的影响。孟子说：生，我所欲也；义，我所欲也，两者不可得兼，舍生取义

---

① 参见詹剑锋：《墨家的形式逻辑》，湖北人民出版社 1979 年版，第 3 页。

也。跟墨子学于儒而逃于儒相反，孟子是学于墨再逃墨从儒。虽然他有很多攻击墨家之词，但他的很多观点深受墨家影响。例如他接受墨家等贵贱的思想，提出"民为重，社稷次之，君为轻"；接受墨子减轻百姓负担发展生产的影响，提出"轻徭薄赋"的主张。

墨子以大义引导任侠精神，从而对中国几千年的任侠文化起了主导作用。这一作用不可低估，抵抗外来侵略的慷慨赴死，路见不平的见义勇为，皆来源于墨家。墨徒们并不是一群书呆子，而是一群随时准备着为"大义"而献身的武士。墨子尝说："士虽有学，行为本焉"，墨家学问的指归在于践行，他们秉承先秦时代"慷慨悲歌"的"士"的精神，并将此精神发扬到极致。即使是墨家的反对者，在这一点上，也不得不承认。陆贾《新语》记"墨子之门多勇士"；《淮南子》记"墨子服役者百八十人，皆可使赴火蹈刃，死不旋踵"。

墨子思想在很多地方跟儒家直接针锋相对，一直互相攻击。当儒家成为正统思想后，墨家思想就被视为异端，遭到封杀。但它在民间仍得到认同并延续传播。在晚清及近现代，墨家的价值重新被肯定和传播、转换。

四、研究现状

墨家，自汉以后不传，作为诸子的一家，在汉武帝"罢黜百家，独尊儒术"后，几乎销声匿迹。只有墨家至"朝歌"而回车、墨家制作木鸢、墨家与公输般等故事偶尔被文人引用。墨子其人，还在道教中被神化。

《墨子》一书，有幸传下来了。清代以前，对该书的研究不多，晋代鲁胜写了《墨辩注》，但该书失传了，只留下一个序。唐代韩愈看过《墨子》，写了些文章，但他开始对墨子的兼爱思想有所接受，后来，在他自认为是儒家道统的继承人时，又学孟子，开始攻击墨子。

据郑杰文《中国墨学通史》说：

> 自战国至元代，其间 1500 余年，墨学整理之作仅出现 10
> 种（包括佚书）。明代整理旧典风盛，270 余年间，墨学整理
> 之作出现 26 种。清代 260 余年间，墨学整理之作出现了 52
> 种。清代墨学整理的成就不仅仅表现在数量上，更重要的是在
> 质量上。自刘向校书后，《墨子》一直没得到系统的整理，故
> 脱、讹、窜、衍现象十分严重，至不可卒读。正是经过清儒的
> 整理，特别是毕沅、张惠言、孙诒让等人的校释，校正了大部
> 分错简，提出了《墨经》"旁行读法"，破解了诸多科技、逻辑
> 论说，才使得《墨子》成为可读、可解之作。清代学者的努力，
> 为 20 世纪墨学研究提供了可资利用的文本。①

《墨辩》是《墨子》的重要组成部分，它所包含的科技、逻辑论说
以及人文思想观念，是墨家学说精华之一。但由于其论述过简，又由于
晋人鲁胜的《墨辩注》失传，其后也无人整理研究，因而成为难以破解
的谜篇。毕沅、张惠言、邹伯奇、陈澧、孙诒让等先后以西方科技知识
和逻辑知识比附，解说《墨经》，发掘其深邃含义，不但使其义稍可窥
知，而且为 20 世纪的墨学研究指出了一条可以遵循的道路。

墨家最吸引后世志士仁人的还在于它的兼爱思想与侠义思想。

将墨子兼爱思想与侠义思想践行到底的，首推谭嗣同。谭嗣同在
《仁学·自序》中写道："墨有两派：一曰任侠，吾所谓仁也，在汉有党
锢，在宋有永嘉，略得其一体；一曰格致，吾所谓学也，在秦有《吕

---

① 郑文杰：《中国墨学通史》（下），人民出版社 2006 年版，第 352 页。

览》，在汉有《淮南》，各识其偏端。仁而学，学而仁，今之士其勿为高远哉！即墨之两派，以近合孔耶，远探佛法，亦云汰矣。"①谭嗣同将两千年来几乎绝迹的墨学，提升到与儒教、基督教、佛教同等的高度。谭嗣同接受墨子的人格力量影响在前，系统学习墨子的理论在后："吾自少至壮……，由是益轻其生命，以为块然躯壳，除利人之外，复何足惜！深念高望，私怀墨子摩顶放踵之志矣。"②而且谭本人也以其生命践行了"摩顶放踵以利天下"的墨家理想。

近代以来，复兴墨学最力者当推梁启超。梁启超写有三本墨学专著，一为《子墨子学说》（1904），全书分六章，约四万五千字；一为《墨子学案》（1921），全书八章，约七万字；一为《墨经校释》（1920），约十万字，这本书出版时，梁启超约胡适为之作序，这里引胡适部分序文，可以看出梁启超在推广墨子学说方面的努力："梁先生在差不多二十年前就提倡墨家的学说了，他在《新民丛报》里曾有许多关于墨学的文章，在当时曾引起许多人对于墨学的新兴趣，我自己便是那许多人中的一个人。"梁启超以其敏锐而广博的历史视野，考察墨子学说虽然二千年不流行，但其一些根本理念，已经融合为中华民族特性之一，"吾尝谛观思惟，则墨学精神，深入人心，至今不衰，因以形成吾民族特性之一者，盖有之矣"③。譬如在战争问题上，中国文化的价值取向，对开边黩武者，皆持反对之态度，而在守土捍难方面，则是最为尊崇。这种民族特性，实则与墨子的"非攻""尊守"的学说是相一致的，梁启超认为在现今国际社会，墨子的这一学说还有极大的生命力："斯义

---

① 蔡尚思、方行编：《谭嗣同全集》（修订版），中华书局1981年版，第289页。

② 蔡尚思、方行编：《谭嗣同全集》（修订版），中华书局1981年版，第290页。

③ 梁启超：《墨子学案》，载任继愈主编：《墨子大全》第26册，北京图书馆出版社2004年版，第3页。

者，则正今后全世界国际关系改造之枢机。"①梁启超的几部墨子专著，都以新时代之眼光审视墨子文化，参比于西方学说，极具创造性，为研究墨学者不可不读之精品。梁对墨子的人格，也极尽倾倒之心："呜呼！千古之大实行家，熟有如子墨子耶？熟有如子墨子耶？"

说到墨学的研究，还不可不提到胡适。胡适在美国哥伦比亚大学的博士论文《先秦名学史》，重点研究了墨家学派在逻辑学方面的成就，在胡适看来，墨学也许是中国传统文化中，与西方近代文化最接近的一支，其逻辑学与科学观念，在古代中国，没有任何其他流派能与之相提并论。"墨翟也许是中国出现过的最伟大的人物"，胡适对墨子的人格力量，同样无法抵抗。而对于墨子学派中的一大批无名的学者，也就是称为"别墨"的学者，他们撰写了《墨经》《大取》《小取》等深奥难懂的文章，胡适称赞"别墨是伟大的科学家、逻辑学家和哲学家"，并且从认识论、方法论等体系上，重新赋古老的经典以现代的阐述，使得被历史尘封二千年后，墨家的学术展露出其天才的一面，也表明了墨学的当代复兴的可能性。

从晚清以来，墨学受到的关注程度，超过了秦以后两千年的总和。虽然近代以来，墨学因其丰富的科学性与逻辑知识倍受学界关注，但我认为，墨学的复兴，并不在于这个方面，在科学发达的今天，墨家只不过能为中国科学史提供些材料罢了，我们也不用抱着墨子两千多年前发明能飞三日而不落的木鸢来引为自傲的本钱。倒是在精神上，古代文化并不会逊色于当代，墨家的牺牲精神、兼爱精神、任勇精神足以令今日浑浑众生能当头一棒，激发起"力排当代智勇，唤起永世英灵"的信念，这才是真正的文化传承。

---

① 梁启超：《墨子学案》，载任继愈主编：《墨子大全》第26册，北京图书馆出版社2004年版，第6页。

当今的研究，举其大者，有如下几家。

《墨子大全》由著名哲学史专家、国家图书馆馆长任继愈先生主编，共收战国至 2002 年间有关墨学著作三百余种，精装一百册。此书使得研究墨家的材料大备，其功至伟。

《墨子及墨家研究》是 2007 年华中师范大学出版社出版的图书，作者是詹剑峰。该书作者以史实为依据，马列唯物史观和辩证唯物主义为指导，对先秦时期的思想家、政治家墨子及墨子的思想从哲学、政治学、逻辑学和科学各方面进行了深入的探讨，对墨学研究的许多传统看法提出了不同的论见，对梁启超、胡适、冯友兰等著名学者的观点提出了挑战。

当今系统研究墨家的学者首推郑杰文，现为山东大学古籍研究所教授、博士生导师，西北大学兼职教授。主要从事先秦两汉文学史和文化史的研究。

在墨家研究方面，其著作有：《中国墨学通史》、《墨学与新伦理道德》（郑杰文为第一作者，撰写 5 万字）、《20 世纪墨学研究史》。

五、本书研究的内容与研究方法

中国文化原典，是中华传统文化的精粹集成，是中华民族固有的精神生命，是中华民族生命动力所在，是中华先哲留给我们最宝贵的财富。

中国文化关键词是中国人之所以为中国人的文化本质，是中国人在意义世界的存在方式，更是中国人的文化基因。源起于轴心时代、扎根于先秦原典的中华文化关键词，多具有某种"全息"特征，一词一世界，一个关键词几乎包括了中国文化的全部信息，秉有无限丰富的文化内涵。从轴心时代到全球化时代，汉语关键词以词根性固其本，以坐标性续其脉，以再生性创其新，从而建构起中华文化的意义世界。

本书的独特之处在于，以轴心期产生的《墨子》原典为研究对象，以对其关键词的重新阐释为主要内容，以解诠原典关键词的词根性、坐标性和再生性为总体思路，以揭示中华文化原典的原创意蕴和现代价值为最终目标。

墨家文化元典关键词与中国政治、社会和历史关系密切。本文择其要、择其对社会有长久影响的关键词进行研究探讨。

首先，我们认为，墨家思想最具特色且对吾国吾民影响最深的要数"义"，《墨子》自言"天下莫贵于义"。事实上，上文中提到墨子的九个方面的思想都与义有关。

然后，我们分别研究"兼爱""天""鬼""非命""尚贤""节用""推类"和"三表"等文化关键词及其它们对吾民的心灵、吾国的历史和我们这个社会的进步的深远影响。

我们的方法是根关键词和衍生关建词为线索，结合思想史和社会政治史来加以证明和分析。我们重视的是思想家学说的影响的有无及影响深度，并不致力于纤悉无遗地展现历史上每一种学说。一句话，本书用的是关键词的研究方法。

第一章　原"义"

第一节　"义"字溯源与墨家论"义"

"义"是中国传统文化中一个非常重要的概念，内涵丰富，对中华民族的传统伦理道德与民族性格都有深远影响。

"義"的古字形是很有意思的：其中的"我"是一种似戈的兵器，在兵器"我"上饰以羊角就是"義"。而羊是上古姜姓部落的图腾。在兵器上缀以神圣庄严的象征物，这在后世的仪仗队中可以看到。故古代一些权威学者认为"義"就是"儀"的本字。《说文解字》："義，己之威儀也，从我羊。"在古籍中，义、仪常相通假，而清代有学者更是直接认定：義（以下均写作"义"），就是儀（下文均写作"仪"）的古字，如《群经平议·周书》"服美义淫"俞樾按："义，当读为仪。"孙诒让《周礼正义》在疏解《周礼·地官·大司徒》"以仪辨等"（郑玄注"故书仪或为义"）时说："义、仪古今字。凡威仪字，古止作义，汉以后假借仪度之'仪'为之。"仪仗队排列仪仗，在后世看来是为了向臣民显示威仪，但在上古，这种威仪是直接向敌人显示的，举起饰有图腾的"义"，对敌人就是举起了一面正义的旗帜；对自己的队伍，就是发出了一个为正义而牺牲的"神圣命令"。所以，"义"一开始就带有"神圣命令"的意

涵。我们下文将会看到墨家之"义"力图恢复这一意涵。《说文解字·我部》:"义,己之威仪也。从我羊。"段玉裁注:"古者威仪字作义。今仁义字用之。仪者,度也。今威仪字用之。"

"义"后来又出现一个非常流行的世俗的理解,即"义者,宜也"(《故训汇纂》中所录这类训释用例多达百条),这本是一个带有极大主观性的声训,但由于"适宜""合适"这类意思比较含糊,而原始先民奉行的血亲复仇式"自然正义"(详下文)本身也含有"得所当得""行所当行"的意思,所以这个训释也就被接受下来。《释名·释言语》:"义,宜也,裁制事物使合宜也。"其字形最初作"谊"。《说文解字·言部》:"谊,人所宜也。"段玉裁注:"谊、义,古今字。周时作谊,汉时作义,皆今之仁义字也。"更进一步儒家又将这个"宜"说成是"礼"之所宜,即礼制所规定、所允许的,从而变成了为封建等级制度作背书的一个概念,使它失去了对世俗社会进行反省、批判的力量。墨家虽未明言反对现实等级制度,但是它的"义"不是以这个制度作依据的,它的"义"是从"天志"出发的。

复引申为善。《说文解字》"义"字段玉裁注:"义之本训,谓礼容各得其宜,礼容得其宜则善矣。……从羊者,与善、美同意。"又引申为正义、道义。《左传·昭公元年》:"不义而强,其毙必速。"[1] 随着含义的丰富,春秋以后,"义"成为一个既可指称一定具体伦理规范,又几乎涵盖所有伦常德行的普遍性伦理原则和道德规范。《周易·说卦传》:"昔者圣人之作易也,将以顺性命之理。是以立天之道,曰阴与阳;立地之道,曰柔与刚;立人之道,曰仁与义。"[2]《礼记·礼运》:"父慈、子孝、兄良、弟悌、夫义、妇听、长惠、幼顺、君仁、臣忠,十者谓之人

---

① (战国)左丘明撰、(西晋)杜预集解:《左传》,载《中国史学要籍丛刊》,上海古籍出版社2015年版,第695页。

② (明)来知德:《周易集注》,民主与建设出版社2015年版,第412页。

义。"义"是人之道，全面涵盖人的各类社会关系。

作为内涵丰富的伦理与道德概念，"义"常与"仁"并称、连用。《老子·十九章》："绝仁弃义，民复孝慈。"《管子·任法》："所谓仁义礼乐者，皆出于法。"在封建社会伦理道德体系中，"义"的具体内涵多与"礼"相关。《荀子·大略篇》："礼也者，贵者敬焉，老者孝焉，长者弟焉，幼者慈焉，贱者惠焉。""贵贵、尊尊、贤贤、老老、长长，义之伦也。"因此，"义"也常常和"礼"连用。《孟子·告子上》："万钟则不辨礼义而受之，万钟于我何加焉？"《荀子·性恶篇》："人无礼义则乱，不知礼义则悖。"

先秦，"义"被视为重要的伦理道德规范，得到诸子一致的重视与宣扬。儒家重"义"，将其作为重要道德标准。《论语·阳货》："君子义以为上。君子有勇而无义为乱，小人有勇而无义为盗。"以"义"作为最高行为准则。《孟子·离娄下》："大人者，言不必信，行不必果，惟义所在。"义之所在，无往不适。《孟子·告子上》："生，亦我所欲也，义，亦我所欲也，二者不可得兼，舍生而取义者也。""义"超越生命，是人生的终极价值追求。墨家重"义"，认为"义"是上天意志的体现，是为政者治天下和个人行为的首要准则。《墨子·天志下》："天欲义而恶其不义者也。"《墨子·贵义》："万事莫贵于义。"《墨子·尚贤上》："是故古者圣王之为政也，言曰不义不富，不义不贵，不义不亲，不义不近。"墨子重"义"，但也尚"利"，在墨子看来，行义就是求利。《墨子·耕柱》："所为贵良宝者，可以利民也，而义可以利人，故曰：义，天下之良宝也。"义为利人，义可利人，故义为贵。

汉代吸取秦朝暴虐失国的教训，待民以宽，无为以治，学者多推崇仁义。《新语·道基》："夫谋事不并仁义者后必败，殖不固本而立高基者后必崩。"《新书·过秦论》："仁义不施，而攻守之势异也。"均把"仁义"视为治国的基本指导原则。武帝独尊儒术，董仲舒进一步对"义"

的对象、范围进行定位、分析。《春秋繁露·仁义法》："义之法在正我，不在正人。我不自正，虽能正人，弗予为义。""以仁治人，义治我，躬自厚而薄责于外，此之谓也。""仁"以待人，"义"以律己，严以律己，宽以待人。董仲舒对"义"的对象严格区分人、我，从理论上厘清了对行义对象、范围及方法的认识，对"义"观念的发展，有深远影响。

宋代以来，理学家进一步提高了"义"的地位，将其纳入宇宙本体范畴和最高道德评价体系。《晦庵集·答吴斗南》："所谓天理，复是何物？仁、义、礼、智岂不是天理？"《论语集注·里仁》："义者，天理之所宜；利者，人情之所欲。""理"是世界的本源，而"义"就是"天理"，成为具有本体意义的宇宙法则。"义"也是人之内在禀性。《孟子集注·梁惠王上》："仁义根于人心之固有，天理之公也。"《象山集·与赵监》："仁义者，人之本心也。"明代"心学"兴起，进一步强调"义"源于人心本身。《传习录·答顾东桥书》："心，一而已。以其全体恻怛而言谓之仁，以其得宜而言谓之义，以其条理而言谓之理。"

"义"是先秦诸子经常使用的一个术语（特别是儒家与墨家），在《墨子》中，它有自己的特殊意涵，是一个重要的元关键词。本书先解释"义"的字义，然后总结墨家之"义"，最后分析对近代以来中国政治与社会造成重大影响的"侠义""正义"与墨家之义的关连。

《墨子》认为"万事莫贵于义"。然而，对于"义"到底是什么，《墨子》一书却说得十分含糊，没有清楚的界定。事实上，对概念缺乏清晰的定义，是先秦诸子的共同特点。不过，我们通过研读《墨子》一书，发现它所说的"义"，具有以下特征：

一、墨家"义"是公义

在《墨子·尚同》篇中已经提出了"同一天下之义"的主张，如

《尚同下》："墨子曰：'唯能以尚同一义为政，然后可矣。……古者天之始生民，未有正长也，……是一人一义，十人十义，百人百义，千人千义，逮至人之众不可胜计也，则其所谓义者亦不可胜计。此皆是其义而非人之义，是以厚者有斗而薄者有争，是故天下之欲同一天下之义也，是故选择贤者立为天子。"就是说"选择贤者立为天子"是为了在一人一义的混乱情况下确立公义，以使财富名位之分配有一个公认的标准或原则。

证明墨家"义"有公义这一意思还有一则材料，见于《墨子·贵义》："子墨子曰：'万事莫贵于义。今谓人曰：予子冠履而断子之手足，子为之乎？必不为。何故？则冠履不若手足之贵也。又曰：予子天下而杀子之身，子为之乎？必不为。何故？则天下不若身之贵也。争一言以相杀，是贵义于其身也。故曰万事莫贵于义也。'"值得注意的是"争一言以相杀，是贵义于其身也"这一句，根据上文可推知，此处所争者是"义"，而这个义与自己的手足身体无关，那么，所争者自然是"公义"，或者说"公道"。

二、墨家"义"以"利他"为要义

帮助需要帮助的人，是"义"的最基本的含义。《墨子·贵义》："子墨子曰：'……今有人于此，负粟息于路侧，欲起而不能，君子见之，无长少贵贱，必起之。何故也？曰义也。'"帮扶起不了身的负粟者为"义"，扶危济困为"义"，这是当时民间共识。春秋战国时期，素有任侠之风气，《墨子·经上》："任，士损己而益所为。"《经说上》："为身之所恶，成人之所急。"这是对任侠的最准确的描述。事实上，墨家弘扬了任侠者流的扶危济困精神，从《公输》篇看，墨家为了帮助弱国自卫，真正做到了"摩顶放踵利天下"、赴汤蹈火必为之。① 墨家"义"的利他性，正是在于将"利他"推广到了利天下，它要用"义"来救世，《墨子·贵义》："子墨子自鲁即齐，过故人，谓子墨子曰：'今天下莫为义，子独自苦而为义，子不若已。'子墨子曰：'今有人于此，有子十人，一人耕而九人处，则耕者不可以不益急矣。何故？则食者众，而耕者寡也。今天下莫为义，则子如劝我者也，何故止我？'"

如何通过"为义"而救天下呢？《墨子·尚贤下》提出："有力者疾以助人，有财者勉以分人，有道者劝以教人。"《墨子·鲁问》也有"有力以劳人，有财以分人"的说法。

有一个反复出现的词最能体现墨家"义"的利他性，这就是"兼"。《墨子·兼爱下》描绘了"兼士""别士"两种士人的形象，所谓"兼士"即是能够利他之人，"别士"就是严守利己原则的人。《墨子·兼爱下》接着说：人们不管自己能否做到"兼"，但在有事时总会依托兼士。由此，墨子断言："兼即仁矣，义矣。"请注意，这是明确说了"兼"即"义"②，并且，还不止一处，在《墨子·天志中》又有这样一段话："尧舜禹汤文武焉所从事？曰：从事兼，不从事别。兼者处大国不攻小国，大家不乱小家，强不劫弱，众不暴寡，诈不谋愚，贵不傲贱。观其事上利乎天，中利乎鬼，下利乎人，三利无所不利。是谓天德，聚敛天下之美名而加之焉曰：此仁也，义也。"这就是说，能"从事兼，不从事别"的，就是"义"。

---

① 《孟子·尽心上》："杨子取为我，拔一毛而利天下，不为也；墨子兼爱，摩顶放踵利天下，为之。"（杨伯峻：《孟子译注》，中华书局1960年版，第313页）

② "仁"这个概念，在《墨子》中与"义"差不多，常常是连类而及，可以不论。

三、墨家"义"有公平正义的含义

兼就意味着打破人类个体生命以及家庭、家族和团体间的界限。《墨子·兼爱中》:"然则兼相爱,交相利之法将奈何哉?子墨子言:'视人之国若视其国,视人之家若视其家,视人之身若视其身。'"这与孔孟儒家所主张的亲疏有别、爱有差等,是大为不同的。

墨家主张"强不劫弱,众不暴寡,诈不谋愚,贵不傲贱",这已经是在诉求公平、平等。《墨子·尚贤上》又提出了"官无常贵,而民无终贱,有能则举之,无能则下之,举公义,辟私怨"的主张,这实际上是要求机会兼顾,机会均等,进一步扩充了"兼"的含义。

还有,墨家的"节用""非乐"主张,也体现"兼"的原则。因为君主、达官们如果大兴土木,就要无休止地征发劳役;大办歌舞,舞衣等物均要民女供给。而这些都是无偿的,并不能像今天这样有增加人民收入、拉动消费的效应,却反而会耽误了平民平时的营生。君主、达官和富人大蓄姬妾又会造成大量旷夫。墨子反对君王权贵肆意铺张和大量"蓄私",认为其"不义",实质上反映了庶民在生存权利、生育权利上要求公平的呼声。

基于《墨子》在公平正义诉求方面的特点,有的学者甚至认为《礼记·礼运》"大同"章反映的是墨家的思想。①

四、《墨子》给出了行"义"的两大理由

墨家"义"既然主张利他、主张公平,那么有一个问题就必须回答:人为什么一定要利他、要公平?于是,《墨子》给出了必须行"义"的

---

① 参见孙中原:《墨学与现代文化》,中国广播电视出版社2007年版,第36页。

两大理由。

第一,墨翟认为"义自天出",而人必须遵循"天志"。《墨子·天志中》:"然则义何从出? 子墨子曰:'义不从愚且贱者出,必自贵且知者出。……然则孰为贵? 孰为知? 曰天为贵、天为知而已矣。然则义果自天出矣。"照此推论,行义就是行天道,就是替天行道。

第二,《墨子》从"义利合一"的角度,论述行"义"的必要性。《墨子》是这样从"利"来推论"义"的:"我利人人"为"义",如果每个人都这样做,那么,就会出现"人人利我"的局面,则其时我亦得其利。《墨子·兼爱下》:"姑尝本原之先王之所书,《大雅》之所道,曰:'无言而不雠,无德而不报。''投我以桃,报之以李。'即此言爱人者必见爱也,而恶人者必见恶也。""义"即最大的"利",所以,《墨子·经上》说:"义,利也。"

五、得其所应得为"义",贪其所不应得者为"不义"

当然,《墨子》有时也在守本分、得其所应得的意思上使用"义"这个词,如《墨子·非攻上》用现实生活中偷人财物来类比攻人之国,将窃取非己所有的东西的行为均斥为"不仁义""不义"。

另外,与"得其应得"相关,无功不受禄,这在先秦是公认的义,也是墨家义的原则。《吕氏春秋·高义》中记载了墨子之弟子公上过向越王推荐自己的老师,越王虽不欲用墨家之说以治国,但表示:"子之师苟肯过我,请以故吴之地阴江之浦书社三百以封夫子。"[1]墨子听说后断然拒绝。

---

① (汉)高诱注:《吕氏春秋》,上海古籍出版社 2014 年版,第 445 页。

第二节 "侠义"与"正义"

通过上面一系列分析,我们看到,墨家倡"义"行"义",在许多方面与当时的任侠无别;而墨家所主张的"义自天出",兼爱尚贤,又不禁使人想起"天理良心""公平正义"等后世常说的词语。因此,下面我们将讨论后世的两个次生关键词"侠义"和"正义"。

一、墨家与"侠义"

《四库全书总目·子部杂家类序》说到先秦诸子中有的学派,后世人"以其名号不美而不居",这大概指的是墨家。虽然在晚清以前,确实很难见到以墨家自居的人,但事实上采纳墨子的一些思想来改良政治、缓和社会矛盾的人却不在少数,还有关于墨家的一些故事,也流传不衰,墨家从来就没有被人忘记过。墨家思想有深厚的民间基础,在下层民众中颇有市场,墨家之义与侠义的合流就很能说明这个问题。

先秦至汉初普遍存在着任侠现象。侠是墨家仗义的历史背景。但墨家的"义"与其时的游侠的价值取向和是非观念却不完全一样。先秦汉初的侠,有的是作为当时贵族的食客而为主效命的,有的是像豫让那样为报知遇之恩而替主复仇、充当刺客的。这些食客和刺客只讲个人报恩践诺,而不问是非曲直,这是墨家绝对不取的。汉初像郭解之流则是有一定社会经济地位并充当摆平民间纠纷角色的豪侠。这种豪侠与墨家也有差别。而像先秦鲁仲连那种有自己的政治理想并付诸解人危难的行动的,与墨家最相似。不过,墨家不是单打独斗的游侠,而是有组织的团体,故有人称之为"墨侠"。

"侠义"是以"侠"为基础,以"义"为核心精神而衍生出来的一

种重要文化现象与伦理道德。"侠"是兴起于战国时期一个武士群体，从春秋战国时期的"士"逐步演变而来，是"养士"之风盛行的产物。《韩非子·五蠹》："犯禁者诛，而群侠以私剑养。"《韩非子·八奸》："为人臣者聚带剑之客，养必死之士以彰其威。""以武犯禁"是"侠"早期的外在特点。《韩非子·五蠹》："儒以文乱法，侠以武犯禁。"后来受到儒、墨二家思想影响，"侠"逐渐与"义"结合起来，并以之为基本行为准则，形成了侠义精神。《李文饶集·豪侠论》："义非侠不立，侠非义不成，难兼之矣。"从先秦至汉，游侠最为盛行，而侠义精神的核心内涵也在汉代基本定型。《史记·游侠列传》："今游侠，其行虽不轨于正义，然其言必信，其行必果，已诺必诚，不爱其躯，赴士之厄困。既已存亡死生矣，而不矜其能，羞伐其德，盖亦有足多者焉。"《太史公自序》："（游侠）救人于厄，赈人不赡，仁者有乎；不既信，不倍言，义者有取焉。"司马迁高度凝炼地概括了游侠的特点：讲信义，见义勇为，仗义轻财，舍己为人，功成身退。由宋至明，侠义精神又吸收了儒家忠君爱国的思想，忠、义合流，丰富了侠义精神的内涵，完成了侠义精神由"士为知己者死"向"侠之大者，为国为民"的进化。

侠义，在唐代得到又一次张扬。唐代传奇中的侠，既与先秦两汉的游侠有联系，又与隋唐时北方人的习俗分不开。

唐代那些来无踪、去无影的侠客仗剑行义、替人出气的故事，虽然读来使人痛快，但是不知道在当时的社会中究竟有几分真实性。即便是真实，几个侠客的个人行为，对改变不公正的社会现实相信也起不到多大作用。而他们所行的到底是不是一定就符合公义，也只是凭其个人感觉。所以，实现正义的最好途径还是要靠制度，靠公正的法律的有效贯彻和实施。

在这里分析一下墨家思想对唐末农民起义的影响。

唐末藩镇割据愈演愈烈，整个社会陷入了混乱状态，民不聊生。从唐懿宗继位开始，就陆续爆发了规模不等的农民起义，先是裘甫领导的农民起义重创了唐王朝，使得唐王朝接近崩溃的边缘；懿宗咸通九年（868）爆发了庞勋为首的桂林卒起义；随后又有王郢海上举兵；王仙芝、黄巢领导的农民起义则直接加速了唐王朝的灭亡。

农民起义时提出的口号、主张与墨家思想有很深的渊源。农民起义军往往不自觉地受到墨家思想的影响。墨家提倡的兼爱互助等思想，往往成为起义领袖召集群众的口号和农民起义军的目标。起义军赖力仗义，崇义任侠，慷慨助人，其精神是墨家侠义精神的一种传承。比如，黄巢就很具任侠精神："巢少与仙芝皆以贩私盐为事，巢善骑射，喜任侠，粗涉书传，屡举进士不第。"[1]正是他身上的这种任侠精神，使他在面对社会的不公平现象时能揭竿起事。

同时，起义军还承传了墨子的"天志""明鬼"的宗教观，借助天的力量和权威来增强起义军的士气和信心，给起义寻找合理的依据。

> 然则天亦何欲何恶？天欲义而恶不义。然则率天下之百姓以从事于义，则我乃为天之所欲也。我为天之所欲，天亦为我所欲。然则我何欲何恶？我欲福禄而恶祸祟。若我不为天之所欲，而为天之所不欲，然则我率天下之百姓以从事于祸祟中也。（《墨子·天志上》）

墨家认为，上天要求人们从事合乎义的事情，不能从事不义的事情。农民领袖往往称自己率领天下百姓推翻腐朽王朝的统治，目的是为百姓谋福禄、避祸祟，这是正义的事情，所以这是天的意志，是顺从天意而为之。墨家认为，上天要求人们兼相利交相爱：

---

① （宋）司马光：《资治通鉴》第252卷，中华书局1956年版，第8081页。

从事兼，不从事别。兼者，处大国不攻小国，处大家不乱小家，强不劫弱，众不暴寡，诈不谋愚，贵不傲贱。观其事，上利乎天，中利乎鬼，下利乎人。三利无所不利，是谓天德。聚敛天下之美名而加之焉，曰：此仁也，义也，爱人利人，顺天之意，得天赏者也。（《墨子·天志中》）

而唐代后期藩镇割据和统治阶级的腐朽生活导致了强劫弱、众暴寡、贵傲贱的局面，以墨家理论学说来衡量正是违背了上天的意志。农民起义军往往宣称自己起义是顺从上天的意志，推翻唐王朝的目的是为了建立一个符合天意的新王朝。在起义爆发之前，黄巢的故乡曹州一带就流行着这样的童谣："金色虾蟆争努眼，翻却曹州天下反。"[①]这种带有谶言性质的童谣给农民起义以天意的支持。另外，在起义过程中，王仙芝自称"天补均平大将军"，黄巢自称"冲天太保均平大将军"，将自己与正义的天联系起来，给人们参加起义以一种顺从天意、替天行道的感觉。

起义军提出的"均平"口号更能体现墨子思想的影响。在秦末农民大起义中，陈胜、吴广提出了"王侯将相宁有种乎"的口号，它否定了王侯地位的天然命定性，表达了一种朴素的平等意识。唐代农民起义领袖王仙芝自称"天补均平大将军"，黄巢自称"冲天太保均平大将军"，希望自己能够替天行道，来改变不公平的现象。

"均平"思想包含两个方面的含义。从经济方面看"均平"是要求平均财富，这在一定程度上应是受到墨家财富均分思想的影响。墨家认为富人要将一部分财产分给穷人，实现财富的再分配。《墨子·尚贤下》：

---

① 周振甫等：《唐诗宋词元曲全集·全唐诗》第 16 册，黄山书社 1999 年版，第 6489 页。

"有力者疾以助人，有财者勉以分人，有道者劝以教人。若此，则饥者得食，寒者得衣，乱者得治。"不同的是，墨子是以祈求的口吻说的，而起义军杀富济贫，是以暴力的方式来实现的。另外，均田也是农民起义的一项重要的经济主张。从政治方面来看，"均平"口号要求的是一种没有门阀观念的身份和等级的平等，而墨家的"兼爱"学说，实质上就是主张人人平等，《墨子·兼爱上》说：

> 若使天下兼相爱，爱人若爱其身，犹有不孝者乎？视父兄与君若其身，恶施不孝？犹有不慈者乎？视弟子与臣若其身，恶施不慈？故不孝不慈亡有，犹有盗贼乎？……故圣人以治天下为事者，恶得不禁恶而劝爱？故天下兼相爱则治，交相恶则乱，故子墨子曰：不可以不劝爱人者，此也。

在墨家的理想社会中，没有阶级观念，没有尊卑观念，真正实现了一种身份和阶级的平等，而"均平"口号也是以摧毁门阀等级为目标的，唐末农民起义也在一定程度上实现了这一目标，宋人王明清说："唐朝崔、卢、李、郑及城南书社二家，蝉联王组，世为显贵，至本朝绝无其人。"唐朝之后，从魏晋南北朝开始出现的等级森严的门阀士族制度被彻底摧毁。

"义"还可组合成"义气"一词。

"义气"是由"义"而衍生出来的常见词语，体现了下层社会民众的道德规范。"义气"一词始见于《礼记》。《礼记·乡饮酒礼》："天地严凝之气，始于西南而盛于西北。此天地之尊严气也，此天地之义气也。""义气"指天地间的严凝、肃杀之气。后又引申而指节烈、忠义、刚正之气概。《春秋繁露·王道》："仇牧、孔父、荀息之死节，公子目夷不与楚国，此皆执权存国，行正世之义，守惓惓之心，《春秋》嘉气义焉，故皆见之，复正之谓也。"《河东先生集·唐故特进赠开府仪同三司扬州大都督南府君睢阳庙碑》："惟公与南阳张公巡，高阳许公远，义气悬合，讦谋大同，誓鸠武旅，以遏横溃。"文中"义气"皆指守节死国的刚正、忠烈气概。元明以后，"义气"则指为了朋友或恩人而甘于牺牲自己的利益乃至生命的行为与精神。《南村辍耕录·结交重义气》："前辈结交重义气，不以贵贱贫富易其心，诚可敬也。"《水浒传》第五十一回："雷横兄弟，他自犯了该死的罪，我因义气放了他。"这样"义气"就更接近"侠义"，完全没有先秦典籍里出现过的那些意思了。

崇尚侠义，在中国古代从来就没有间断过。而真正使侠义的影响深入人心的是水浒好汉故事。其中，很多人物之所以上梁山，均是因为行侠仗义而惹下了麻烦。明代沈璟写的戏剧《义侠记》，明确将武松事迹归诸侠义。

经我们分析发现，明代产生的《水浒传》，它的"侠义""聚义""替天行道"，与墨家之义不谋而合，无论在义的内容，还是在行义的方式上，都能发现墨家的影子。

梁山泊108位好汉走到一起被称为聚义（所聚之堂曰聚义堂），而他们的目的是"替天行道"。《论语·季氏》说"行义以达其道"，那么"替天行道"就是替天行义。诚然，宋江上梁山后，一直说"忠义"，但除了最后的征方腊外，梁山好汉的行为都不是忠义，而是侠义。

更值得注意的是行义的主体108条好汉，他们的前身竟然是天罡、地煞星。这就与《墨子·明鬼》中以鬼神来赏善罚恶、替天护义是如出一辙的。

然而真正明确地将墨与侠、墨义与侠义紧密联系在一起的，主要还是近代的谭嗣同、梁启超。晚清时期，墨学呈复兴之势，随着原本无法卒读的《墨子》的整理出版，以及墨学研究的展开，士大夫重新发现和认识了墨子。维新人士慨然以救天下为己任，故引墨家为同类。谭嗣同在其《仁学》一书中写道："墨有两派：一曰任侠，吾所谓仁也。……一曰格致，吾所谓学也。……仁而学，学而仁，今之士其勿为高远哉！盖即墨之两派，以近合孔耶，远探佛法，亦云汰矣。"[①] 1904年，维新变法失败后，梁启超在《新民丛报》发表《子墨子学说》，大力倡言墨学救国，影响更大。他说："我是心醉墨学的人，所以自己号称'任公'，又自命'兼士'。"[②] 又在《墨子学案》中写道："墨教之根本义，在肯牺牲自己。《墨经》曰：'任，士损己而益所为也。'《经说》释之曰：'任，为身之所恶，以成人之所急。'墨子之以言教、以身教者，皆是道也。"[③]

二、墨家与"正义"

古代的"正义"在两项意义上与我们将要讨论的"正义"概念有关。第一，指正道，如《史记·游侠列传》："今游侠，其行虽不轨于正义，然其言必信，其行必果，已诺必诚，不爱其躯。"这个"正义"是指朝廷礼法。第二，指公道正直。如汉代王符《潜夫论·潜叹》："是以范武归晋而国奸逃，华元反朝而鱼氏亡。故正义之士与邪枉之人不两立之。"[④] 但在古代，作为伦理学意义上的"正义"概念，更多地只用"义"表示。墨家的"义"即含有公平正义的意思，已见前述。而现代意义上的"正义"这一术语直接来源于对西方相关政治、伦理学著作的翻译。

在古代希腊，正义一词来源于女神狄刻的名字，狄刻是正义的化

① 谭嗣同：《仁学》，载蔡尚思、方行编：《谭嗣同全集》（增订本），中华书局1981年版，第289页。

② 梁启超：《亡友夏穗卿先生》，载《饮冰室合集·文集》第44卷，中华书局影印本1989年版，第22页。

③ 梁启超：《墨子学案》，载任继愈等编：《墨子大全》第26册，北京图书馆出版社2004年版，第3页。

④ 田晓娜主编：《四库全书精编》，国际文化出版社2006年版，第1017页。

身，主管对人间是非善恶的评判。拉丁语中正义（Justice）一词得名于古罗马正义女神禹斯提提亚（Justitia）。英语借用了拉丁语 Justice。亚里士多德著作的德译本则以德语 Gerechtigkeit 对译之。

中国的翻译一般是面对德语 Gerechtigkeit，英语 Justice。最初翻译的时候，也没有固定用哪一个词，有译为"公平"的，也有译为"公道"的，还有译为"公义"的，现在多译为"公正""正义"。

经查，"万有文库"丛书中柏拉图著、吴献书译的《理想国》译为"公道"①。而对亚里士多德伦理学中的Justice，或Gerechtigkeit，译名也不统一。向达译的《亚里士多德伦理学》（即亚里士多德《尼可马克伦理学》）译为"公平"②。《尼可马克伦理学》近十余年来的中译本中，廖申白译为"公正"③，邓安庆也译为"公正"，邓安庆对为什么译为"公正"还特别加注说明④。余纪元《亚里士多德伦理学》则译为"正义"⑤。

Justice，不光是被希腊学者讨论，后来的西方学者包括神学家亦有讨论，而在翻译他们的著作时，也有译 Justice 为"公义"的，如郑顺佳《天理人情》。⑥

总的来看，"公道""公平"是汉语口语中的常用词，作为译名是不妥的，故现在基本不用，而"公义"一词，虽然从含义上说比较准确，但与"公益"同音，也不是好的选择。译作"正义"，于古有据，虽然

① 参见柏拉图：《理想国》第2册，吴献书译，商务印书馆1929年初版，第84页。
② 参见亚里士多德：《亚里士多德伦理学》，向达译，商务印书馆1933年版，第95页。书中向达自序署民国十九年（1930）。
③ 参见亚里士多德：《尼各马可伦理学》，廖申白译，商务印书馆2003年版，第1页。廖申白自序署2001年。
④ 参见亚里士多德：《尼可马克伦理学》[注释导读本]，邓安庆译，人民出版社2010年版，第164页。
⑤ 参见余纪元：《亚里士多德伦理学》，中国人民大学出版社2011年版，第122页。
⑥ 参见郑顺佳：《天理人情》，团结出版社2011年版，第39页。

其含义不完全同于古代，但正符合关键词近现代转义的衍义贯通规律。至于译作"公正"，虽然对将 justice 当作一种品质论述的西方著作的翻译会更顺畅些，但是，在将 justice 当作公平社会的构建原则来讨论的罗尔斯的著作影响越来越大的今天，译作"正义"显然更易为大众接受些。并且，译作"正义"，落脚点在"义"，而"义"是先秦诸子的一个重要概念，这样，就更能实现中国文化元典关键词的转化和新生。

仅就本书所讨论的《墨子》中的关键词而言，《墨子》中虽然没有出现"正义"一词，但《墨子》中的"义"，最与西方的 Justice 或 Gerechtigkeit 相契合。《墨子》关于"义"的来源、"义"的功利性、"义"的内容、实现"义"的途径和方式，等等，在西方思想家那里都发现了类似的讨论，他们迄今得出的结论，又往往与《墨子》不谋而合。并且他们在对各自的正义理论进行论证时，也是采用逻辑论证的方法。

在这里，我们不妨回顾一下西方"正义"思想的历程，并适当与《墨子》关于"义"的论述作个比较。

首先，关于公平正义的来源，西方各家看法不同，无外乎认为来自于和谐、神圣命令、自然法或人造。古代希腊人大多认为正义的美德源于人的自然本性追求和谐的需要。而到中世纪神学家阿奎那，则认为上帝创造并维系世界，人的自然本性从一开始就受超自然融合。那么，作为希腊传统的四枢德之一的正义（justice），就是源于上帝的恩典注入（grace-infused）。[①] 这与《墨子》的"义自天出"说十分契合。

随后的自然法理论家认为国家的正义来源于自然的正义。而自然正义存在于前契约状态，那时一个人受到了伤害后自然而然地会报复。后来这种权力收归国家。

至于"正义"是什么？包括哪些内容？也是西方自古至今都在讨论

① 参见郑顺佳：《天理人情》，团结出版社 2011 年版，第 39 页。

的问题。

在梭伦时代的雅典，穷人和富人之间争吵和斗争非常激烈，各阶层都要求伸张正义，与《墨子》说的"十人十义、百人百义"的情况十分类似。于是，梭伦被请出来主持公正。他首先禁止了借贷以人身作为担保，这样就使借贷的平民获得了人身自由。与此同时，梭伦保护公民的财产权，他认为，财产属于其所有者，正义就是"得其所应得"。

亚里士多德发展了"得其所应得"的正义思想，为此提出了"分配的正义"和"矫正的正义"，认为按贡献多少作比例的分配就是"分配的正义"。而"矫正的正义"是将不当得的重新归于当得者的一种正义。亚里士多德还把友爱作为同正义一道相关于公民生活的重要德性做了说明，强调了公民间的互相体谅。

"在基督教世界，应得、德性整体、相关于他人的善、不干涉、比例的平等这些被古代希腊人阐述的正义概念与相关观念，都融和在一种与神相沟通的良心正直（righteousness）的概念之中……亚里士多德的公民友爱观念在罗马人和基督教世界演变为普遍兄弟爱观念，并成为基督教最重要的德性之一……《圣经》要人们对陌生人以衣食相助，分享己之所有。但另一方面，《圣经》也要人以财产有效地经营。所以基督教的兄弟爱并不以不问差别的分享财物作为条件，尽管这在基督教看来是一种极高的境界。"① 这些思想与《墨子》是十分类似的，《墨子》中的"义"也是要求给陌生人以爱和救济，并且将这些行为与"天志"挂钩。更值得注意的是，神学家托马斯·阿奎那还明确表明：正义"包括作不偏不倚的资源分配，不被私人交情或血缘关系左右"②。这就更与墨家的"兼爱"精神完全相同了。

---

① 廖申白：《论西方主流正义概念发展中的嬗变与综合》（上），《伦理学研究》2002 年第 2 期。

② 郑顺佳：《天理人情》，团结出版社 2011 年版，第 82 页。

不过，西方早期自由主义的思想则从"得其所应得为正义"这个前提出发，得出了私有财产神圣不可侵犯的结论。他们认为，尽管在我愿意的情况下我将部分财产转让给你合于正义，但你或者任何第三方若以权力和道德强制我这样做，就无异于抢劫与欺诈。早期自由主义的这一观点，与墨家义是截然不同的。在墨家看来，见困不帮，见弱不助，就是不义。

而到了社会主义学者那里，梭伦的自由、平等之正义观才遇到了真正的挑战。光有形式上的机会均等远远不够，因为随着劳动的被物化、财产化、资本化，人们的社会地位、经济条件便不可能再平等。为了追求实质的平等，马克思转而诉诸财产公有。

到了罗尔斯的《正义论》，他主张在不改变现行财产制度的前提下，一方面弱化按能力和按天赋分配的原则；另一方面，借助国家的力量来提升底层人民的能力，使之获得发展的机会。由此达到实质平等，实现社会的公平正义。这些实现正义的方法，特别是提升底层人民的能力的想法，《墨子》实际上已经有所提及。

由此可见，墨家的"义"与西方正义理论中的公平、人道、救济思想元素最相符合，但是，墨家由于发源于战争连绵、民不聊生的时代，太重救济，太重施予，不强调对财产上的应得的保护。而儒家在讲"义"时倒是充分强调了"应得"，但它讲的是建立在封建等级上的、不可逾等的所谓"应得"，而儒家讲的救济，又偏重于建筑在血缘基础上的救济。墨家隐约感觉到公平正义需要制度设计，而儒家只从政策方面想办法。

经过以上分析，我们不难看出，尽管现在的"正义"一词直接源于翻译西方著作，但是，它与我国古代思想特别是与墨家思想有许多不谋而合之处。所以，我们今天的正义观可在继承墨家之"义"与儒家的民本仁政思想并吸收西方正义理论的合理成分的基础上重新铸造。

第三节　墨家救世牺牲精神与义利统一观的影响

墨家救世牺牲精神曾激励很多人，为各色人等所效仿。比如金元时期全真道的重要传人丘处机就是一例。《元史》卷二〇二《丘处机传》有如下记载：

> 丘处机，登州栖霞人，自号长春子。儿时，有相者谓其异日当为神仙宗伯。年十九，为全真学于宁海之昆仑山，与马钰、谭处端、刘处玄、王处一、郝大通、孙不二同师重阳王真人。重阳一见处机，大器之。金、宋之季，俱遣使来召，不赴。
>
> 岁己卯，太祖自乃蛮命近臣札八儿、刘仲禄持诏求之。处机一日忽语其徒，使促装，曰："天使来召我，我当往。"翌日，二人者至，处机乃与弟子十有八人同往见焉。明年，宿留山北，先驰表谢，拳拳以止杀为劝。又明年，趣使再至，乃发抚州，经数十国，为地万有余里。盖蹀血战场，避寇叛域，绝粮沙漠，自昆崙历四载而始达雪山。常马行深雪中，马上举策试之，未及积雪之半。既见，太祖大悦，赐食、设庐帐甚饬。
>
> 太祖时方西征，日事攻战，处机每言欲一天下者，必在乎不嗜杀人。及问为治之方，则对以敬天爱民为本。问长生久视之道，则告以表心寡欲为要。太祖深契其言，曰："天锡仙翁，以寤朕志。"命左右书之，且以训诸子焉。于是锡之虎符，副以玺书，不斥其名，惟曰"神仙"。一日雷震，太祖以问，处机对曰："雷，天威也。人罪莫大于不孝，不孝则不顺乎天，故天威震动以警之。似闻境内不孝者多，陛下宜明天威，以导

有众。"太祖从之。

岁癸未，太祖大猎于东山，马踣，处机请曰："天道好生，陛下春秋高，数畋猎，非宜。"太祖为罢猎者久之。时国兵践踩中原，河南、北尤甚，民罹俘戮，无所逃命。处机还燕，使其徒持牒招求于战伐之余，由是为人奴者得复为良，与滨死而得更生者，毋虑二三万人。中州人至今称道之。

岁乙酉，荧惑犯尾，其占在燕，处机祷之，果退舍。丁亥，又为旱祷，期以三日雨，当名瑞应，已而亦验。有旨改赐宫名曰长春，且遣使劳问，制若曰："朕常念神仙，神仙毋忘朕也。"六月，浴于东溪，越二日天大雷雨，太液池岸北水入东湖，声闻数里，鱼鳖尽去，池遂涸，而北口高岸亦崩。处机叹曰："山其摧乎，池其涸乎，吾将与之俱乎！"遂卒，年八十。①

上文种种，都反映出丘处机尽力制止杀戮、救民于水火的努力，特别是他穿越大漠去阿富汗觐见成吉思汗，为的也是劝他少杀人。他的行事作风，与千年前的墨子十分相像，故有的学者就直言他学的是墨子。

历史到了晚清，封建制度已经走到了末路。中日甲午战争之后，随着国家主权和领土的接二连三的丧失，如何挽救民族和国家的危亡，成为每一个有责任心的中国人所要面对的最大问题，许多人意识到，救亡图存需要参与者具备大公无私、敢于牺牲的精神，而具备救世精神的墨子是很好的学习榜样。正如学术界已经指出的，资产阶级"无论改良派还是革命派都以墨家自我牺牲精神作为自己信念的源泉"②。

---

① （明）宋濂等撰：《元史》卷二〇二，中华书局 1976 年版，第 4524 页。

② 秦彦士：《墨子新论》，载任继愈等编：《墨子大全》第 79 册，成都电子科技大学 1994 年影印本，第 146 页。

一、孙诒让与梁启超大力弘扬墨子救世牺牲理念

孙诒让在其《墨学传授考》中对墨家的"兼爱"精神进行了褒扬，对墨家"勤生薄死以赴天下之急，而姓名渐灭，与草木同尽"的历史境遇表示惋惜。[①] 他还曾在《墨子间诂》自序中说，墨子"用心笃厚，勇于振世救敝，殆非韩吕诸子之伦比也。庄周《天下》篇之论墨氏曰：'不侈于后世，不靡于万物，不晖于数度，以绳墨自矫，而备世之急。'又曰：'墨子真天下之好也，将求之不得也，虽枯槁不舍也，才士也夫。'斯殆持平之论与？"[②] 他又在《墨子后语》中评价墨子说："劳身苦志以振世之急，权略足以持危应变，而脱屣利禄，不以累其心，所学尤该综道艺，洞究象数之微。其于战国诸子，有吴起、商君之才而济以仁厚，操似鲁连而近，实亦过之，彼韩吕苏张辈安足算哉？"[③]

《墨子间诂》于 1894 年初印成之后，孙诒让即于次年寄送一部给梁启超。梁启超说："我生平治墨学及读周秦子书之兴味，皆自此书导之。"[④] 梁启超一生对墨学十分景仰，他说："我是心醉墨学的人，所以自己号称'任公'，又自命'兼士'。"[⑤] 1898 年，梁启超从湖南赶赴北京参与维新变法。途中，他曾对同行谈起舍身救国的决绝意志。梁启超舍身救国的决绝意志无疑是受传统中国文化的熏陶的，其中墨家的"摩顶放踵利天下"精神对其影响尤其深。

戊戌政变之后，梁启超流亡日本，更是大声呼吁以墨子的救世精神

---

① 参见孙诒让：《墨子间诂》，中华书局 2001 年版，第 707 页。

② 孙诒让：《墨子间诂》，中华书局 2001 年版，第 2 页。

③ 孙诒让：《墨子间诂》，中华书局 2001 年版，第 681 页。

④ 梁启超：《中国近三百年学术史》，人民出版社 2008 年版，第 255 页。

⑤ 梁启超：《亡友夏穗卿先生》，载《饮冰室合集·文集》第 44 卷，中华书局影印本 1989 年版，第 22 页。

来挽救国家的危亡。梁启超曾提倡新国民教育，特别重视墨子敢于担当的人格和牺牲救世的精神在学校教育中的作用。他在 1904 年所著《中国之武士道》中就有采自《墨子》的内容。他在书中说："欲备军国民资格者，不可不学墨。"[1]

20 世纪 20 年代的梁启超，仍然保持着对墨子"兼爱"救世人格的推崇。他在《墨子学案》中说："吾尝谛观思惟，则墨学之精神，深入人心，至今不坠，因以形成吾民族特性之一者，盖有之矣。墨教之根本义，在肯牺牲自己。《墨经》曰：'任，士损己而益所为也。'《经说》释之曰：'任，为身之所恶，以成人之所急。'墨子之以言教以身教者，皆是道也。"[2] 他总结在《公输》篇中反映的墨子的人格说："这一段故事，把墨子深厚的同情，弥满的精力，坚强的意志，活泼的机变，丰富的技能，都表现出来。"[3] 正如有的学者指出的，在梁启超的解说下，墨子"摩顶放踵利天下"的精神，几乎成了近代中国的民族之魂。

二、墨子人格与谭嗣同的牺牲精神

维新变法运动中受墨子牺牲救世精神和人格影响最突出的是谭嗣同。

谭嗣同的思想受墨学的影响很大，这使得谭氏在从事变法运动时，秉持墨家"放踵摩顶为天下"的献身精神。

墨学在谭嗣同的仁学体系中占有重要的地位。他的仁学体系以"以

---

① 梁启超：《饮冰室合集·专集》第 24 卷，中华书局影印本 1989 年版，第 26 页。
② 梁启超：《墨子学案》，载任继愈等编：《墨子大全》第 26 册，北京图书馆出版社 2004 年版，第 3 页。
③ 梁启超：《墨子学案》，载任继愈等编：《墨子大全》第 26 册，北京图书馆出版社 2004 年版，第 81 页。

太"为基础。"以太"本是亚里士多德假想的一种物质元素。19 世纪的科学家一度认为它是传播光波的荷载物，充盈于太空之中。潭嗣同接过了这个概念，认为，"以太"是构成大千世界万物的基本物质，是不生不灭的。他说："若夫不生不灭之以太，通天地万物人我为一身，复何亲疏之有？"① 潭嗣同认为，墨学的"兼爱"学说，由于不分人我彼此，也是在一定程度上符合"以太"理论，因而是与仁学息息相关的。他说："能为仁之元而神于无者有三：曰佛，曰孔，曰耶。佛能统孔耶，而孔与耶仁同，所以仁不同。能调燮联融于孔与耶之间，则曰墨。周秦学者必曰孔墨。孔墨诚仁之一宗也。惟其尚俭非乐，似未足进于大同。然既标兼爱之旨，则其病亦自足相消，盖兼爱则人我如一，初非如世之专以尚俭非乐苦人也。故墨之尚俭非乐，自足与其兼爱相消，犹天元代数之以正负相消，无所于爱焉。墨有两派：一曰任侠，吾所谓仁也，在汉有党锢，在宋有永嘉，略得其一体；一曰格致，吾所谓学也，在秦有《吕览》在汉有《淮南》，各识其偏端。仁而学，学而仁，今之士其勿为高远哉！盖即墨之两派，以近合孔耶，远探佛法，亦云汰矣。"② 由此他认为，士人要修治仁学，可以从墨学的"任侠""格致"两派入手。谭嗣同的"以太"学说受佛教的影响很大但也得力于墨学。正如研究者已经指出的，泯灭生死界限的"以太"学说是谭嗣同能够具有牺牲精神的思想条件。

他以墨子为自己的人格榜样。他曾说过："自惟年来挟一摩顶放踵之志，抱持公理公平诸说，长号索偶，百计以求伸，至为墨翟、禽滑

---

① 谭嗣同：《仁学》，载蔡尚思、方行编：《谭嗣同全集》（增订本），中华书局1981 年版，第 312 页。

② 谭嗣同：《仁学》，载蔡尚思、方行编：《谭嗣同全集》（增订本），中华书局1981 年版，第 289 页。

鳌、宋牼之徒之强聒不舍。"① 谭嗣同的宇宙观不仅给他带来对生死的解脱，且也使他为生命找到一个新的目标和意义，这就是为实现"以太"启发他的仁爱而献身。他在戊戌变法大势已去之际，本可以与康有为、梁启超一样逃亡，但是却自愿献出了自己的一腔热血，要用自己的热血唤醒麻木的人民。

谭嗣同虽然死于改良运动，但是他的牺牲精神却对此后的资产阶级革命者颇有影响。像邹容、陈天华等大多数革命者，都是通过潭嗣同的事迹而受到墨学精神的间接影响的。

墨家重义轻死的精神，尤为维新派、革命者所称道。除了谭嗣同、梁启超以侠自许外，秋瑾也被看作侠。陶成章《秋瑾传》就称赞秋瑾"天性侠义"②。孙中山革命派也崇信墨侠。这样一来，"侠义"这一关键词内涵发生了明显的衍变，产生了新的意义组合，"侠义"之"义"被理解为"公义"。今天"见义勇为"的"义"也是指公义，它与墨家的关涉胜过儒家。

另外，我们看到，老一辈的无产阶级革命家，也受到过谭嗣同牺牲精神的强烈影响。比如，《仁学》成为毛泽东、蔡和森等许多新民学会会员最爱读的书之一。谭嗣同的思想对新民学会产生了直接影响。谭嗣同的热血，激励着老一辈无产阶级革命家去为真理而献身。

三、墨子的义利统一观及其影响

墨子重"义"，但也尚"利"。与儒家不同，墨家论证"义"的必要性时，不是从心性出发，而是直截了当地从"对大家都有利"出发的。

① 谭嗣同：《上欧阳鹄中》，载蔡尚思、方行编：《谭嗣同全集》（增订本），中华书局 1981 年版，第 474 页。

② 秋瑾：《秋瑾集》，上海古籍出版社 1991 年版，第 183 页。

《墨子·大取》说:"爱人不外己,己在所爱之中。己在所爱,爱加于己。伦列之爱己,爱人也。"在墨子看来,义利二者是统一的,故《墨子·经上》说:"义,利也。"在墨子看来,行义就是求利,准确地说,是求公利。《墨子·耕柱》:"所谓贵良宝者,为其可以利也。而和氏之璧、隋侯之珠、三棘六异不可以利人,是非天下之良宝也。今用义为政于国家,人民必众,刑政必治,社稷必安。所为贵良宝者,可以利民也,而义可以利人,故曰:义,天下之良宝也。"义为利人,义可利人,故义为贵。而可贵之义,不能停留在口头上,重在把它实现。所以《墨子·耕柱》:"治徒娱、县子硕问于子墨子曰:'为义孰为大务?'子墨子曰:'譬若筑墙然,能筑者筑,能实壤者实壤,能欣者欣,然后墙成也。为义犹是也。能谈辩者谈辩,能说书者说书,能从事者从事,然后义事成也。'"

墨家义利统一观及注重实行的特点对后世影响很大。

宋代提倡事功的功利派也深受墨家思想的影响。宋代社会积贫积弱,存在着冗官、冗兵、冗费三大弊政,面对社会现实,儒家提倡的修身正本,仁民爱物、休养生息的政策并不能从根本上改变宋朝的社会现状。宋儒的功利派是基于社会现实而产生的,他们希望通过倡导事功,强本节用,积极实践,变法图强来使国家富强。他们的思想与儒家的思想区别明显,所以被许多维护儒家思想正统地位的人斥之为申商韩墨之术。北宋的功利派以江西为活动中心,代表人物有李觏、范仲淹、欧阳修;南宋以浙江为中心,代表人物有陈亮和叶适。

李觏有两个思想观点与墨家有关系,一为倡功利,将义利并重,二为强本节用的思想。

对于义利关系的问题,儒墨历来有着论争。儒家重义轻利,认为"君子喻于义,小人喻于利",因此人们要重义轻利。孟子甚至反对言利,说"何必曰利",这是对利持有不屑一顾的态度。董仲舒亦认为:

"正其谊（义），不谋其利；明其道，不计其功。"他把义和利对立，道和功对立。而墨子则公开言利，认为义利是不可分割的统一体，人们不仅要追求能够满足自己欲望的利，还要更加注重公利和他利。"兴天下之利，除天下之害"是墨子一生的追求。对待义利问题，李觏反对儒家的重义轻利观，而倾向于墨家的义利并重思想。他说："孟子谓'何必曰利'，激也。焉有仁义而不利者乎？其书数称汤、武将以七十里、百里而王天下，利岂小哉？"①

范仲淹也是积极倡导事功，义利并重，提倡社会变革，并且在北宋发动了庆历新政。在这位改革家的身上，我们可以看出他对墨家兴利除弊、以民为本、积极救世的思想的传承。范仲淹肯定义利之间的内在统一性，他认为：

> 夫利者何也？道之用者也。于天为膏雨，于地为百川，于人为兼济，于国为惠民、为日中市，于家为丰财、为富其邻，于物为骀虞、为得食鸡。其迹异，其道同，统而言之，义之和也。②

他从有利于国家和百姓的角度出发，对当时社会存在的种种矛盾对症下药，开出了十大药方，即"明黜陟""抑侥幸""精贡举""择官长""均公田""厚农桑""修武备""减徭役""覃恩信""重命令"。这些措施在一定程度上缓和了阶级矛盾，取得了一定的效果。王安石则通过变法活动，增加了政府的财政收入，加强了国家的军事力量，在一定程度上改变了北宋积贫积弱的局面。

---

① 李觏：《原文》，载《李觏集》，中华书局 1981 年版，第 326 页。

② 范仲淹：《四德说》，载《范仲淹全集》，四川大学出版社 2002 年版，第 187 页。

南宋王朝从赵构开始，就不断面临着内忧外患，先是金，后是蒙古和元，对南宋都虎视眈眈。南宋国内则社会矛盾尖锐，国力弱小，积贫积弱。面对如此艰危的社会现实，南宋的功利学派一方面对不关心现实、只空谈理性的某些理学家展开了激烈的批判，另一方面则怀着和墨子一样的兴天下之利、除天下之弊的救世思想，积极倡导事功，关心时政，锐意改革，希望通过政治家的努力来改变南宋积贫积弱的社会现实。陈亮和叶适就是南宋功利学派的代表。

陈亮清醒地认识到南宋社会内忧外患的严酷现实。他说："未闻有如今日之岌岌然以北方为可畏，以南方为可忧，一日不和则君臣上下朝不能以谋夕也。"① 因此，他希望有识之士积极行动起来，通过一系列社会变革来改变现状。而处于正统地位的儒家理学思想，却是较多地关注儒者自身的修身养性，对社会现实问题的解决缺乏方法，因此，陈亮对其展开了激烈的抨击："至于艰难变故之际，书生之智，知议论之当正，而不知事功之为何物，知节义之当守，而不知形势之为何用。宛转于文法之中而无一人能自拔。"② 他批评理学家不关心国家形势，不通时政，不晓事功，对民族的危亡和社会的治理没有一点作用。通过批判理学，陈亮倡导人们积极实践、勤于事功，以此来挽救社会的危亡；陈亮提倡实行的思想与墨家的力行的思想十分相似。

对于义利关系，陈亮也认为应当义利并重。围绕着对义利关系的不同看法，陈亮和朱熹曾展开过历时三年的（从淳熙十一年到淳熙十三年）王霸义利之辩。朱熹遵从儒家重义轻利的传统，在淳熙十一年（1183）写信给陈亮，要求他"绌去义利双行、王霸并用之说"。可见陈亮奉行的是义利双行说，主张义利并重。虽然陈亮对义利还是有着明确的区分

---

① 陈亮：《戊申再上孝宗皇帝书》，载《陈亮集》，中华书局 1987 年版，第 17 页。

② 陈亮：《戊申再上孝宗皇帝书》，载《陈亮集》，中华书局 1987 年版，第 20 页。

和界限，对于违背义的利，他认为是不能追求的，但是对于合乎义的利，陈亮则充分肯定。这本是不错的主张，但朱熹为何要说他不对呢？除了朱熹维护儒家正统观念这个因素之外，应该还要看到此事的历史背景。我们知道，北宋神宗为了富国强兵，任用王安石变法，其中所实行的一些新法，实际上是在"与民争利"（对这一点，司马光和苏轼当时已经看到并指出来了），更有甚者，在当时及以后的不良官吏的执行中，许多措施更变成了夺民之利，特别是到徽宗时，蔡京等小人、奸臣当道，假新法之名，对民间财物进行肆无忌惮的掠夺，侵害臣民的"应得"。导致天下人与北宋王朝离心离德、伤害立国之本等严重的后果。朱熹极力反对言利，应该与这一背景有关。所以，客观地看，墨家有时直接在"义"与"公利"之间划等号，这种做法是有偏颇的。不管是朱熹，还是陈亮、叶适，都还没有认识到：应得之"私利"并不违"义"，相反，随意剥夺应得之"私利"，则是有可能伤害到"正义"的。

墨家救世，不仅重义，还不回避谈利，主张"兴天下之利，除天下之害"；墨家重视保护社会成员的私有财产，反对非法侵夺，思想极具平民色彩，与明代商品经济发展下形成的尚利追求平等的社会风气十分吻合，因此易于为当时的人所接受。墨学在明代中后期呈现出复起之势，其影响主要集中于对当时一些儒家学者思想的影响上，如黄绾等人对墨家义利观的继承和发展就是明证。

墨家的义利观是"义利并重"，即认为义和利同等重要。这种义利观可以从以下几个方面来理解。首先，这种义利观是从人的欲望和需求出发来探讨义利关系的。墨家肯定了人们追求欲望的合理性，即"生为甚欲，死为甚憎"[1]"欲福禄而恶祸祟"[2]。人的生存要满足最基本的衣食住

---

① 墨翟等：《墨子·尚贤中》，载《墨子间诂》，中华书局 2001 年版，第 65 页。

② 墨翟等：《墨子·天志上》，载《墨子间诂》，中华书局 2001 年版，第 193 页。

行需要："衣食者，人之生利也。"①"食之利也，以知饥而食之者智也。"②人应有最基本的"饥者得食，寒者得衣，劳者得息"③的权利，这是墨家义利观的人性论基础。其次，墨家的义利观更加注重的是公利和他利，即提倡以百姓利益和他人利益为主的群体利益，墨家怀着"兴天下之利，除天下之害"的救世思想，站在百姓的立场上，为统治阶级立言，主张将个人利益和价值的实现，融合到全体百姓的利益中，一切以百姓和他人的利益为重。这说明墨家的义利观始终贯穿着一种相对平等性和平民性，"利"是天下之利，他人之利，百姓之利。"利人乎，即为；不利人乎，即止。"④"仁人之所以为事者，必兴天下之利，除去天下之害。"⑤墨家"三表法"也主张政策的好坏评价要看实行起来后是否有利于天下百姓。这些都体现了墨家一切以天下百姓的利益为重的思想，再次，墨家的义利观是一种义利统一论，即认为义和利是相互联系、不可分割的整体。墨家虽然重利，但却是以贵义为前提，只要是不义的事，即使是大利也不会去追求："义，利也"⑥，"义，可以利人"⑦。归根到底，利是统一于义之中的。

> 万事莫贵于义。今谓人曰："予子冠履，而断子之手足，子为之乎？必不为，何故？则冠履不若手足之贵也"，又曰："予子天下而杀子之身，子为之乎？"必不为。何故？则天下不若身之贵也。争一言以相杀，是贵义于其身也。故曰：万事莫

---

① 墨翟等：《墨子·节葬下》，载《墨子间诂》，中华书局 2001 年版，第 189 页。
② 墨翟等：《墨子·三辩》，载《墨子间诂》，中华书局 2001 年版，第 41 页。
③ 墨翟等：《墨子·非命下》，载《墨子间诂》，中华书局 2001 年版，第 279 页。
④ 墨翟等：《墨子·非乐上》，载《墨子间诂》，中华书局 2001 年版，第 251 页。
⑤ 墨翟等：《墨子·兼爱中》，载《墨子间诂》，中华书局 2001 年版，第 101 页。
⑥ 墨翟等：《墨子·经上》，载《墨子间诂》，中华书局 2001 年版，第 310 页。
⑦ 墨翟等：《墨子·耕柱》，载《墨子间诂》，中华书局 2001 年版，第 430 页。

贵于义也。(《墨子·贵义》)

另外，墨家的义利观中还体现了财富均分的思想，其认为富人要将一部分财产分给穷人，以扶贫济困，实现公义。《墨子·尚贤下》说："有力者疾以助人，有财者勉以分人，有道者劝以教人。若此，则饥者得食，寒者得衣，乱者得治。"如果人富贵了而不均分财富，不仅不利，而且还有可能招致"不祥"。《墨子·鲁问》："今子处高爵禄而不以让贤，一不祥也；多财而不以分贫，二不祥也。"

明代陈第的义利观与墨子原意最接近，他主张"义即在利之中，道理即在货财之中"：

"义乃道理，利乃货财也。"曰："若以货财为利而不言，则天子不问国课，庶人不理家业，文臣不核赋税，武吏不稽兵食，是乱天下也，如之何而可？且道理岂可空空而无所着乎？"张生请问。曰："义即在利之中，道理即在货财之中。"①张生未达，曰："利者，益己损人、厚己薄人之谓；利者，公己公人，视人犹己之谓。"

陈第将"利"分为了私利和公利两部分，认为"利"对应的是个人的私利，即货财等物质利益，而公利就是"义"，即所谓道理。这样陈第就将义完全融化在了利之中。和墨家一样，陈第主张人们应该在逐利的过程中更加注重对公利的追求，不能"益己损人"，而应当"视人犹己"，这与墨家主张的"视人身若其身"的观点是一脉相承的。

---

① 陈第：《一斋集·松轩讲义·义利辨》，载《四库禁毁书丛刊》集部第57册，北京出版社1997年版，第261页。

诚然，如陈第所说"利"应分为私利和公利两部分，但需要指出的是，这两者并不是处处对立的。亚当斯在《国富论》中将这一道理讲得已经很明白了，在一个自由经济的社会中，芸芸众生的逐利，往往会无意中成就公共利益。

但是，中国历来是一个复杂的、发展极其不平衡的国家，必须有一部分人站出来，像墨家那样为公众利益操心、奔走和献身。

第二章 义本于"兼爱"

　　"万事莫贵于义",义是墨子追求的最高境界之一。"百人百义,千人千义",但这都是私义,只有在此基础上"一同天下之义",天下方能太平。如何统一天下君民各不同的义呢?墨子提出了"兼爱"的政治主张。"兼爱"是墨子核心主张与理论基础,也是通向义的最好手段。所以墨子说:"兼即仁矣,义矣。"兼即兼相爱,兼相爱就是义,兼相爱的目的就是为了交相利,利就是义,"义,利也"。兼相爱、交相利是实现天下公平正义的必然途径,也是惠及众生的现实目标。

第一节 "兼爱"与"仁"

　　孔子曰:"仁者爱人。"仁爱是儒家君子静身修为的必备素养,也是国家内圣外王的必要条件。曾经"学儒者之业,受孔子之术"的墨子也说"爱",不过墨家主张的是不同于儒家的"兼爱",二者同中有异,异中有同。

一、"兼"之形义及墨子赋予它的新意义

"兼爱"由"兼"和"爱"两个字组成，偏正结构。"兼"是一个会意字，字形像一只手拿着两棵禾苗，本意表并列。《说文·秝部》："兼，并也。从又持秝。兼，持二禾。"后引申为同时涉及多个事物，全面兼顾。《周易·系辞下》："有天道焉，有人道焉，有地道焉，兼三材而两之，故六。""爱"是形声字，本义为行走的样子，假借表炁字之意，表示热爱、爱护。《说文解字·夊部》："爱，行貌。从夊，炁声。"段玉裁注："《心部》曰：'炁，惠也。'今字假爱为炁而炁废矣。"《左传·隐公三年》："父慈子孝，兄爱弟敬。"墨子将"兼"字与"爱"字结合起来使用，表示不分人我、身份、地域、血缘，无差别、周遍地爱一切人。

与"兼爱"内涵相近的关键词还有"仁爱""博爱"。"仁"甲骨文作忈。《说文解字·人部》："仁，亲也。从人，从二。""仁"的意思是与人亲善、仁爱，会意字。《荀子·大略篇》："仁，爱也，故亲。"《墨子·经说下》："仁，仁爱也。"孔子对"仁"曾有诸多解释，但其基本内涵是"爱人"。《论语·颜渊》："樊迟问仁。子曰：'爱人。'""仁""爱"后来连用，孔子的学说将"仁"次于礼，说："克己复礼为仁。"而到孟子，"仁"基于"恻隐之心"，它具有独立的价值，成为儒家道德伦理观的重要基础。

"博"的本意是大，会意字。《说文解字·十部》："博，大，通也。从十，从尃。"后引申表广大、广阔。《墨子·非攻中》："土地之博，至有数千里也。"又引申表广泛、普遍。《论语·雍也》："君子博学于文，约之以礼，亦可以弗畔矣夫。""博爱"意谓广泛地爱一切人，其含义与"兼爱"十分相近。《孝经·三才》："先王见教之可以化民也。是故先之以博爱，而民莫遗其亲。"在唐代，韩愈在其《原道》中说："博爱之谓仁，行而宜之之谓义，由是而之焉之谓道，足乎已无待于外之谓德。仁与义

为定名，道与德为虚位。"这是第一次明确将"博爱"与"仁"画等号。近代中国引进西方思想文化时，亦将法国革命思想"fraternité"译为"博爱"。《中国同盟会革命方略》："于驱除鞑虏，恢复中华之外，国体民生，尚当与民变革。虽纬经万端，要其一贯之精神则为自由、平等、博爱。"

至迟在周代，中国古人便形成了仁爱、爱人的观念。《诗经·叔于田》："岂无居人，不如叔也，洵美且仁。"儒家以"仁"为核心思想，强调"仁爱"。《孟子·离娄下》："仁者爱人，有礼者敬人。"儒家的"仁爱"，是一种有差等的爱。《论语·颜渊》："克己复礼为仁。"《孟子·离娄上》："仁之实，事亲是也。"《礼记·中庸》："仁者人也，亲亲为大。""仁"与"礼"相结合，强调"亲亲"，因而其爱人是有亲疏之别的。儒家"仁爱"的施行路径是由爱家人出发，推己及人，最终达到广泛地爱他人。《论语·学而》："弟子入则孝，出则弟，谨而信，泛爱众而亲仁。"《孟子·梁惠王上》："老吾老以及人之老，幼吾幼以及人之幼。"

墨子崇尚"兼爱"，宣扬一种不分人我亲疏、远近尊卑、无差别而周遍的爱。《墨子·兼爱中》："视人之国，若视其国。视人之家，若视其家。视人之身，若视其身。"《墨子·法仪》："文王之兼爱天下之博大也，譬之日月，兼照天下之无有私也。"《墨子·大取》："爱尚世与爱后世，一若今之世人也。"《墨子·小取》："爱人，待周爱人，而后为爱人。不爱人，不待周不爱人。"墨子的"兼爱"，要求人皆相爱，爱人如己，周遍天下，连通古今，是最普遍、最广泛、无差别的爱。墨子把"兼爱"的合法性归于上天的意志。《墨子·法仪》："天必欲人之相爱相利，而不欲人之相恶相贼也。"《墨子·天志下》："顺天之意何若？曰：兼爱天下之人。"墨子还将爱与利相结合，形成了爱利合一的功利主义"兼爱"观。《墨子·兼爱中》："爱人者，人必从而爱之。利人者，人必从而利之。""欲天下之治，而恶其乱，当兼相爱、交相利。"墨子还从个体与群体的辩证统一关系来论述"兼爱",认为爱人即是爱己。《墨子·大取》:"爱人不外己,己在所爱之中。"

汉代独尊儒术,董仲舒融合墨子的"兼爱"精神,提出了更为周遍的爱人观念,扩大了儒家"仁爱"思想的内涵。《春秋繁露·仁义法》:"是故春秋为仁义法,仁之法在爱人,不在爱我。""质于爱民,以下至于鸟兽昆虫莫不爱。不爱,奚足谓仁!""故王者爱及四夷,霸者爱及诸侯,安者爱及封内,危者爱及旁侧,亡者爱及独身。"强调"仁"不在于爱己,而在于爱人,其范围越广越好,乃至"鸟兽昆虫"莫不爱,其爱的范围无疑是大大扩展了。董仲舒还引"利"入"爱"。《春秋繁露·诸侯》:"南面而君天下,必以兼利之"。《春秋繁露·王道》:"天常以爱利为意,以养长为事,春秋冬夏皆其用也。王者亦常以爱利天下为意,以安乐一世为事,好恶喜怒而备用也。"强调上天与君主利天下的义务,合利以言爱。

在唐代,韩愈在其《原道》中说:"博爱之谓仁,行而宜之之谓义,由是而之焉之谓道,足乎己无待于外之谓德。仁与义为定名,道与德为虚位。"这是第一次明确将"博爱"与"仁"画等号。

宋代儒学复兴,宋儒进一步融合墨子"兼爱"思想,拓展"仁爱"的范围,使之包容人类与万物。《正蒙·诚明》:"性者万物之一源,非有我之得私也。惟大人为能尽其道,是故立必俱立,知必周知,爱必兼爱,成不独成。"从性为万物共有的角度得出"爱必兼爱"的结论。张载进而还提出了在哲学史上影响深远的"民胞物与"说。《西铭》:"乾称父,坤称母;予兹藐焉,乃混然中处。故天地之塞,吾其体;天地之帅,吾其性。民吾同胞,物吾与也。"天地为父母,民为同胞,物我同类,其爱广博而无人我、亲疏、贵贱之别。《近思录·道体》:"仁者以天地万物为一体,莫非己也。认得为己,何所不至?若不有诸己,自不与己相干。如手足不仁,气已不贯,皆不属己。故博施济众,乃圣之功用。"程颢以为天地万物与我为一，故博爱万物，一如爱己，将爱人不外己，爱人如己的思想发挥到了极致。

近代以来，西方基督教文化与资产阶级革命思想传入中国，人们将墨子的"兼爱"思想与西方"博爱"精神相提并论，大加宣扬。《墨子学案》："平等无差别之爱普及于一切人类。泰东之墨子，泰西之耶稣。"①《孙中山选集·民族主义》："古时最讲爱字的莫过于墨子。墨子所讲的'兼爱'，与耶稣所讲的博爱是一样的。"②"兼爱"作为中国人理解和接受西方思想文化的重要本土参考，还被用来分析社会主义思潮。《墨翟之学说》："在墨子之意，以为欲打破重重之阶级，不可不提倡兼爱主义。兼爱主义者，社会主义也。"③认为墨家"兼爱"，就是社会主义学说。《墨子学案》："把一切含有私有性质的团体都破除了，成为一个'共有共享'的团体，就是墨子的'兼爱'社会。"④认为破除私有制，就是墨子的"兼爱"社会。

"兼爱"的英文，一般被译为 universal love。现在通行的"博爱"一词，是法文 fraternité 的中文译名，其英文为 fraternity。Fraternité 源自拉丁文 fraternitas，词根为 frater，意为"兄弟"，其本义为兄弟关系、兄弟情谊或如兄弟一般的友爱、亲睦。作为日常用语，fraternité 可泛指各类人们之间如兄弟般的关系。18 世纪法国大革命时期，Fraternité 与 liberté（自由）和 egalité（平等）一起成为具有特定政治含义的三大革命口号。19 世纪末、20 世纪初的清朝末年被介绍和翻译为中文，并逐

---

① 梁启超：《墨子学案》，载任继愈：《墨子大全》第 26 册，北京图书馆出版社 2004 年版，第 24 页。

② 孙中山：《民族主义》（第六讲），载《孙中山选集》，人民出版社 1981 年版，第 681 页。

③ 觉佛：《墨翟之学说》，《觉民》1904 年第 7 期。载王忍之编：《辛亥革命前十年间时论选集》卷一，北京三联书店 1987 年版，第 866 页。

④ 吕振羽：《中国政治思想史》，人民出版社 1981 年版，第 114 页。

渐定译为"博爱",为国人通用,流行至今。

"兼爱"发源于中国古代的仁爱、爱人观念,由墨子扩展为对全体人民平等无私的爱。汉代以后,墨学虽然衰微,但"兼爱"思想的合理内核却为后世学人所吸收,与儒家"仁爱"思想交融,至宋儒形成物我合一、兼爱万物的思想。近代以来,墨家"兼爱"思想与西方"博爱"精神一拍即合,备受人们推崇。墨子的"兼爱"思想,提倡无私奉献、平等互爱、互利共赢,时至今日,它仍然能为人们缓解冲突、调和矛盾、解决国际纷争、建设和谐美好的人际关系,提供一种有益的思维视角和有效的解决思路。

人性都有自私性的一面,如何让人们都能相信并做到视人若己呢?墨子是一个逻辑推理的高手,他从三个方面鼓动人们应该兼相爱:一是当今乱世之所以乱,其症结在于人们不相爱,"不知乱之所自起,则弗能治",以此抓住大众渴望太平的心理。二是告诉大家实现兼爱并不难,不像"挈太山越河、济也"那样不切实际,因为古代圣人贤君如大禹、文王、武王都曾实行过,最后都得到了老天的眷顾。"晋文公好士之恶衣""楚灵王好士细腰""句践好士之勇"等史实说明,"苟君说之,则众能为之",只要君王带头示范,上行则下效,兼爱完全可以实现,更何况兼相爱带来的是交相利,"爱人者,人亦从而爱之。利人者,人亦从而利之。恶人者,人亦从而恶之。害人者,人亦从而害之"。兼爱是一个双赢的义举。三是对于质疑者的回应。墨子把兼爱之士称为兼士,兼士"为其友之身,若为其身"。把自爱之士称为别士。别士说:"吾岂能为吾友之身若为吾身?"当你"被甲婴胄,将往战",生死不知,或"远使于巴、越、齐、荆",不知自己能否活着回来的时候,你愿意将自己的家室托付给兼士还是别士呢?答案自然明了。

墨子之所以提出兼爱,这与他当时所处的时代和身份经历有关。墨子大约生活在春秋末战国初期,这一时期,铁器的发明和农耕技术的推广，使社会生产力得到了极大的发展，产生了新兴的地主贵族阶级，但财富上的富足并没有给他们带来相应的政治地位，没落的周王朝统治阶级依然过着骄奢淫逸的腐朽生活，严重阻碍了社会生产力的发展。于是，新兴的地主贵族阶级纷纷脱离了周王朝的监管，建立了自己的权力王国，为了争夺人口与土地，战争连绵不绝，导致国家政局混乱，民众生活困苦。在这样一个大背景下，一大批受过良好教育的士人阶层诞生了，他们对殷商以来的天道君权产生了质疑，民本主义的思想逐渐萌芽。墨子代表普通平民大声疾呼，一方面要求在位者要"尚贤"，甚至开放政权，不论出身，"虽在农与工肆之人，有能则举之，高予之爵，重予之禄，任之以事，断予之令"；还要注重生活中不能纵欲铺张，要爱护民力，带头兼相爱。二是老百姓之间也要以爱己之心爱人，只有大家都相互兼爱，才能大家都从中获利。因此，墨子学派的学说一经提出，就获得了极多的拥戴者，弟子达数百人之多，一时号称显学。

二、墨家"视人若己"与儒家的恕道

儒墨两家都提倡"仁"，他们的概念表述大致相同，孔子说："仁者爱人。"墨子说："仁，爱也。"但比较起来，二者在概念内容、表现形式、目标宗旨方面还是存在一定的差异。

儒家的"仁"是君子修为必须要达到的一种精神特质，孔子曰："能行五者于天下为仁矣。"这五点就是"恭、宽、信、敏、惠"。"樊迟问仁。子曰：'爱人。'""爱人"只不过是仁的一种具体表现形式罢了，"爱人"的目的是为了成仁。是否成仁的标志就是看所作所为是否符合"礼"的标准。"礼"就是周代以来的一套行为规范，孔子特别崇尚周礼，"周监于二代，郁郁乎文哉！吾从周"。他把周礼当作自己一辈子孜孜以求的目标，"甚矣，吾衰也！久矣，吾不复梦见周公！"连做梦都在与周公神交,可见他对恢复周礼的渴望。

周礼是有差等的,根据血缘关系上的亲疏远近和社会地位上的尊卑贵贱,每个人的等级是不一样的,所以儒家的"爱人",是因人而定的,对不同的人付出的感情是不一样的,这就是孔子的所谓"亲亲有术,尊贤有等","仁者,人也,亲亲为大"。"弟子入则孝,出则悌,谨而信,泛爱众,而亲仁","亲亲为大",是对父母双亲的仁爱;"悌"是对兄长的仁爱;"泛爱众"是对家庭之外其他人的爱。同样是爱,爱的分量和程度是不一样的。"父母在,不远游,游必有方","三年无改于父之道,可谓孝矣","事父母几谏,见志不从,又敬不违,劳而不怨",这些都是发自内心的、毫无怨言的爱。而对于家庭之外的普通人,"厩焚。子退朝,曰:'伤人乎?'不问马。"只关心人,不关心马,在一定程度上体现了孔子的人本主义精神,但同时孔子又说:"无友不如己者。"不如自己的人不值得结交,更谈不上与父母一样的爱了。所以儒家之仁爱是有层次、有选择性的,这种以血缘亲情为基础的爱是儒家仁爱区别于墨家无差等的爱的最显著特征。

怎样做到有仁爱呢?颜渊问过,孔子说:"非礼勿视,非礼勿听,非礼勿言,非礼勿动。"可见,爱与不爱,怎样去爱,是有一套标准的,这标准就是"礼",只有"一日克己复礼,天下归仁焉","我欲仁,斯仁至矣"。恰好就是这一套儒家礼乐制度,墨子最为反感,认为儒家礼乐"烦扰而不说,厚葬靡财而贫民,久服伤生而害事",所以他最终"背周道而用夏政"。

墨家兼爱主张"爱人若爱其身",视人若己,推己及人,以爱己之心爱他人。这一点上,儒墨两家其实有共同之处,只不过表述不同。儒家把"老吾老以及人之老"叫作恕道。《论语》中只有两处提到"恕",一是曾子曰:"夫子之道,忠恕而已矣!"二是子贡问孔子:"有一言而可以终身行之者乎?"孔子说:"其恕乎!己所不欲,勿施于人。"《说文解字》："恕，仁也。从心，如声。"将恕直接解释为仁，是不够准确的。

仁是儒家的最高境界，恕只是仁的表现形式之一。历代学者对"恕"的解释更倾向于"如心"会意。贾谊《新书·道术》曰："以己量人谓之恕。"皇侃《论语义疏》引王弼言："恕者，反情以同物者也。"《荀子·法行篇》："孔子曰：'君子有三恕：有君不能事，有臣而求其使，非恕也；有亲不能报，有子而求其孝，非恕也；有兄不能敬，有弟而求其听令，非恕也。'士明于此三恕，则可以端身矣。"孔颖达《礼记正义》曰："恕者，忖也，忖度其义于人。"戴侗《六书故》卷十三："推己及物之谓恕。己欲立而立人，己欲达而达人，施诸己而不愿，亦勿施于人，恕之道也。"李邦献《省心杂言》："以责人之心责己，则寡过；以恕己之心恕人，则全交。"朱熹《论语集注》："推己之谓恕。"玄应《一切经音义》卷二引《声类》曰："以心度物曰恕。"玄应《一切经音义》卷二引《苍颉》曰："恕，如也。"顾炎武《日知录·忠恕》引慈溪黄氏曰："推己及人之谓恕。"从古人的训诂中我们不难发现，"恕"通俗地讲就是将心比心，设身处地为别人着想，以己之心推他人之心，以心度物，以己量人。[1]"仁"是儒家最高的道德标准，"恕"是实现仁道的具体做法，"仁"是恕的最终目的和归宿。[2] 所以孔子说："夫仁者，己欲立而立人，己欲达而达人。能近取譬，可谓仁之方也已。"孔安国注曰："方，道也。但能近取譬于己，皆恕己所欲而施之于人。"朱熹注曰："譬，喻也。方，术也。近取诸身，以己所欲譬之他人，知其所欲亦犹是也。然后推其所欲以及于人，则恕之事而仁之术也。"能做到推己及人，就能成为有仁德之人了，但是，这很难做到，当子贡说"我不欲人之加诸我也，吾亦

---

① 参见王汉苗：《儒家恕道思想研究》，曲阜师范大学 2010 年博士论文，第 26 页。

② 参见杨宝忠：《"恕"字古义考——兼论"恕"和"仁"的关系》，《孔子研究》1999 年第 2 期。

欲无加诸人。"孔子回答道："赐也，非尔所及也。"意思是说子贡的修为还没有达到恕的境界。

墨家"视人若己"的"兼爱"抓住了人们都想获利、得到好处的心理，提出"孝子之为亲度者，亦欲人爱利其亲与？意欲人之恶贼其亲与"这样一个命题，显然，每一个孝子都希望别人爱自己的父母，不希望别人来残害自己的父母。很自然地，墨子给出了建议，希望别人爱你的父母，那么，你就要"先从事乎爱利人之亲"，别人才能"报我以爱利吾亲"，正所谓"投我以桃，报之以李"是也。但是，墨家的兼爱与儒家的仁爱，仍有根本的区别。我们细读《孟子·滕文公上》所记墨家夷子与儒家孟子的一段隔空交锋，就能明白个中道理：

> 墨者夷之，因徐辟而求见孟子。孟子曰："吾固愿见，今吾尚病，病愈，我且往见，夷子不来！"他日又求见孟子。孟子曰："吾今则可以见矣。不直，则道不见；我且直之。吾闻夷子墨者。墨之治丧也，以薄为其道也。夷子思以易天下，岂以为非是而不贵也？然而夷子葬其亲厚，则是以所贱事亲也。"徐子以告夷子。夷子曰："儒者之道，古之人'若保赤子'，此言何谓也？之则以为爱无差等，施由亲始。"徐子以告孟子。孟子曰："夫夷子，信以为人之亲其兄之子为若亲其邻之赤子乎？彼有取尔也。赤子匍匐将入井，非赤子之罪也。且天之生物也，使之一本，而夷子二本故也。盖上世尝有不葬其亲者。其亲死，则举而委之于壑。他日过之，狐狸食之，蝇蚋姑嘬之。其颡有泚，睨而不视。夫泚也，非为人泚，中心达于面目。盖归反虆梩而掩之。掩之诚是也，则孝子仁人之掩其亲，亦必有道矣。"徐子以告夷子。夷子怃然为闲曰："命之矣。"

这段话里，夷子提到古语"若保赤子"，孟子也提到"赤子入井"。其实这是讨论人类的"恻隐之心"。《孟子·公孙丑上》专门讨论过这个问题，举的还就是"赤子"（又称"孺子"，即婴孩）的例子：

> 孟子曰："人皆有不忍人之心。先王有不忍人之心，斯有不忍人之政矣。以不忍人之心，行不忍人之政，治天下可运之掌上。所以谓人皆有不忍人之心者，今人乍见孺子将入于井，皆有怵惕恻隐之心。非所以内交于孺子之父母也，非所以要誉于乡党朋友也，非恶其声而然也。由是观之，无恻隐之心，非人也；无羞恶之心，非人也；无辞让之心，非人也；无是非之心，非人也。恻隐之心，仁之端也；羞恶之心，义之端也；辞让之心，礼之端也；是非之心，智之端也。人之有是四端也，犹其有四体也。有是四端而自谓不能者，自贼者也；谓其君不能者，贼其君者也。凡有四端于我者，知皆扩而充之矣，若火之始然，泉之始达。苟能充之，足以保四海；苟不充之，不足以事父母。"

孟子讲的这个恻隐之心，在人类身上是真的存在的。现代生物学证实，在灵长类动物中，普遍存在对同类的同情之心。孟子认为这种同情之心是本能，是不讲条件的。所以，孟子在驳斥夷子时，特别点出墨家的兼爱是建筑在"交相利"的基础之上的。《孟子》这段话，赵岐注曰："夫夷子以为人爱兄子，与爱邻人之子等邪。彼取赤子将入井，虽他人子亦惊救之，故谓之爱同也。但以赤子无知，非其罪恶，故救之耳。夷子必以此况之，未尽达人情者也。"

朱熹《四书章句集注》孟子卷五注曰：

"若保赤子"，周书康诰篇文，此儒者之言也。夷子引之，盖欲援儒而入于墨，以拒孟子之非己。又曰："爱无差等，施由亲始"，则推墨而附于儒，以释己所以厚葬其亲之意，皆所谓遁辞也。孟子言人之爱其兄子与邻之子，本有差等。书之取譬，本为小民无知而犯法，如赤子无知而入井耳。且人物之生，必各本于父母而无二，乃自然之理，若天使之然也。故其爱由此立，而推以及人，自有差等。今如夷子之言，则是视其父母本无异于路人，但其施之之序，姑自此始耳。非二本而何哉？然其于先后之间，犹知所择，则又其本心之明有终不得而息者，此其所以卒能受命而自觉其非也。

儒家说的爱由亲亲开始，这是没有问题的。但是，儒墨两家最本质的差异在于，当亲人和外人在同等条件下遇到同样的机会时，或面临同样的法律麻烦时，你作为拥有裁决权的人，你如何处理。遇到同样的机会时，墨家主张机会均等，能者上，不能者下，不分亲疏。遇到同样的官司，墨家主张法律面前，人人平等，不分亲疏。但儒家主张议亲、议功，实在要处罚，自己也应辞官，或回避。

三、王阳明：墨家兼爱实不知爱之"渐"与"发端处"

对于墨家的"兼爱"，《传习录》中有一段经典语录：

问："程子云'仁者以天地万物为一体'，何墨氏'兼爱'反不得谓之仁？"

先生曰："此亦甚难言，须是诸君自体认出来始得。仁是造化生生不息之理，虽弥漫周遍，无处不是，然其流行发生，亦只有个渐，所以生生不息。如冬至一阳生，必自一阳生，而后渐渐至于六阳，若无一阳之生，岂有六阳？阴亦然。惟其渐，所以便有个发端处；惟其有个发端处，所以生；惟其生，所以不息。譬之木，其始抽芽，便是木之生意发端处；抽芽然后发干，发干然后生枝生叶，然后是生生不息。若无芽，何以有干有枝叶？能抽芽，必是下面有个根在。有根方生，无根便死。无根何从抽芽？父子兄弟之爱，便是人心生意发端处，如木之抽芽。自此而仁民，而爱物，便是发干生枝生叶。墨氏兼爱无差等，将自家父子兄弟与途人一般看，便自没了发端处；不抽芽便知得他无根，便不是生生不息，安得谓之仁？孝弟为仁之本，却是仁理从里面发生出来。"

王守仁虽说是心学的集大成者，但他也精通儒学，这段语录实际上是杂合了孔子和孟子两个人的观点。孔子的"仁爱"的确是有差等的爱，"孝弟也者，其为仁之本与！"父慈子孝，兄友弟恭，血脉亲情，是仁爱的发端。在此基础上，孟子用"性善论"将其进一步阐发为"恻隐之心，仁之端也"。"见孺子将入于井，皆有怵惕恻隐之心"，这是每个人的本能，"求则得之，舍则失之"，只要自觉意识到自己的善心，就可以成为一个仁人。孟子将杨、墨并提，对他们没有好感，大骂杨、墨之徒用"邪说诬民，充塞仁义"，是"无父无君"，是禽兽，"无父无君，是周公所膺也"。

孟子和王守仁的说法其实是有问题的。墨子说："天下无大小国，皆天之邑也；人无分幼长贵贱，皆天之臣也。"这恐怕就是王守仁攻击墨子"将自家父子兄弟与途人一般看"的原始依据了。墨子相信天道，天是有人格意志的神。在天面前，普天之下的人作为一个整体，是不分长幼贵贱的，都是天的臣民。但除开天之外，人与人之间是否就完全平等，没有差异了呢？从《墨子》一书的记录中，我们可以看出，墨子的社会理想和政治观念还没有达到这么先进的水平。《天志》中说："天子者，天下之穷贵也，天下之穷富也。"这明确限定了天子的最高地位。《亲士》《尚贤》《明鬼》等章中处处流露出这样的信息：当世的君王只有借鉴古代贤君圣王的尊天、用贤等策略，才能保证自己国运的昌隆，当然，老百姓也会过上相对幸福的日子。墨子的出发点是为了保证天下百姓的"利"，他把这种目标的实现寄托在两个方面，一是君王上要懂得敬天，下要懂得用人兼爱；二是老百姓自己也要兼爱。有君王就有阶级，有阶级就有地位的悬殊、身份的差异和经济上的剥削。由于时代的局限，墨子的意识仍然没有脱离阶级社会的禁锢，而是间接地在帮当时的统治者出谋划策。

墨子是否将"自家父子兄弟"与"途人"视作一样呢？答案是否定的。《兼爱》这一章中"兼爱"这个口号表面看起来是在爱所有人，但实际上统观《墨子》全书，我们也可以看出墨家言论有前后矛盾的地方，或者说，墨家反对儒家的礼乐制度是不彻底的，墨子的言论中有形无形中还是带有孔子的影子。《尚同》中说古代"民始生，未有正长之时……无君臣、上下、长幼之节，父子、兄弟之礼、是以天下乱焉"，初民之时，无礼则乱，显然，有礼则治。可见，墨子还是崇尚父子、兄弟之礼的，只不过，他的这种礼较之孔子，其表现形式有了改变。儒家之丧，一是守丧时间长，有害生产。《节葬下》说"君死丧之三年，父母死丧之三年，妻与后子死者，五皆丧之三年。然后伯父、叔父、兄弟、孽子其，族人五月，姑姊甥舅皆有月数。"二是奢靡无度，"棺椁必重，葬埋必厚，衣衾必多，文绣必繁，丘陇必巨"，甚至"天子杀殉，众者数百，寡者数十。将军、大夫杀殉，众者数十，寡者数人"，严重浪费了社会财富和人力资源。墨子强调丧事在于心诚，"丧虽有礼，而哀为本焉"，其葬法是"棺三寸，足以朽骨；衣三领，足以朽肉。掘地之深，下无菹漏，气无发泄于上，垄足以期其所，则止矣"。这样做的目的是节葬节用，节省人力财力，儒家"哭泣不秩，声翁，缞绖垂涕，处倚庐，寝苫枕块。又相率强不食而为饥，薄衣而为寒。使面目陷陬，颜色黧黑，耳目不聪明，手足不劲强"，都是流于形式，不利于后世人的继续生存发展。节葬可以使子孙们能够"反从事乎衣食之财"，财物丰厚了，就有能力进一步"俼乎祭祀，以致孝于亲"了。生不忘养，丧不忘葬，死后还有丰厚的祭祀保障，这样的孝，在《墨子》一书，除了父母享此规格，其他人没见记载。所以，墨子虽然提倡对待朋友要"饥则食之，寒则衣之，疾病侍养之，死丧葬埋之"，但显然程度与规格是不一样的。

第二节 "兼相爱，交相利"辨析

"兼即仁矣，义矣。"兼相爱的目的就是为了交相利，"义，利也"。利就是义，义、利合一就是墨子的义利观。不仅墨子提到了义利，在中国古代思想史上，还有各种形形色色的义利观，如孔子的重义轻利观，孟子的先义后利观，法家的贵利轻义观，道家的超义利观，西汉萧望之的义利调和观，陆九渊的非义即利观，等等，使"义利"成了中华元典重要的关键词之一。

一、出于功利的"兼爱"

墨子的"兼爱"是功利性很强的，首先表现在其表述上，"兼相爱"后面紧跟着就是"交相利"，所以梁启超说："墨子讲兼爱，论孔墨之

'爱'常用'兼相爱交相利'六字连讲，必合起来，他的意思才明。"① 这是说，提到墨子"兼相爱"时，不能剥离掉"交相利"三个字，"兼相爱"中有"交相利"，"交相利"中有"兼相爱"，六个字紧紧融为一体，故梁启超又说墨子的"兼相爱"就是"托尔斯泰的利他主义"，"交相利"就是"科尔璞特金（即克鲁泡特金，Pyotr Alexeyevich Kropotkin）的互相主义"②。

墨家"兼爱"真的是以"交相利"为前提吗？《墨子·兼爱》中提出"兼相爱，交相利"，在《法仪》中又提出："爱人利人者，天必福之。恶人贼人者，天必祸之。"在《墨子》中反复地说：如果我爱人之亲如爱己之亲，则人亦如是回报我，故我亲亦得人之爱。好像把兼爱说成了一种利益交换关系。而孔子以为只有小人才"喻于利"，《孟子》开篇就提出"何必言利"，爱应不求回报，特别父母、子女之间的爱，如果是为求回报，那就大悖伦常了。

这里边其实有一个很大的误会。墨子为了一般大众能兼相爱，便苦口婆心地来劝说他们，却只能想到"交相利"的理由，而从"利"来论证爱之必要，又使他的崇高的"兼爱"大为蒙尘逊色，也成了儒家攻击它的一个把柄。其实，只要采取"听其言"再"观其行"的办法，我们会发现这个事情很冤枉。墨子及其信徒摩顶放踵以救天下根本不是为求回报，不是求一己之利。他们的行为毫无疑义地是在践行"兼爱"，因而应以他们的行为来为"兼爱"作注脚。"兼爱"不是一种纯为求个人回报的爱。而整体的回报、社会大面的回报，是"大爱"都具备的，包括基督教"博爱"中的对敌人之爱，其回报也是有的，感化敌人、化敌为友就是回报。

---

① 梁启超：《墨学之根本观念——兼爱》，转引自《墨子》，山西古籍出版社2004年版，第1页。

② 曹胜强、孙卓彩：《墨子研究》，中国社会科学出版社2008年版，第25页。

因为对墨家"兼爱"的误解，于是，在如何翻译"兼爱"时，一度引起争论。从字形上看，"兼"是一手握二"禾"，会"同时并有"的意思，那么，兼爱自然就是指"视人之国，若视其国；视人之家，若视其家；视人之身，若视其身"（《墨子·兼爱中》），"爱人之父，犹爱己之父；爱人之家，犹爱己之家；爱人之君，犹爱己之君；爱人之国，犹爱己之国"——一言以蔽之，"使天下兼相爱，爱人若爱其身"（《墨子·兼爱上》）。"爱无差等"是兼爱思想的核心。因此，大家均倾向于将"兼爱"译为"普遍的爱"。但是，陈荣斋先生则认为墨家的兼爱只能译为"相互的爱"，原因自然是因为认定了墨家的兼爱是建立在互惠的基础之上的，是以互惠为条件的。基于我们上面说的理由，墨家"兼爱"是不能翻译为"相互之爱"的。

其次，墨子善于利用人性中好利的一面，循循善诱，引导人们走向兼爱。"若使人下兼相爱，国与国不相攻，家与家不相乱，盗贼无有，君臣父子皆能孝慈，若此则天下治。"美好的憧憬对于那些处于战乱中的人们来说，无疑是夏日里的一汪清泉，冬日里的一堆篝火，充满了无限的向往，谁不渴望太平呢？

再次，墨子善于利用人们避害的本能，敬出一个"天"来，"天之所欲则为之，天所不欲则止"，天希望大家做什么呢？"天必欲人之相爱相利，而不欲人之相恶相贼也。"所以大家必须要兼相爱，若不相爱，天就会惩罚大家，"爱人利人者，天必福之。恶人贼人者，天必祸之"。古代的禹、汤、文、武，由于兼爱天下的百姓，所以受到了上天的福佑。桀、纣、幽、厉，由于兼恶天下的百姓，而且诟天侮鬼，所以上天给他们降下了祸端。福与祸，对于每个人来说，都是充满了功利性，就这样，墨子处处晓之以情（利），动之以理（利），来游说世人。

二、从墨家的义利统一观到孟子、陆九渊的义利之辨

与墨家的义利统一观相比，孔子的义利观不一样，《论语》中有非常经典的两句："子罕言利"，"君子喻于义，小人喻于利"。据此，很多人认为孔子所持的是义利对立的义利观。这种说法是不对的，"罕言利"并不代表孔子不懂利，"君子喻于义"并不意味着君子不能追求利，因为趋利避害是人的本能，只要是人，就不会有例外。在《论语》中，我们可以找到很多孔子对于利的追求："富而可求也，虽执鞭之事，吾亦为之。如不可求，从吾所好。""富与贵，是人之所欲也；不以其道得之，不处也。贫与贱，是人之所恶也；不以其道得之，不去也。"可见孔子对于财富和地位之类的利并不简单排斥或拒绝的，所谓"仁者以财发身，不仁者以身发财"，孔子的异于常人之处在于面对利的诱惑，他能坚守理性和道义。私利如此，公利也不例外，对于老百姓，他主张"因民之所利而利之"。所以，在孔子的整个思想体系中，他更注重个人私德的修养。什么是私德呢？梁启超说："人人独善其身谓之私德，人人相善其群者谓之公德。"[1]"饭疏食饮水，曲肱而枕之，乐亦在其中矣。不义而富且贵，于我如浮云。"快乐不快乐，在于自己，见利思义，富贵而以不义得之，也不会快乐。儒家重视"独善其身"，由此可见。

孟子"乃所愿，则学孔子也"，他基本上继承了孔子的义利观，"非其有而取之，非义也。"同时也加以改造，使儒家的义利观与实际结合得更加紧密。对于人性，孟子有"性善论"之说，在义利观方面，孟子甚至倾向于"性利论"。"好色，人之所欲"，"富，人之所欲"，"贵，人之所欲"。"口之于味也，目之于色也，耳之于声也，鼻之于臭也，四肢

---

① 李华兴、吴嘉勋编：《梁启超文集》，上海人民出版社 1984 年版，第 213 页。

之于安佚也，性也。"孟子肯定了对声色味道的追求，是人的本性，他自己也不例外，当陈子问："古之君何如则仕？"孟子讲了"三就""三去"等众多入仕、出仕条件后，最后作了一个最坏的打算：饿得快要死了，人家既不采纳我的主张，也没有什么礼节，让我去当官我也去，毕竟活命要紧。圣贤不是我们想象的那般清高迂腐，对物质财富的追求，是每个人的本性。

　　较之孔子，孟子在义利观上的生发之处在于，他能将义与利辩证结合，先义后利，义即是利，利即是义，既有形而下的"利"，也有形而上的"利"。同时他还能针对不同的社会主体，进行有侧重点的义利观宣传。

　　孟子认为"利"与"义"是相生相成的，"义"就是最大的"利"，让利于民，就是"义"举。针对不同的说话对象，他要么偏于利，要么偏于义。梁惠王属于统治阶级，处于强势地位，所以孟子在与之论辩时，开口就说："何必曰利？亦有仁义而已矣。"因为与底层的老百姓相比，这些统治者们不缺利，缺的是义，孔子说过："君子周急不继富。"为虎作伥显然不是孟子的风格，所以孟子在梁惠王面前不言利。不言利并不等于不重利，孟子实际上是通过辩论让梁惠王知道应该先义后利，只有对人民施义，就会带来实实在在的利，"如施仁政于民，省刑罚，薄税敛，深耕易耨……可使制梃以挞秦、楚之坚甲利兵矣"。"今王发政施仁，使天下仕者皆欲立于王之朝，耕者皆欲耕于王之野，商贾皆欲藏于王之市，行旅皆欲出于王之涂，天下之欲疾其君者，皆欲赴诉于王。其若是，孰能御之？"天下之人纷纷前来归顺，国家实力足以抗衡秦楚，这难道不是实行仁义之政所带来的实实在在的利吗？能给百姓带来利的就是仁义之政。

　　光讲实实在在的形而下的物质的利也不行，人还需要形而上的精神层面的利，"富，人之所欲，富有天下，而不足以解忧；贵，人之所欲，贵为天子，而不足以解忧"，富贵而忧，显然是精神信仰的缺失，所以，"庠序之教"就显得尤为重要。

面对君王，孟子说得更多的是义，而面对百姓，孟子注重的是利，只有多"制民之产"，百姓才能有暇治礼义。

如果说孔子的义利观过于精炼，孟子的义利观过于隐晦的话，朱熹在《四书集注》和《朱子语类》中的论述就更为直白了。朱熹重视义利，"义利之说，乃儒者第一义"。他在孔孟的基础上进一步阐述义利是区别君子与小人的标准：

> 义利也未消说得如此重，义利犹头尾然。义者，宜也。君子见得这事合当如此，却那事合当如彼，但裁处其宜而为之，则何不利之有。君子只理会义，下一截利处更不理会。小人只理会下一截利，更不理会上一截义。盖是君子之心虚明洞彻，见得义分明。小人只管计较利，虽丝毫底利，也自理会得。

每一件事情本身都包含有义和利，君子只晓于义，小人只晓于利。但凡做事，不可首先就想到利，否则就会带来危害。"不可先有个利心，才说著利必害于义。圣人做处只向义边做，然义未尝不利。但不可先说道利，不可先有求利之心"，"只以利为心则有害，在于上下交征利而国危，便是有害"。君子取利，不应害义，即使是受人之馈，也要注意。朱子一生清贫乐义，"朋友若以钱相惠，不害道理者，可受。若以不法事相委，却以钱相惠，此则断然不可"。高洁情操，由此可见。

更为可贵的是，在义与利发生矛盾的时候，朱子主张舍利取义，乃至舍生取义，"道义重而计较死生之心轻矣"。他的三传弟子文天祥，被俘后面对敌人，置生死富贵于度外，以绝食不屈表现自己的气节，最终

"以身殉道不苟生，道在光明照千古"，杀身取义，壮烈殉节。儒家的义利观经过朱子的发挥演绎后逐渐变成了一种民族道德精神，一代代的英雄伟人在这种精神的感召下，为了民族或者国家的大义而赴汤蹈火、取义成仁。

与朱熹同一时期的心学大师陆九渊在义利观上主张"辨志"，"傅子渊自此归其家，陈正己问之曰：'陆先生教人何先?'对曰：'辨志。'正己复问曰：'何辨?'对曰：'义利之辨。'若子渊之对，可谓切要"。通过辨别志向在于义还是在于利，就可以判别君子和小人。所以，欲成为君子者首当"立志"。《白鹿洞书院讲义》还指出了当时的科举考试存在很多弊端，不能培养学子"立志"，往往只是文字技巧上的比拼：

> 科举取士久矣，名儒钜公皆由此出。今为士者固不能免此。然场屋之得失，顾其技与有司好恶如何耳，非所以为君子小人之辨也。而今世以此相尚，使汩没于此而不能自拔，则终日从事者，虽曰圣贤之书，而要其志之所乡，则有与圣贤背而驰者矣。推而上之，则又惟官资崇卑、禄廪厚薄是计，岂能悉心力于国事民隐，以无负于任使之者哉?从事其间，更历之多，讲习之熟，安得不有所喻?顾恐不在于义耳。

所以，学子参加科举考试不应该以科场得失为目标，应以去名利之念，不徇流俗，以圣贤为志，以治平自任的态度和信念。[1] 他认为，以这种思想来问学，才得"正学"，而且是唯一之选，"此只有两路：利欲，道义。不之此，则之彼"。

---

① 参见王艳琴：《陆九渊义利之辨探析》，《和田师范专科学校学报》2007 年第 5 期。

三、公利与私利的分别

与前儒相比，陆九渊对义利的分辨更为细致，甚至出现了排他性，"私意与公理，利欲与道义，其势不两立"，在义和利的关系上，他更强调道义的重要：

> 凡欲为学，当先识义利公私之辨。今所学果为何事？人生天地间，为人当尽人道。学者所以为学，学为人而已，非有为也。

之所以要强调道义，是因为随着功利观念的增强，道德却日渐衰微：

> 上古道纯德备，功利之说不兴。(《陆九渊集》卷一〇《与涂任伯》)
>
> 周道之衰，民尚机巧溺意功利，失其本心。将以沽名，名亦终灭；将以邀利，利亦终亡。惟其君子，终古不磨，不见知于庸人，而见知于识者；不见容于群小，而无愧于古人。俯仰浩然，进退有裕。在己之贵，润身之富，辉光日新。(《陆九渊集》卷九《与杨守》之二)
>
> 千有五百余年之间，格言至训熟烂于浮文外饰，功利之习泛滥于天下。(《陆九渊集》卷一二《与赵然道》之三)

他所说的"功利"，其实是指私利，陆九渊反对不合道义的私利，认为"陷溺于物欲而不能自拔，则其所贵者类出于利欲，而良贵由是以浸微"。而公利，他是积极提倡的：

《周官》一书，理财者居半，冢宰制国用，理财正辞，古人何尝不理会利？（《语录下》）

凡圣人之所为，无非以利天下也！（《陆九渊集》卷二四《策问》）

圣人备物制用，立成器以为天下利。（《陆九渊集》卷二四《策问》）

务去民之所恶，而致其所欲。（《陆九渊集》卷一九《宜章县学记》）

南宋之时，"风俗积坏，人才积衰，郡县积弊，事力积耗，民心积摇，和气积伤"，国家外患不断，国力日下，陆九渊显然意识到了这种危机，他力图重构儒家道德体系去挽救已入病态的国家，客观上对于提高国民的公利意识，反对不义私利，维持封建统治秩序，起到了一定的促进作用，在此基础上形成的大公无私的民族精神，深深地影响了我们的民族性格。

第三节　墨子论"兼士"与做"兼士"

墨子将爱人若己之人称为兼士，将爱人异己之人称为别士。为了解答"然而天下之士，非兼者之言犹未止也"这一疑问，墨子将兼士与别士的种种表现与后果进行了对比，最后得出的结论是：兼士所行是"圣王之道"，是"万民之大利也"。为了将兼爱的精神贯彻到底，墨子不但在理论上引用古今史实予以论证，而且自己身先士卒，在行动上充当兼士。

一、"兼士"墨子

在当时，墨家做兼士的主要指导理论是"非攻"，而"非攻"思想又是建立在"兼爱"学说基础之上的，要兼爱，就必须要非攻。因为在当时，"攻无罪"是天下动荡的根源，所以墨子提出了"非攻"的主张，但墨子的"非攻"是针对"攻无罪"的战争而言的，他并不反对"诛无道"的正义战争，在他的逻辑中，"杀盗人"，也可以算是"非杀人"。正是这种进步的战争观，使得他的兼士之举中处处体现了军事防御的思想。

作为墨家"巨子"的墨子，和其他"墨者"一样，过着"孔席不暖，墨突不黔"的生活，"以裘褐为衣，以跂蹻为服，日夜不休，以自苦为极"，生活极为清苦。为了制止非正义的战争和杀伐，他到处推广他的全面防御战略思想。《墨子·七患》中提到了"七患"：

> 城郭沟池不可守，而治宫室，一患也。边国至境，四邻莫救，二患也。先尽民力无用之功，赏赐无能之人，民力尽于无用，财宝虚于待客，三患也。仕者持禄，游者爱佼，君修法讨臣，臣慑而不敢拂，四患也。君自以为圣智而不问事，自以为安强而无守备，四邻谋之不知戒，五患也。所信者不忠，所忠者不信，六患也。畜种菽粟不足以食之，大臣不足以事之。赏赐不能喜，诛罚不能威，七患也。

"以七患居国，必无社稷。以七患守城，敌至国倾。七患之所当，国必有殃。"所以，要非攻，首先就要有备无患，平时做好充分的准备来应对战事。

墨子出身木匠，精通手工营造，所以，在其全方位的防御战争思想指导下，他能充分考虑到战争中的人、地、物等各种基本要素，因地制宜，加强防守。《备城门》中提出了"城可守"的诸多要素，包括城墙、护城河、门楼、器械、柴草粮食、守城人员、吏民关系、大臣、国君、父母的坟墓、山林草泽、地形、勇士、赏明十四个方面，而且在《备高临》《备梯》《备水》《备突》《备穴》《备蛾傅》《迎敌祠》《旗帜》《号令》《杂守》等章中对城内防御机关的设置和战争策略的部署作了详细的描述，使《墨子》俨然成了半部兵书。

不仅如此，墨子还经常亲自出马，充当兼士，游说列国。他把自己所从事的事业叫作"为义"，"为义"的核心内容就是"兴天下之利，而除天下之害"。在游说过程中，他"凡入国，必择务而从事焉"，"国家昏乱，则语之尚贤、尚同。国家贫，则语之节用、节葬。国家憙音湛湎，则语之非乐、非命。国家淫僻无礼，则语之尊天事鬼。国家务夺侵凌，即语之兼爱、非攻。"

墨子的游说活动主要在楚国、宋国、齐国和卫国进行，主要游说对象是各国国君和掌握重权的王公大臣。如在鲁国，鲁穆公担心齐国的攻击，墨子就建议他要以古代的圣人、暴君为鉴，"上者尊天事鬼，下者爱利百姓，厚为皮币，卑辞令，亟遍礼四邻诸侯"，才能救鲁。在楚国，公输盘为楚造云梯，准备攻打宋国。墨子走了十日十夜而至于郢，说服了公输盘，却没能让其死心。于是他"解带为城，以牒为械"，与公输盘进行了实战演练，终于凭智慧和口才说服了楚王，避免了一场战争，实现了自己的非攻。在楚国的鲁阳，墨子得到了鲁阳文君的盛情款待，当他得知鲁阳文君因贪恋宋、郑之间的大片荒地，借口"顺于天之志"，准备兴兵攻打郑国时，墨子说："譬有人于此，其子强梁不材，故其父笞之。其邻家之父举木而击之，曰：'吾击之也，顺于其父之志。'"形象地指出了鲁阳文君此举名不正言不顺，最后迫使他认错。

在宋国，为了阻止楚国的攻打，墨子不仅派出以大弟子禽滑釐为首领的三百多个弟子携带器械为宋守城，而且不辞劳苦，千里跋涉，亲到楚都说服楚惠王不再攻宋，后来又推荐不少弟子到宋国从政为官，甚至他自己也一度接受宋昭公的邀请，出任大夫，并作为宋国的使节出使卫国。后来，由于与篡权者子罕意见相左，遂遭到囚禁，但慑于墨子在宋国的声望，子罕不久就释放了墨子，从此，墨子再也没有回到过宋国。

卫国是个弱小的国家，处于齐、晋两个大国之间，自灵公以来，国君和贵族大臣多荒淫奢侈，溺于享乐。于是，墨子语重心长地对卫国大臣公良桓子说，与其奢华享乐，倒不如裁撤身边那些太多的车马、美女，而用节省下来的钱"蓄士"，以保国家安全。

齐、鲁互为邻国，但在墨子时期，齐国多次以强凌弱，攻打鲁国。为此，墨子首先对侵鲁的主要将领说："伐鲁，齐之大过也。"指出"大国之攻小国也，是交相贼也，过必反于国"。同时委派自己的弟子胜绰去项子牛军中任职，借以牵制劝谏项子牛，但未料到胜绰不仅未能尽职劝谏，反而追随项子牛"三侵鲁地"，一气之下，他撤回了胜绰，并批评他"言义而不行，是犯明也"。再者，墨子以"今有刀于此，试之人头，卒然断之，可谓利乎"提问，引诱齐大王作答，最后迫使齐王俯仰深思，知道了"并国覆军，贼杀百姓"的结果将是"我受其不祥"。

二、"兼爱"则"非攻"

"非攻"由"非"和"攻"两个字组成，动宾结构。"非"是一个象形字，甲骨文作𢆡，《说文解字·非部》："非，违也。从飞下翄，取其相背也。"取象于鸟翅相对之形，表违背。《左传·昭公二十八年》："夫有尤物，足以移人，苟非德义，则必有祸。"后引申表反对、非难。《管子·山权数》："禁缪者，非往而戒来，故祸不萌通，而民无患咎。""攻"是一个会意字，字形像一个人手持锤头敲击物体，本义是工匠治理、加工器物。《诗经·鹤鸣》："他山之石，可以攻玉。"毛注："攻，错也。"

后引申为攻击。《说文解字·攴部》："攻，击也。"在《墨子》文本中，"攻"指春秋以来经常发生的以兼并、掠夺为目的的侵略战争，"非攻"，即反对以掠夺和兼并为目的的主动进攻他国的战争。

"和平"是与"非攻"含义相近的重要概念。"和"本作"咊"。《说文解字·口部》："咊，相应也，从口，禾声。""和"是形声字，其本意是唱和。《诗经·萚兮》："叔兮伯兮，倡予和女。"古代常借其字表"龢"，意谓和谐、协调。《说文解字·龠部》："龢，调也。"段玉裁注："经传多借和为龢。"《论语·学而》："礼之用，和为贵。""平"的本意是平静，会意字。《说文解字·亏部》："平，语平舒也。从亏，从八。"后引申指平安、太平。《周易·系辞下》："危者使平，易者使倾。"二字连用为"和平"，指社会安宁，没有战乱。《周易·咸》："圣人感人心而天下和平。"

战争是人类争夺生存资源与财富的最残酷手段，中华民族自古便崇尚和平，反对战争。老子认为战争带来惨重的伤亡，破坏社会生产。《老子·三十章》："师之所处，荆棘生焉。大军之后，必有凶年。"《老子·三十一章》："兵者不祥之器，非君子之器，不得已而用之，恬淡为上。"孔子尚"仁"，因而坚决反对战争。《论语·季氏》："远人不服，则修文德以来之。"提倡内修文德，反对以武力征服对手。孟子也厉辞痛斥诸侯攻伐的罪恶。《孟子·离娄上》："争地之战，杀人盈野；争城以战，杀人盈城，此所谓率土地而食人肉，罪不容于死。"以战争理论与实践擅长的兵家亦推崇和平，反对战争。《孙子兵法·计》："兵者，国之大事，死生之地，存亡之道，不可不察也。"认为战争事关国家的生死存亡。《吴子·图国》："天下战国，五胜者祸，四胜者弊，三胜者霸，二胜者王，一胜者帝。是以数胜得天下者稀，以亡者众。"指出好战必亡，反对穷兵黩武。

先秦诸子中，墨子第一个明确提出"非攻"的口号，并集中阐述了反战思想。墨子认为发动战争，损人利己，是最大的不义。《墨子·天志下》：“今天下之诸侯，将犹皆侵凌攻伐兼并，此为杀一不辜人者数千万矣！此为逾人之墙垣，格人之子女者，与角人府库，窃人金玉蚤累者数千万矣！逾人之栏牢，窃人之牛马者，与入人之场园，窃人之桃李瓜姜者数千万矣！”就本身而言，战争残民害物，祸国殃民。《墨子·天志下》：“入其沟境，刈其禾稼，斩其树木，残其城郭，以御其沟池，焚烧其祖庙，攘杀其犧牷。民之格者则到拔之，不格者则系操而归。丈夫以为仆圉、胥靡，妇人以为舂酋。”因此，墨子严厉批判攻掠他国的战争，认为它是天下的巨害，穷兵黩武者必然败亡。《墨子·非攻下》：“当若繁为攻伐，此实天下之巨害也。”《墨子·非攻中》：“古者封国于天下，尚者以耳之所闻，近者以目之所见，以攻战亡者，不可胜数。”

墨子“非攻”，但不“非战”，他支持“出诛”，更强调“备守”。墨子支持顺天伐罪、解民倒悬的战争。如汤、武伐桀、纣，墨子认为“彼非所谓攻，谓诛也”。孙诒让《墨子间诂·非攻下》：“《说文·言部》云：‘诛，讨也。’谓讨有罪，与攻战无罪之国异。”墨子也支持自卫防御，重视强军备战。《墨子·七患》：“故仓无备粟，不可以待凶饥；库无备兵，虽有义不能征无义；城郭不备完，不可以自守；心无备虑，不可以应卒。”墨子擅长防守，和弟子精心研究守御之法，并著《备城门》等十一篇，详细论述其以城池防守为核心的防御理论体系。

汉昭帝时的盐铁会议中，倾向儒家思想的贤良文学对反战、尚和的思想展开了较充分的论述。他们反对武力征伐，宣称仁者无敌。《盐铁论·论菑》：“兵者，凶器也。甲坚兵利，为天下殃。”《盐铁论·险固》：“诚以仁义为阻，道德为塞，贤人为兵，圣人为守，则莫能入。”主张停止武力对抗，施行仁义，厚币结和。《盐铁论·世务》：“去武行文，废力尚德，罢关梁，除障塞，以仁义导之，则北垂无寇虏之忧，中国无干戈之事矣。”《盐铁论·击之》：“偃兵休士，厚币结和，亲修文德而已。”汉儒反对战争，崇尚仁义，主张以经济、结和等和平方式处理与异族关系的主张体现了儒家的"仁政""王道"思想，对历代封建王朝的对外关系、军事策略产生了深远影响，故中国古代封建王朝很少武力侵略周边小国，在处理对外关系上也以"和亲""羁縻""互市""朝贡"等和平方式为主。

宋朝崇文抑武，军事力量孱弱。面对北方游牧政权的威胁，最高统治者一味避战求和。面对纳贡臣服的不平等、虚假和平，宋朝尤其是南宋的主战军民极力反对。他们认为敌人无信，寄望于不可靠的和议是危险的。《梁溪集·论和战札子》："假和议以行其诈，谋割地取赂。既以约和，则又求衅以战，以此亡契丹，而困中国。中国为和所误者，多矣。"《美芹十论·序》："而不识兵者，徒见胜不可保之为害，而不悟夫和而不可恃为膏肓之大病，亟齰舌以为深戒。"宋朝最终沦亡于异族铁蹄之下，其忘战必危、乞和必亡的教训是深刻的。

清朝固步自封，被西方侵略者用坚船利炮冲开国门。国家主权被践踏，人民惨遭屠戮，一部分知识分子率先觉醒，主张富国强兵，认识到只有强大的军事力量才是抵御外侮的最有力保障。《日本国志·兵志·兵制》："各国深识之士，虑长治久安之局不可终恃，皆谓非练兵无以弭兵，非备战无以止战。"要加强军事力量，则必须学习西方先进技术。《海国图志·筹海篇》："攻夷之策二，曰调夷之仇国以攻夷，师夷之长技以制夷。""夷之长技三：一战舰，二火器，三养兵练兵之法。"

在带领中国人民反抗压迫与侵略的斗争中，毛泽东同志将理论与实践相结合，对战争与和平问题，作出了新的阐述。毛泽东明确提出要区分战争的性质，并将对战争的态度与战争性质结合起来。《论持久战》说："历史上的战争分为两类，一类是正义的，一类是非正义的。一切进步的战争都是正义的，一切阻碍进步的战争都是非正义的。我们共产党人反对一切阻碍进步的非正义的战争，但是不反对进步的正义的战争。"① 毛泽东还提出了"以战争求和平"的战略思想。《中国革命战争的战略问题》说："战争——这个人类互相残杀的怪物，人类社会的发展终久要把它消灭的，而且就在不远的将来会要把它消灭的。但是消灭它的方法只有一个，就是用战争反对战争。"② 新中国建立后，也始终坚持走和平主义的发展道路。1953 年，周恩来总理提出"和平共处五项原则"：互相尊重主权和领土完整，互不侵犯，互不干涉内政，平等互利，和平共处。多年以来，中国在处理国际关系时严格奉行这一外交原则，为世界的和平与稳定做出了巨大贡献。

墨子的"非攻"思想，系统阐述了和平反战的政治思想与军事策略。当今的世界，虽然和平是主流，但霸权主义国家武力干涉他国政治，甚至颠覆他国政权的事仍时有发生。领土争端、宗教矛盾、民族矛盾、种族矛盾仍然普遍存在，因此而引发的冲突此起彼伏。墨子提倡"非攻""救守"，反对一切非正义的战争，在当今仍有着重大的理论价值与现实意义。

三、"非攻"学说与和平主义

墨家的"非攻"学说，是针对战国前期惨烈的兼并战争提出的。墨家认为战争是不义之举，对社会财富和人口造成巨大破坏，不仅不利于被攻击的国家，也不利于发动战争的国家，更不符合天鬼之利。他们奔走游说诸侯，努力制止战争的发生。为了帮助中小国家免于大国的攻击，他们还注重研究守城方法，发明或改进守城器械工具。在墨家的

---

① 毛泽东：《论持久战》，载《毛泽东选集》第 2 卷，人民出版社 1991 年第 2 版，第 475—476 页。

② 毛泽东：《中国革命战争的战略问题》，载《毛泽东选集》第 1 卷，人民出版社 1991 年第 2 版，第 174 页。

"非攻"学说和行为中，渗透着浓厚的"兼爱"精神。

晚清到民国初期，正值世界资本主义的大发展和向帝国主义过渡的阶段。西方列强在世界瓜分殖民地，划分势力范围。第一次世界大战的爆发就是帝国主义国家争夺利益的结果。面对列强的侵略，面对战争频发的国际局势，一些晚清民国知识分子迫切希望实现世界和平。墨家的"非攻"学说对他们带来一定启发。

比如，邓云昭以墨家"非攻"来批评西方国家的侵略行为。他指出，墨家拥有强大的军事技术，但是非攻重守，而作为"别墨"的西方国家则依靠其军事力量进行侵略，这形成了强烈的反差。他说，墨家并非"不精于兵法射机之制，似宋世神臂弓、连弩之发弩无数以及羊羒、蚁傅、太氾、烧苔，皆大巧之经，施于军旅者，然特以守，非以攻。今之袭其巧而衍为火器，若后膛，若克虏伯，为守乎？为攻乎？乃复巧益求巧，增一分之巧，即伤天地一分之和，岂惟失'兼爱'之本怀，亦且违'非攻'之大戒？"[①]当时的知识分子由于民族自尊心的缘故，认为西方科技进步是在墨家科技的基础上进一步发展的结果。但由于西方列强热衷于战争和侵略，邓云昭将它们斥为"别墨"而摒弃于墨家正宗之外。又如，梁启超说："我国人二千年来言军旅之事，其对于开边黩武，皆轻贱而厌恶之，对于守土捍难，则最所尊崇。若关羽、张巡、岳飞之流，千百年后妇人孺子犹仰之如天神者，皆损躯于所职以卫国土御外难者也。此种观念，皆出于墨子之非攻而尊守。"[②]他认为中华民族具有爱好和平的特点，是出于墨家"非攻"学说的影响。他进而希望能够用这一学说促进世界和平。他说："而斯义者，则正今后全世界国际关系改

---

① 郑云昭：《墨经正文解义》，载任继愈等编：《墨子大全》第21册，北京图书馆出版社2004年版，第350页。

② 梁启超：《墨子学案》，载任继愈等编：《墨子大全》第26册，北京图书馆出版社2004年版，第5—6页。

造之枢机，而我族所当发挥其特性以易天下者也。"①

另外，郎擎霄也提到了"兼爱"学说对维护世界和平的价值。他说："且今日世界已成战争之场，使彼战争之邦，得闻'兼爱'之说以戢其相攻之野心，而使有兼爱之同情，则不难一举战争之场，而变为和平世界，是以墨子兼爱学说，有功于人类者累矣。"②

总体上看，这些知识分子希望利用"非攻""兼爱"等学说以促进世界和平的愿望未免显得太过天真。因为在国力不强的情势下呼吁和平，其声音是微弱的。

第四节　"兼爱"在近现代的衍变

早在唐代韩愈就试图沟通孔墨，说"博爱之谓仁"。晚清谭嗣同在其《仁学》中提出"兼爱"即"大同"。就真正产生社会影响的角度计，我们重点关注孙中山。

一、孙中山："兼爱与耶稣所讲的博爱一样"

在近代的资产阶级民主革命中，孙中山祭起"自由、平等、博爱"的大旗，欲推翻千年帝制，建立新的国民政府。他认为法国"将平等、自由、博爱做主义，三色的国旗，便是表示这三种主义来的，法国有这种军队，所以革命方能成功"。所以他极力主张学习西方，"国家建设问

---

① 梁启超：《墨子学案》，载任继愈等编：《墨子大全》第 26 册，北京图书馆出版社 2004 年版，第 6 页。

② 郎擎霄：《墨子哲学》，载任继愈等编：《墨子大全》第 32 册，北京图书馆出版社 2004 年版，第 551 页。

题，中国国民全部应具有法国革命及明治维新当时之气魄"①。但强大的西方资本主义国家并没有给当时的中国一个平等的机会，资本的残忍和野蛮使孙中山认识到"从前中国用手工业和外国用机器竞争的时代，中国工业归于失败……到了欧战以后，中国开纱厂、布厂，也学外国用机器和他们竞争，弄到结束，还是中国失败，这便不是经济问题，是政治问题"②。他于是深感资本主义不可信，"理性化为无稽，幸福化为痛苦"。

茫然中，欧洲的社会主义理论和工人运动的发展给了他去除"资本主义之弊"的极大信心。他曾将享利·乔治、蒲鲁东、巴枯宁等人的理论杂揉进了他的所谓社会主义："社会主义者，人道主义也。人道主义，主张博爱、平等、自由，社会主义之真髓，亦不外此三者，实人类的福音。"不仅如此，他还举起民族主义的旗帜，意图改造中国古代的"仁爱""兼爱"理论："我国古代若尧、舜的博施济众，孔丘尚仁，墨翟兼爱，有近似博爱也者，然皆狭义之博爱。"只有他改造过的社会主义，才能"人民平等，虽有劳心劳力之不同，然其为劳动则同也。即官吏与工人，不过以分业之关系，各执一业，并无尊卑贵贱之差也。社会主义之国家，人民既不存尊卑贵贱之见，则尊卑贵贱之阶级，自无形而归于消灭。农以生之，工以成之，商以通之，士以治之，各尽其事，各执其业，幸福不平而自平，权利不等而自等，自此演进，不难致大同之世"③。但他同时又说："古时最讲'爱'字的莫过于墨子，墨子所讲的兼爱，与耶稣所讲的博爱是一样的。"④类似于这样前后矛盾的表述，真实

---

① 孙中山:《孙中山全集》第 6 卷，中华书局 1985 年版，第 593 页。

② 孙中山:《三民主义·民族主义》(1924 年 1 月—8 月)，载《孙中山选集》第 6 卷，人民出版社 1981 年版，第 634—635 页。

③ 孙中山:《在上海中国社会党的演说》第 2 卷，载《孙中山选集》人民出版社 1981 年版，第 524 页。

④ 孙中山:《民族主义第六讲》，载《孙中山选集》，人民出版社 1981 年版，第 681 页。

地表达了孙中山当时对中国文化的吸收与扬弃。说尧舜、孔墨之爱是狭义之爱，是从"私爱"的角度出发来批评古代"爱"的局限性；而将兼爱与博爱等同，则是从文化的先进性方面来赞美中国古代的政治哲学。

孙中山当时所处的环境可谓是内外交困，一方面，西方资本主义不可能挽救中国，中国的资产阶级力量还很弱小，成不了大事；另外一方面，孙中山不太赞成马克思的唯物史观，而是将进化论与民生史观联系在一起，以民生问题作为切入点来考察社会历史中的各种现象及其发展规律。他认为，人类社会与自然界一样，都是不断向前发展进化的，就像长江、黄河之水，无论经历怎样的曲折，它都会奔腾向东。但是，在人类进化的过程中，达尔文的"物竞天择，适者生存"理论是不适合的，只有动物的兽性是通过竞争才能生存和进化，人类社会具有"人性"，人类进化的原则是仁爱和互助，互助分为社会互助与国际互助。孙中山曾指望西方列强能够帮助中国形成民生主义，并使这两种经济力量互相为用。但革命的现实不断证明，西方列强仅仅是把中国当作了自己的原材料市场而进行疯狂的掠夺，对其他并无兴趣。

在外援无望的情况下，孙中山只能广泛地吸取西方哲学的精华，并将其与中国传统结合，力图提出一种更为全面、更容易为中国人所接受的革命理论，以此来"恢复民族主义"，而"恢复民族主义"首要的任务就是恢复"中国固有的道德"。他认为中国在科技方面落后于西方，但政治哲学一点儿也不比西方差，"中国没有的东西是科学，不是政治哲学。至于讲到政治哲学的真谛，欧洲人还要求之于中国"①。他最崇拜《大学》里的"格物、致知、诚意、正心、修身、齐家、治国、平天下"，并且把这八条当作"我们政治哲学的知识中独有的宝贝"，是外国政治哲学家都没有见到，也没有说出来的。显然，孙中山是在以儒入政，以

---

① 孙中山：《孙中山全集》第 9 卷，中华书局 2011 年版，第 230 页。

德辅政，希望向传统文化借鉴智慧。

　　面对弱势群体，乃至世界，孙中山与墨子一样，一直都是怀揣一颗博爱之心。这种博爱在理论上超越了阶级、国界和种族，但在实际操作中这种博爱又贯彻得不彻底，如在土地所有制和宗族制问题上，孙中山没有进行彻底的清算和革命。尽管如此，孙中山依然是中国现代民主的开创者和先锋，民主与博爱不但体现在其建国主张上，而且体现在他的民国强盛蓝图中，他在1924年《民族主义》的演讲中说：

　　　　中国如果强盛起来，我们不但是要恢复民族的地位，还要对于世界负一个大责任……中国对于世界究竟要负什么责任呢？……我们要先决定一种政策，要济弱扶倾，才是尽我们民族的天职。我们对于弱小民族要扶持他，对于世界的列强要抵抗他。如果全国人民都立定这个志愿，中国民族才可以发达。若是不立定这个志愿，中国民族便没有希望。①

　　孙中山试图用民族、民权、民生之三民主义来建设一个自由、平等、博爱的新型国家，让中国在外交上实现自由平等，让国民之间互施博爱。他还用三民主义与"自由、平等、博爱"进行对等的比较，"用我们三民主义的口号和法国革命的口号来比较，法国的自由和我们的民族主义相同，因为民族主义是提倡国家自由的。平等和我们的民权主义相同，因为民权主义是提倡人民在政治之地位都是平等的，要打破君权使人人都是平等的，所以说民权是和平相对待的。此外还有博爱的口号，这个名词的原文是'兄弟'的意思，和中国'同胞'两个字是一样解法，普通译成博爱，当中的道理，和我们的民生主义是相通的。因为

---

① 孙中山：《孙中山全集》第九卷，中华书局2011年版，第253页。

我们的民生主义是图四万万人幸福的，为四万万人谋幸福就是博爱。"①
显然，这种"济弱扶倾"、关注众生的博爱理念，与墨子对弱势群体的
关注，的确有共通之处，存在着继承关系，这种融合东西方的政治哲
学，其实质是为了当时革命的需要，起到了很好的思想启蒙作用。但是
墨子的兼爱与耶稣所讲的博爱，还是有差异的。

二、墨子"兼爱"与基督教"博爱"之比较

孙中山将兼爱与博爱等同，是出于当时革命形势的需要，是民主革
命中中西结合范例。从大的方面讲，"兼爱"与"博爱"的确有许多共
通之处：

首先，在为什么要相爱这个问题上，两者都将爱的根源归结为非
人世界的主宰者——天或上帝，是上天要求我们互相亲爱。《墨子·法
仪》："天必欲人之相爱相利，而不欲人之相恶相贼也。"《新约·约翰福
音》："我赐给你们一条新命令，乃是叫你们彼此相爱，我怎样爱你们，
你们也要怎样相爱。"《新约·约翰一书》："亲爱的弟兄啊，我们应当彼
此相爱，因为爱是从神来的。凡有爱心的，都是由神而生，并且认识
神。"天与神都是人类所无法企及的，具有无限的权威，人类只能奉行
天神的旨意，接受其奖赏与惩罚。《墨子·天志上》说："顺天意者，兼
相爱，交相利，必得赏。反天意者，别相恶，交相贼，必得罚。"《新约》
说："人只有信奉上帝，按上帝的要求改恶从善，才能得到上帝的保佑，
得到善报。上帝在末日审判时，才会把你升入天堂，才能成为上帝的选
民。""人若知道行善，却不去行，这就是他的罪了。"

其次，爱的对象有重合之处，都主张人与人之间的互爱。墨子说

---

① 孙中山：《孙中山全集》第 9 卷，中华书局 2011 年版，第 283 页。

"天下之人皆相爱"，《新约·约翰福音》讲"我赐给你们一条新命令，乃是叫你们彼此相爱，我怎样爱你们，你们也要怎样相爱"。

再次，从爱的性质来看，两者都属于孙中山所说的"公爱"而非"私爱"，"公爱"的对象是天下众生而非一己之身。

尽管如此，两者还是有差异的：

基督教是一种宗教，他的博爱精神可以从《摩西十诫》（The Ten Commandments）中看出：

089

第一条：我是耶和华，你的上帝，曾将你从埃及地为奴之家领出来，除了我之外，你不可有别的神。

第二条：不可为自己雕刻偶像，也不可做什么形象仿佛上天、下地，和地底下、水中的百物。不可跪拜那些像，也不可事奉它，因为我耶和华，你的上帝是忌邪的上帝。恨我的，我必追讨他的罪，自父及子，直到三四代；爱我、守我戒命的，我必向他们发慈爱，直到千代。

第三条：不可妄称耶和华，你上帝的名；因为妄称耶和华名的，耶和华必不以他为无罪。

第四条：当记念安息日，守为圣日。六日要劳碌做你的工，但第七日是向耶和华，你上帝当守的安息日。这一日你和你的儿女、仆婢、牲畜，并你城里寄居的客旅，无论何工都不可做；因为六日之内，耶和华造天、地、海，和其中的万物，第七日便安息，所以耶和华赐福与安息日，定为圣日。

第五条：当孝敬父母，使你的日子在耶和华，你上帝所赐你的土地上得以长久。

第六条：不可杀人。

第七条：不可奸淫。

第八条：不可偷盗。

第九条：不可做假见证陷害人。

第十条：不可贪恋人的房屋；也不可贪恋人的妻子、仆婢、牛驴，并他一切所有的。

在这十条中，前四条说的是信众对上帝绝对的服从和爱，这种爱是一种回报与感激，"我们爱，因为神先爱我们"。上帝爱我们的方式是"在我们还作罪人的时候为我们死"，是对人类所犯下的所谓"原罪"的宽恕，是对人类的终极关怀。① 但墨子不说"爱天"，却说"尊天"，"尊天"的原因是由于我们得赏于天，天爱我们的方式是降福于民，给我们谷物、牲畜和酒食，并且惩罚那些残暴之人，所以墨子所讲的"天之爱"是对人类自然生命的关爱。② 后六条讲的是人与人之间的爱，与墨子的"爱人若爱其身"几乎一致。

另外，墨家"兼相爱"的最终目的是为了"交相利"，爱别人最终是为了让自己得利，爱别人也就是爱自己。所以，墨家的爱功利性较强，强调爱别人与被人爱之间必然的因果关系，认为"夫爱人者，人必从而爱之；利人者，人必从而利之；恶人者，人必从而恶之；害人者，人必从而害之"。而基督教教义中的爱别人不一定追求回报，"我们没有一个人为自己活，也没有一个人为自己死。我们若活着，是为主而活；若死了，是为主而死。所以，我们或活或死总是主的人"。故博爱之爱是因信仰而爱，较之兼爱，少了一些世俗的斤斤计较。但在中国古代民众的信仰中，完全不与世俗相关、不关民间冷暖、不关乎顶上的自然天的上帝是不可想像的。他们相信天神是为民而设，而非民为神而活。墨

---

① 参见胡激：《兼爱与仁爱、博爱》，苏州大学 2009 年硕士论文，第 20 页。

② 参见胡激：《兼爱与仁爱、博爱》，苏州大学 2009 年硕士论文，第 20 页。

家赞赏《诗经》中的"投我以桃，报之以李"，显得睚眦必报，而基督教则主张爱你的仇人、罪犯，圣经说仇人、罪犯之所以如此，是由于他们的无知，犯有原罪的人都需要耶稣来拯救。所以《新约·马太福音》中说："不要与恶人作对，有人打你的右脸，连左脸也转过来由他打。"

第三章　义自"天"出，义由"天"护

在《墨子·天志中》篇中，墨子认定"义"是一个十分高贵的伦理范畴，它只能来源于最尊最贵者，世上唯有"天"是最尊最贵者，所以他得出结论说："义果自天出矣。"也就是说，行义、仗义是天经地义的。像先秦的其他许多思想家一样，墨子用雨露阳光普施天下来作喻体，以它来论证天是通过自己的行为来告诉人们要兼相爱的。但是，世上也有天旱、天涝甚至有山崩地裂的灾害发生，那又该怎么解释呢？其实很简单，墨子认为那是天对不行义的统治者的惩罚或示警，由此，又得出了"义"由天护的结论。更进一步说，墨子还为天之保障"义"的贯彻设计了更多的手段，其中就有鬼神代行"天赏""天罚"这个手段。"天"成了正义的最大最高的保护神，这一点对民间影响最深，穷民无告者遇到大的不公平时常常呼"天"咒"天"，就是一个最好的证明。而由墨家反复强调和宣传的善有善报、恶有恶报，汉代以前已经深入人心，汉武帝时有儒家董仲舒提出了"天人感应"说，将墨子上天示警说更加具体化、儒家化和可操作化。鬼护正义在晋宋以前还很盛行，而随着佛教三世轮回、因果报应的说法深入民心，善有善报、恶有恶报的时间跨度延及三世，报应在传统中国人的心里变得深信不疑，成了一种必然和自动，一种前定因缘，因此，鬼神的作用和地位有所下降，并且，在很多情况下，鬼神等同于恶鬼，"鬼"遂被污名化。

第一节 从"天志"到"天意"

一、墨家"天志"的含义

《墨子·天志上》云："然则天亦何欲何恶？天欲义而恶不义。然则率天下之百姓以从事于义，则我乃为天之所欲也。我为天之所欲，天亦为我所欲。然则我何欲何恶？我欲福禄而恶祸祟。若我不为天之所欲，而为天之所不欲，然则我率天下之百姓以从事于祸祟中也。"

可见墨家认为，上天要求人们从事合乎义的事情，不能从事不义的事情。墨家还宣扬上天要求人们兼相爱，交相利，即："从事兼，不从事别。兼者，处大国不攻小国，处大家不乱小家，强不劫弱，众不暴寡，诈不谋愚，贵不傲贱。观其事，上利乎天，中利乎鬼，下利乎人。三利无所不利，是谓天德。聚敛天下之美名而加之焉，曰：此仁也，义也，爱人利人，顺天之意，得天赏者也。"

墨子认为，天是一种超越人间社会的力量，是最高的神。它对象化地存在于从自然到社会的各方面，规范人类生活的自然状态，对社会实施干预和影响，从而彰显其欲恶。天之意志以德行价值为特征、以爱为本质、以利为诱导，是人间社会的权力之源。

徐复观认为墨子始终处于平民的地位，但却不是一般的平民，他是平民之中的知识分子。因此，在墨子的思想中，既有深情反映平民的阶级利益和生存状况的"平民性格"，又有超越一般"平民意识"的知识分子的"理性性格"，故他的思想既有其纯厚质朴的一面，又有其深邃通达的一面。墨子的整个思想特征，进步性应远超其局限性。在春秋时代，原始宗教的观念在人们当中发生了一些变化，大致可分为以下三种趋势，其一，原始宗教的观念在一般的平常老百姓当中几乎一如既往，没什么可观的变化；其二，原始宗教的观念已逐渐的人文化，而那个有权威意志的天在士人的意识里很淡薄；其三，处于这两个端的中间状态的情况。即原始宗教的观念在某些人心中虽有些淡化，但仍然信仰。而墨子就是处于这第三种状态。墨子的天志观念，应该站在这种"坐标"上来说明。《墨子》一书中的"天"之含义，可以通过以下五点加以了解。

第一，天以德性价值为特性。

《法仪篇》中说："天之行广而无私，其施厚而不德，其明久而不衰，故圣王法之。既以天为法，动作有为必度于天：天之所欲则为之，天之不欲则止。"据此，我们可知"天"是一个"有意志"的"天"。其一，从天之"作为"方式来看，其"行""广而无私"。"行"可作"运行"解。"无私"，即没有私念私心，秉持公正之义，由此可以看出天之行"广而公"，体现了"天"之"行"的普遍性和公正性。这比后来的思想者所追求的"天下大公"更为深刻，因为"天"本身就是"大"而"公"的。其二，从"天之作为"的内容来看，其"施"厚不息。"施"即"施授"，"厚"应有两义，一为"丰厚"接近于"善"之根本义，由此可知"天"之作为的重要内容是"予"、是"给"，并且"厚而不息"体现了"天之施"的富足性和持续性；其三，从"天"之作为特征来看，其"明"久而不衰。此处的"明"双关"德性"之"明"，而不仅仅是"天"本身之"明"，"久"指其长久性能，"不衰"指其德性的"生命力"，由此体现出天之"明"的"永恒性与不灭性"。从以上天之"作为"方式可以看出，"天"不但"有意志"，而且全是"善"的意志。这个有意志的天，是"圣王"应当效法之天，以"天之作为"为"法"，即所谓"动作有为必度于天"。"天之所欲则为之，天之不欲则止。"一切以"天"之"欲"为准则，这是"圣王"的行为模式。由此，便拉近了"天"与"人"之间的距离。"天"虽"高高在上"，但人间亦可"效"之，从"天之施"到"圣王法之"，可以看出"人"的被动和主动去"合天义"的两个方面。

第二，天以爱为本质，利为达爱之方式。

《天志中》篇说："今夫天兼天下而爱之，檄遂万物而利之。若豪之末，非天之所谓也。而民得而利之，则可谓否矣。"据此我们可以看出"天"兼天下而"爱"之，"爱"可说是天"兼天下"的目的，也是"天"的属性中的本质。但怎样去施"爱"呢？"檄遂万物而利之"，即以"利"相导，以"利"为达到"爱"的方式。若毫之末，皆天之所为，可见天创造万物之巨细不遗。在《天志中》篇更详细地说到了天以自然界与人文界的众多事物来爱利天下之人，如日月星辰、春夏秋冬、霜雪雨露、山川溪谷、草木鸟兽、五谷芝麻，等等。天的"爱"是兼而爱之，公正无私，那么作为"万物"之一的"人"当然也在"爱""利"之列，但墨子强调"民"得而利之，而不是"人"得而利之，可见他强调"天""爱利万民"之用心。由此也可见"民本"立场的痕迹。为了爱万民，天又设置了王公侯伯，以安治天下，以利民生。

第三，天为义之源渊及天之义的内涵特征。

在墨子的思想中，"义"占有极其重要的地位，从某种程度上可以说墨子之学为"义"学，为"天之义"学。而在墨子的行为事迹中，他的人格精神也无不贯穿着"义"的痕迹。"义出于天"，在墨子的《天志篇》中都有清楚的说明和分析。《天志中》篇载墨子之言，"曰：义不从愚且贱者出，必自贵且知（智）者出。何以知义之不从愚且贱者出，而必自贵且知者出？曰：义者，善政也。何以知义之为善政也？曰：天下有义则治，无义则乱，是以知义之为善政也。曰：天下有义则治，无义则乱，是以知义之为善政也。夫愚且贱者，不得为政乎贵且知者，贵且知者，然后得为政乎愚且贱者，此吾所以知义之不从愚贱者出，而必自贵且知者出也。然则孰为贵？孰为知？曰：天为贵、天为知而已矣。然则义果自天出矣。"从中我们可以清晰地看出墨子阐释"义自天出"的逻辑：义自何出？义自贵且知者出；何为贵、知者？天为贵，天为知。在这个大的论证结构中，又有一个小的推演，义为何自贵、知者出？义为善政。义为何为善政？天下有义则治，无义则乱。在这段论述中，可以说是论证严密。按照墨子的价值预设和推演论证，天为"义"之渊源顺理成章。同时，从这段话中我们也可得知"天之义"的内涵特点：其一，外部性。"义"为"天"之"义"，是自天而出，而不是人间社会之产物。其二，超越性。"义"为"天之义"，而"天"又是主宰万物之主，即使墨子曾说："天子者，天下之穷贵者也，天下之穷富者也。"但即使穷贵穷富（穷，极也），那也是"天"之"子"，地位无论如何尊贵也高不过"天"，天才是贵且知的，所以"天之义"超越于所有人间社会道德价值之上，它是至高无上的价值准则。从这点来说，"天之义"具有超越性。其三，可效性。"天之义"可以沉降到人间，可以作为"人间之义"的原理和原形。所以墨子又说："故圣王法天。""法天"主要是法天之"义"。其四，和谐性。万物应当各处其位、各得其宜。从这段话中我们还可以看出这样的政治逻辑：义自天出，义为善政，"义"是为政于天下的高准则，"义者，善政也"，"天下有义则治，无义则乱"。由此可见，"天"是为政的最高权力之源。

第四，天是政治的最高权源。

《天志上》篇云："且夫义者，政（正）也。无从下之政上，必从上之政下。是故庶人竭力从事，未得次己而为政，有士政之；士竭力从事，未得次己而为政，有将军大夫政之；将军大夫竭力从事，未得次己而为政，有三公诸侯政之；三公诸侯竭力听治，未得次己而为政，有天子政之；天子未得次己而为政，有天政之。天子为政于三公、诸侯、将军、大夫、士、庶人，天下之士君子固明知之；天为政于天子，天下百姓未得明知之也。故昔三代圣王禹汤文武，欲以天之为政于天子，明说天下之百姓，故莫不犓牛羊，豢犬彘，洁为粢盛酒醴，以祭祀上帝鬼神，而祈福于天。我未闻天下之祈福于天子者也。我所以知天为政于天子者也。"从这段话中，我们可以看出几个层次的内容和含义。其一，"义"在政治方面的内涵。"且夫义者，政（正）也。"所谓"政"，即"正"。墨子要用来正天下的就是天志所昭示的"义"，《天志中》说："是故子墨子之有天志，辟之无以异乎轮人之有规，匠人之有矩也。"墨子要用"义"这个规矩来矫正的对象是那些不和谐、不平衡的事物或状态。其二，"政"的路径是"从上之政下"，是从天政天子、天子政三公诸侯、三公诸侯政将军大夫，将军大夫"政"士，士"政"庶人。在这样的一个"正"之权力结构中，庶民居底端，天居上端。中间是为政者，这是个典型的金字塔型的层级权力结构。天无疑是高的政治权力之源。在具体事务上，天一般只"正"天子，天子只"正"之三公诸侯。当然，在权源上可以说天子为政于三公诸侯、士、庶人，而且所谓的"正"也只是"未得次己"时方才去"政"，可见墨子政治权力结构中的分权和协调关系。用现在话语体系来讲，墨子的集权与分权理念十分高明和进步：权力集中于"天"，但"天子、三公诸侯、将军大夫、士"等又各施其职，各得其所。这样就构建了一个"义"之社会。其三，"天"与"天子"的地位和关系清楚明白。"天子为政于三公、诸侯、将军、大夫、士、庶人，天下之士君子固明知之；天为政于天子，天下百姓未得明知也。"一语点破在"天子"之上还有"天"，在"天子""政"三公诸侯的庶人的同时，"天子"又受"政"于"天"。"天子"不是最高的统治者，顶多也只是"天"在人间的代理者。这样就否决"天子"的至上权威，明白宣示了天子不能违天行政，伤天害理。相对于儒家的"君君、臣臣、父父、子子"的权力结构来说，这个思想的先进性可谓具有重大的思想价值，而且墨子还借助阐释祭天祭神的真实意义来强化他的天子必须顺天而行的理念，"……故莫不犓牛羊，豢犬彘，洁为粢盛酒醴，以祭祀上帝鬼神，而祈福于天。我未闻天下之祈福于天子者也。"由此，"天"与"天子"的地位差距便十分明白了，天子只有生前顺天行义，死后才能陪祀于天。可见墨子"抑君"思想的深刻和"尊天"思想的深沉，而且从一抑一扬的决然的言语风格中也可能窥见墨子的思想勇气。

第五，天之欲恶及天志的内容。

天有意志，它的意志充分体现在它的所欲所恶的价值观上。天所欲所恶的对象，包含人的行为。具体到人类社会，墨子认为，天欲义而恶不义，具体表现为天之所欲是要人相爱相利，天之所恶是人之间的相恶相贼，可谓爱憎分明。《法仪》篇说："天必欲人之相爱相利，而不欲人之相恶相贼也。"《天志上》篇说得更详细："然则天亦何欲何恶？天欲义而恶不义。然则率天下之百姓以从事于义，则我乃为天之所欲也。我为天之所欲，天亦为我之所欲，然则我何欲何恶？我欲福禄而恶祸崇。若我不为天之所欲，而为天之所不欲；然则我率天下之百姓，以从事于祸崇中也。然则何以知天之欲义而恶不义？曰：天下有义则生，无义则死；有义则富，无义则贫；有义则治，无义则乱。然则天欲其生而恶其死，欲其富而恶其贫，欲其治而恶其乱；此我所以知天欲义而恶不义也。"《天志中》又说："天之意，不欲大国之攻小国也，大家之乱小家也；强之劫弱，众之暴寡，诈之谋愚，贵之傲贱，此天之所不欲也。不止此而已，欲人之有力相营，有道相教，有财相分也；又欲上之强听治也，下之强从事也。"《天志下》说："顺天之意何若？曰：兼爱天下之人。"《尚贤中》说："天亦不辨贫富、贵贱、远迩、亲疏，贤者举而尚之，不肖者抑而废之。"据此，可略知天之价值观之总貌。其一，天的总的价值观是"欲义而恶不义"，义是大的崇高也是抽象的价值原则（按此处所谓义与不义，实指"为义"与"为不义"）。其二，"义"的次一层次，在人类社会的体现是"欲人之相爱相利，而不欲人之相恶相贼"。这一层级的所欲所恶仍有些抽象和笼统；其三，"义"的具体内涵："尚贤""非攻""兼爱"，强力从事，等等。合此三点而言之，人相爱相利，即是"为义";相恶相贼,即是"为不义"。义出于天,从某种程度上可说"义"就是天的本质。天为政于天下,实际上是以义政天下。墨子的具体思想、主张,无疑是秉天之义而发。既然"义"为天之最重要的价值观,那么在具体维护手段上,便是理所当然的"赏义罚不义",这样才能让其落到实处。在现实处境中,人先要"为天之所欲"——相爱相利,然后天才会赏其之"福禄"。以天为是,天便从其愿,否则,天便降罚。这是一种赏罚分明的逻辑关系。因此,墨子提倡一种人顺天、畏天、事天的行为规范,就如《天志下》中所说:"戒之慎之,为天之所欲,而去天之所恶。"天志即天的意志,既然是天的意志,那么应该有实际的内涵。《天志上》中说:"天欲义而恶不义",这句话可以成为他的天志的总原则性观点,同时也定下了他的天志观的总的价值倾向。那么在总的原则性的观点之下应该要有具体性的内容所指。在墨子的天志观中,其具体的内涵在《天志中》《法仪》篇中就说得很明白,有这几个方面:"天之意,不欲大国之攻小国也,大家之乱小家也,强之劫弱,众之暴寡,诈之谋愚,贵之傲贱,此天之所不欲也。不止此而已,欲人之有力相营,有道相教,有财相分也。又欲上之强听治也,下之强从事也。上强听治,则国家治矣,下强从事,则财用足矣。""天必欲人之相爱相利,而不欲人之相恶相贼也。"

从这段话中可以看出:其一,在国家与国家这个层面之间,不能大国攻小国。当然,小国更不能攻大国了。墨子站在保护弱势者的一边,主要强调强者应对弱者仁义。其二,在家庭与家庭这个层面之间,不能大家乱小家,强调的是小家不受大家欺凌的一面。其三,在人与人这个层面之间,不能强劫弱、众谋寡、诈谋愚、贵傲贱,不能相恶相贼,而要相爱相利。实际上这个准则同样适用于国与国之间、家与家之间。综观这三个方面,第一个层面强调的是国与国之间关系,即外交军事方面,第二个层面强调的是社会伦理方面,第三个方面强调的是为人处世方面。同时在这两段话中，还透露出其他几个层面的意思。其一，在上层统治阶级方面，要"强听治"。上层统治阶级专心务好自己的政务工作，那么国家就会得到有效的治理；其二，在下层的民众方面，要"强从事"。普通老百姓勉力从事自己的本职工作，那么国家和自己的财用就会丰足。由此可见，统治阶级和下层人民各务其职、各得其所，这样就会政通人和，这实际上说的是政治层面的关系。另外，在教化方面，墨子提倡"有道相教"，开发民智；在生活方面，"有力相营"，"有财相分"，发挥助人为乐的精神。

二、天与鬼神的关系

《明鬼下》篇载墨子之言曰："古今之为鬼，非他也，有天鬼，亦有山水鬼神，亦人死而为鬼神者。"据此可知鬼神有三类：一为天鬼，一为山水鬼神，一为人死而为鬼神者。而且这三类鬼神，古今都一样，墨子认为这样也从侧面更证实了鬼神之实有。因为如果说鬼神为"无"，那么怎么还会有类别差异，而且古今一致。《天志中》篇云"上利于天，中利于鬼，下利于人"，据此可知"鬼神"的地位当在天之下。《耕柱》篇云："鬼神之明智于圣人，犹聪耳明目之与聋瞽也。"鬼神的明智既然远在圣人之上，当然亦超越天子。因为天子仅是贤可者，还需要圣人辅之，因此天子的明智自然远在鬼神之下。这样，鬼神的地位与天子的地位相比起来，便有相当大的距离，这无疑保证了鬼神的地位神圣性和超越性，而在鬼神之上还有"天"，"天"是至高无上、全知全能的。这样一来，天子的地位与"天"相比便显得有些悬殊了。而"天子"与"三公诸侯将军大夫士庶人"的地位差别便小得多，而且权力距离也紧密得多。因为天子、三公、诸侯、将军、大夫、士以及正长、里长都是"贤可者"，只是"贤可"的程度不同而已。而且这些人物身份又都是天"选"出来的。由此可知墨子在正面论述鬼神的神圣地位时，也从侧面论及了人间权力结构的低下性。

在《墨学与景教》中，张纯一首先对墨家和基督教在"标宗"方面的思想进行了比较。"宗"也就是墨家和基督教的根本观念。张纯一认为，"墨家之'天志'，即景教之天父上帝"①。两者在"天体大而无外""天体无幽不潜""天为万有之原""天兼爱天下厚于亲之爱其子""明哲惟天至尊无上""惟天至仁可法""大地人类尽属天有，一切平等""天之权力无限，赏罚至公""天富好生之德，不容人或相杀""人当上同于天，当感天恩，爱人以图报，当光荣天道以配天"等十个主要方面"大体几无不同"②。另外，他还认为"墨家之明鬼'，即景教之灵魂不灭"③，"墨家之兼，即景教之圣灵无所不在"④。其次，张纯一比较了墨学与基督教在"立教"方面的异同。"教者，宗之用也。"⑤ 张纯一认为基督教与墨学在"兼爱""非攻""节用""节葬""非命""非儒""贵义""自由""平等""坚信""持戒""善下""去识""破执""示范""心传""供养"等方面相似。比如，他认为，墨家虽然没有以"自由"标识的论说，但是其思想中却实实在在包含自由思想，与基督教相同。他说："墨教无自由之名，然确有自由之实。如'非攻'，即非攻者之侵人自

① 张纯一：《墨学与景教》，载任继愈等编：《墨子大全》第28册，北京图书馆出版社2004年版，第720页。
② 张纯一：《墨学与景教》，载任继愈等编：《墨子大全》第28册，北京图书馆出版社2004年版，第733页。
③ 张纯一：《墨学与景教》，载任继愈等编：《墨子大全》第28册，北京图书馆出版社2004年版，第734页。
④ 张纯一：《墨学与景教》，载任继愈等编：《墨子大全》第28册，北京图书馆出版社2004年版，第736页。
⑤ 张纯一：《墨学与景教》，载任继愈等编：《墨子大全》第28册，北京图书馆出版社2004年版，第757页。

由也。"①

总而言之，张纯一在《墨学与景教》对墨学与基督教的对比中，使墨家"天""爱"一体的特征更加彰显，使当时的士人能在一个更高的层次上认识和接受墨家思想。

三、苏轼的天人观继承墨子、孟子

苏轼仕途坎坷，他凭良知而言而行而行政，总是很难得到在上者的喜欢。他曾自我解嘲，说自己"不得于人而得于天"。他的天人观继承了墨子和孟子，这可从其所作《潮州韩文公庙碑》中看出：

> 匹夫而为百世师，一言而为天下法，是皆有以参天地之化，关盛衰之运，其生也有自来，其逝也有所为矣。故申、吕自岳降，傅说为列星，古今所传，不可诬也。孟子曰："吾善养吾浩然之气。"是气也，寓于寻常之中，而塞乎天地之间。卒然遇之，则王公失其贵，晋、楚失其富，良、平失其智，贲、育失其勇，仪、秦失其辩。是孰使之然哉？其必有不依形而立，不恃力而行，不待生而存，不随死而亡者矣。故在天为星辰，在地为河岳，幽则为鬼神，而明则复为人。此理之常，无足怪者。
>
> 自东汉以来，道丧文弊，异端并起。历唐正观、开元之盛，辅以房、杜、姚、宋而不能救。独韩文公起布衣，谈笑而麾之，天下靡然从公，复归于正，盖三百年于此矣。文起八代

---

① 张纯一：《墨学与景教》，载任继愈等编：《墨子大全》第28册，北京图书馆出版社2004年版，第757页。

之衰，而道济天下之溺；忠犯人主之怒，而勇夺三军之帅：岂非参天地，关盛衰，浩然而独存者乎！

盖尝论天人之辨，以谓人无所不至，惟天不容伪。智可以欺王公，不可以欺豚鱼；力可以得天下，不可以得匹夫匹妇之心。故公之精诚，能开衡山之云，而不能回宪宗之惑；能驯鳄鱼之暴，而不能弭皇甫镈、李逢吉之谤；能信于南海之民，庙食百世，而不能使其身一日安于朝廷之上。盖公之所能者天也，其所不能者人也。

始潮人未知学，公命进士赵德为之师。自是潮之士，皆笃于文行，延及齐民，至于今，号称易治。信乎！孔子之言"君子学道则爱人，而小人学道则易使"也。潮人之事公也，饮食必祭，水旱疾疫，凡有求必祷焉。而庙在刺史公堂之后，民以出入为艰，前守欲请诸朝作新庙，不果。元祐五年，朝散郎王君涤来守是邦。凡所以养士治民者，一以公为师，民既悦服，则出令曰："愿新公庙者，听！"民谨趋之，卜地于州城之南七里，期年而庙成。

或曰："公去国万里，而谪于潮，不能一岁而归。没而有知，其不眷恋于潮也，审矣。"轼曰：不然！公之神在天下者，如水之在地中，无所往而不在也。而潮人独信之深，思之至，焄蒿凄怆，若或见之。譬如凿井得泉，而曰水专在是，岂理也哉？

元丰七年，诏封公昌黎伯，故榜曰："昌黎伯韩文公之庙。"潮人请书其事于石，因作诗以遗之，使歌以祀公。其辞曰："公昔骑龙白云乡，手抉云汉分天章，天孙为织云锦裳。飘然乘风来帝旁，下与浊世扫秕糠。西游咸池略扶桑，草木衣被昭回光。追逐李、杜参翱翔，汗流籍湜走且僵，灭没倒景不可望。作书诋佛讥君王，要观南海窥衡湘，历舜九疑吊英、皇。祝融先驱海若藏，约束蛟鳄如驱羊。钧天无人帝悲伤，讴吟下招遣巫阳。爆牲鸡卜羞我觞，于粲荔丹与蕉黄。公不少留我涕滂，翩然被发下大荒。"（苏轼《潮州韩文公庙碑》）

不难看出，苏轼是借论韩愈之机表明了自己的观点：人只有"得乎天"，顺天而行直道，才能养足浩然之气，成就功业与文章。

第二节 "鬼"的污名化及其角色的重新定位

鬼神观念产生得很早，很长一段时间里在古人的社会生活与精神世界中占据了极为重要的位置，对中国的传统文化和思想观念产生了深远而广泛的影响。

从古到今，"鬼"一直属于基本词、常用词，但它的内涵和外延则是代有变化，仔细分辨，古今的差异还不少。《墨子》重"鬼"，为了使天下人均能遵循天志，兼爱尚同，遂特别重视鬼的监察作用和赏善罚恶的功能，"明鬼"是它治理天下的法宝。在先秦，鬼与神相伯仲，但到东汉以后，鬼的所指范围缩小，意思衍变。鬼的功能和角色也有所变化。本文主要就这些问题进行探讨。

一、"鬼"的能指、所指及其外延的变化

鬼字产生很早，古文字中的"鬼"与《说文》鬼字形体近似，也是人形而大其头，有的偶尔加"示"旁。"鬼"字甲骨文作𤰞，金文作𩲡，像一个具有巨大奇特头形的人。"鬼"字本义，或以为指野兽，或以为指戴着奇特面具的巫师。后来"鬼"字指人死后所变精物，会意字。《说

文解字·鬼部》："人所归为鬼。从儿，甶象鬼头，从厶，阴气贼害，故从厶。"周代以后，"人死曰鬼"是比较通行的观点。《礼记·祭法》曰："其万物死皆曰折，人死曰鬼。"《尸子》卷下："鬼者，归也。故古者谓死人为归人。"古人认为人死之后肉体虽然会消失，但灵魂依然存在，是为"鬼"。

《说文》："人所归为鬼。"段玉裁注："《左传》子产曰：'鬼有所归，乃不为厉。'《礼运》曰：'魂气归于天，形魄归于地。'"以归训鬼，是所谓声训，阐明的是人死为鬼之观念。这是先秦人普遍的观念，如《九歌·国殇》："诚既勇兮又以武，终刚强兮不可凌。身既死兮神以灵，子魂魄兮为鬼雄。"

"神"是与"鬼"相辅相成的另一个概念。《说文解字·示部》："神，天神引出万物者。从示、申。"段玉裁注："从示，申声。""神"是形声字，指天神，世间万物的创造者和主宰者。《说文解字·鬼部》："魂，古文从示。"又《说文解字·鬼部》："魁，神也。"可见"鬼""神"二字关系密切。先秦时期，鬼多指祖先神，神多指天神。《周礼·神仕》："以冬日至，致天神、人鬼。"其中"鬼"指祖先神，"神"指天神。但很多时候，古人也并不对鬼、神作严格区分，将"鬼""神"混用。《左传·宣公四年》："鬼犹求食，若敖氏之鬼，不其馁而？"《国语·周语下》："言孝必及神。"其中"鬼""神"皆指祖先神。《墨子·明鬼》："古今之为鬼非他也，有天鬼，亦有山川鬼神者，亦有人死而为鬼者。"其中的"天鬼"即天神。人们还常以"鬼神"并称，用来指称祖先神灵，或泛指包括祖先神、天神在内的所有神灵。《尚书·金滕》："予仁若考，能多材多艺，能事鬼神。"《左传·昭公七年》："其先君鬼神实嘉赖之，岂唯寡君？"皆以"鬼神"指祖先神灵。《周易·乾》："与鬼神合其吉凶。"《周礼·小宰》："以谐万民，以事鬼神。"均以"鬼神"泛指神灵。

由于社会生产力低下，古人十分敬畏鬼神。夏商时期，尊天敬鬼，特别是殷商，最为崇鬼。周革殷命，看到天命不可恃与"人"的重要性，遂"以德配天""敬天保民"，重视人事。《礼记·表记》："夏道尊命，事鬼敬神而远之……殷人尊神，率民以事神，先鬼而后礼……周人尊礼尚施，事鬼敬神而远之。"春秋战国之时，诸侯激烈争斗，人事的因素起着日益重要的影响，社会进一步地走向重人事而轻鬼神。《左传·僖公五年》："鬼神非人实亲，惟德是依。"《左传·桓公六年》："夫民，神之主也。"表现出鲜明的民本思想，置民于鬼神之上。

　　先秦诸子中，儒家重祭祀天神祖灵，但对鬼神存而不论、敬而远之，重人事而轻神事。《论语·述而》："子不语怪力乱神。"《论语·先进》："季路问事鬼神，子曰：'未能事人，焉能事鬼？'"《论语·雍也》："敬鬼神而远之，可谓知矣。"孔子的这种态度对儒家后学产生了深远的影响。墨家则尊天敬鬼。墨子不仅从"以众之耳目之实""上观圣王之事""先王之书""施之国家，施之万民"三个方面论证了鬼神的存在，而且认为鬼神具有赏善罚暴的神通。《墨子·明鬼下》："鬼神之所赏，无小必赏之；鬼神之所罚，无大必罚之。"此外，鬼神无所不知，其赏罚无所不至、无可逃遁。《墨子·明鬼下》："故鬼神之明，不可为幽涧广泽、山林深谷，鬼神之明必知之。""鬼神之罚，不可恃富贵众强、勇力强武、坚甲利兵，鬼神之罚必胜之。"墨子不遗余力地鼓吹鬼神，其最终目的是希望借助鬼神的权威，威慑乱暴，鼓励良善，以达到其"兼相爱，交相利"的政治目的。《墨子·明鬼下》："是以吏治官府不敢不絜廉，见善不敢不赏，见暴不敢不罪。民之为淫暴寇乱盗贼，以兵刃毒药水火退无罪人乎道路，夺车马衣裘以自利者，由此止。"

　　值得注意的是，在先秦"鬼"与"神"几乎无别。比如"神"的初文像闪电，闪电自然神速。而"鬼"也以神速为特征。在1992年山东临沂银雀山汉墓出土被称为《唐勒赋》的0204号汉简中有："月行而日遭，星跃而玄惧，子神贲而鬼走，进退诎信，莫见其壈埃。""走"是快行的意思。《淮南子·览冥》中亦有类似的文字："昔者，王良、造父之御也，……世皆以为巧，然未见其贵者也。若夫钳且、大丙之御也，除辔衔，去鞭弃策，车莫动而自举，马莫使而自走也。日行月动，星燿而玄运，电奔而鬼腾，进退屈伸，不见朕垠。"这里说"鬼腾"，同样强调"鬼"的神速。又，《玄应音义》五所引《说文》有从"鬼"从"尧"的一个字，其所引《说文》对此字的训语是："捷健也。"亦以快速为鬼之特征。总之，在先秦人的眼光里，鬼是很神奇的，它的神奇非常人所能仿佛，《庄子·达生》："梓庆削木为镰，镰成，见者惊犹鬼神。鲁侯见而问焉，曰：'子何术以为焉？'对曰：'臣，工人，何术之有！虽然，有一焉，臣将为镰，未尝敢以耗气也，必齐以静心。'"镰，一种古代乐器，作猛兽形，木制，后为铜铸。这里的"惊犹鬼神"，注曰："不似人所作也。"这个"鬼"就是鬼斧神工的鬼，反映的是鬼之能力非常人所能及。

先秦诸子中，"鬼""神"亦多不分，如《尚书·金縢》载"既克商，二年"之后武王罹患大病，周公旦亲自为其向先祖祷告，"周公立焉，植璧秉圭，乃告大王、王季、文王。史乃册祝曰：'惟尔元孙某，遘厉虐疾。若尔三王，是有丕子之责于天，以旦代某之身。予仁若考，能多材多艺，能事鬼神。乃元孙不若旦多材多艺，不能事鬼神。'"周公这段话是说如果天要降责于周，要武王的命的话，我请求以我姬旦之命替换武王，因为我比武王更善于侍奉鬼神。由这段话可得到两点认识：第一，这里的鬼神，是指在天之神灵，并且"鬼"与"神"不分。第二，此处所说鬼神包括太王、王季、文王等祖先神灵。

事实上，先秦以"鬼"指祖先神，是通常用法。可以当时典籍为证。《国语·鲁语上》记鲁文公三年祫祭先君于太庙，升群庙之主，序昭穆。本来，鲁僖公是闵公之兄，他是继闵而立，故闵公为昭，僖公为穆。但时任宗伯的夏侯弗忌却执意升僖公为昭，降闵公为穆。于是，"展禽曰：'夏父弗忌必有殃。夫宗有司之言顺矣，僖又未有明焉。犯顺不祥，以逆训民亦不祥，易神之班亦不祥，不明而跻之亦不祥，犯鬼道二，犯人道二，能无殃乎？'"韦昭注"犯鬼道二"曰："二，易神之班、跻不明也。"不难看出，这里"易神之班"的"神"，"犯鬼道二"中的"鬼"均指的是祖先神灵。又如《论语·为政》："非其鬼而祭之，谄也。"何晏《集解》引郑玄注曰："人神曰鬼。非其祖考而祭之，是谄以求福也。"《墨子·明鬼下》将鬼归为三类："子墨子曰：古之今之为鬼，非他也，有天鬼，亦有山水鬼神者，亦有人死而为鬼者。"

先秦有人鬼，已见上述。有"天鬼"，在上举《尚书·金縢》中我们亦依稀见到了。但天帝一般不叫鬼，那么"天鬼"是指什么呢？我们看《战国策·楚三》："苏秦之楚三日，乃得见乎王，谈卒，辞而行。楚王曰：'寡人闻先生若闻古人，今先生乃不远千里而临寡人，曾不肯留，愿闻其说。'对曰：'楚国之食贵于玉，薪贵于桂，谒者难得见如鬼，王难得见如天帝。今令臣食玉炊桂，因鬼见帝。'"要注意，此文中"难得见如鬼"不是骂人的话，因为前边以玉、桂比食与薪，以天帝比王，而玉、桂、天帝是高贵的、尊贵的，则此所言"鬼"亦是身份尊贵之物，正因其如此，庶民才难得一见。那么，这个鬼为何尊贵呢？因为它在天帝身边，是侍奉天帝的。至此，我们可以得出结论，"天鬼"就是指在天帝身边、侍从天帝的诸神。

那么，《墨子》所说"山川鬼神"是否见于先秦其他典籍呢？答案也是肯定的。《墨子·明鬼下》引《商书》曰："呜呼！古者有夏方未有祸之时，百兽贞虫，允及飞鸟，莫不比方。矧佳人面，胡敢异心？山川鬼神，亦莫敢不宁。若能共允，佳天下之合，下土之葆。"这是《尚书》的佚文，这里提到山川鬼神。

又如《国语·鲁语上》鲁大夫展禽论上古祭祀，曰："夫圣王之制祀也，法施于民则祀之，以死勤事则祀之，以劳定国则祀之，能御大灾则祀之，能捍大患则祀之。非是族也，不在祀典。……凡禘、郊、祖、宗、报，此五者国之典祀也。加之以社稷山川之神，皆有功烈于民者也；及前哲令德之人，所以为明质也；及天之三辰，民所以瞻仰也；及地之五行，所以生殖也；及九州名山川泽，所以出财用也。非是不在祀典。"可见，祭祀山川之鬼神，很早就开始了。

再如《庄子·达生》的一段记载亦可供参考："桓公田于泽，管仲御，见鬼焉。公抚管仲之手，曰：'仲父何见？'对曰：'臣无所见。'公反，诶诒为病，数日不出。齐士有皇子告敖者，曰：'公则自伤，鬼恶能伤公？……'桓公曰：'然则有鬼乎？'曰：'有。沈有履，灶有髻。户内之烦壤，雷霆处之；东北方之下者，倍阿鲑蠪跃之；西北方之下者，则泆阳处之。水有罔象，丘有峷，山有夔，野有彷徨，泽有委蛇。'公曰：'请问委蛇之状何如？'皇子曰：'委蛇，其大如毂，其长如辕，紫衣而朱冠。其为物也，恶闻雷车之声，则捧其首而立。见之者殆乎霸。'桓公辴然而笑曰：'此寡人之所见者也。'于是正衣冠与之坐，不终日而不知病之去也。"这个记载里便有水、丘、山、野、泽之鬼，毫无疑义，他们是山川之神，并且各自有其特殊的外形。

南方的楚文化，更加亲近山丘、沼泽，信巫崇鬼，故其山川之神多而散。但不管怎样，楚文化中的山川之鬼，也都是正面的形像，如《九歌·山鬼》描写山鬼："若有人兮山之阿，被薜荔兮带女罗。既含睇兮又宜笑，子慕予兮善窈窕。乘赤豹兮从文狸，辛夷车兮结桂旗；被石兰兮带杜衡，折芳馨兮遗所思。余处幽篁兮终不见天，路险难兮独后来。表独立兮山之上，云容容兮而在下；杳冥冥兮羌昼晦，东风飘兮神灵雨，留灵修兮憺忘归，岁既晏兮孰华予？"这位山鬼与人间多情女子几无二致，绝无可怖之处。

《墨子·明鬼下》所举冤鬼复仇的事例也不少，但这些鬼复仇时，也是冠冕堂皇，有的作战士打扮，并没有狰狞面目，如被周宣王枉杀的臣子杜伯趁宣王畋猎时复仇："日中，杜伯乘白马素车，朱衣冠，执朱弓，挟朱矢，追周宣王，射之车上。"

先秦也有厉鬼的说法，如《左传·昭公七年》："郑人相惊以伯有，曰伯有至矣，则皆走，不知所往。铸刑书之岁二月，或梦伯有介而行，曰：'壬子，余将杀带也。明年壬寅，余又将杀段也。'及壬子，驷带卒，国人益惧。齐燕平之月，壬寅，公孙段卒，国人愈惧。其明月，子产立公孙泄及良止以抚之，乃止。子大叔问其故，子产曰：'鬼有所归，乃不为厉。吾为之归也。'……及子产适晋，赵景子问焉。曰：'伯有犹能为鬼乎？'子产曰：'能。人生始化曰魄。既生魄，阳曰魂。用物精多，则魂魄强，是以有精爽，至于神明。匹夫匹妇强死，其魂魄犹能冯依于人，以为淫厉。况良霄，我先君穆公之胄，子良之孙，子耳之子，敝邑之卿，从政三世矣。郑虽无腆，抑谚曰：蕞尔国，而三世执其政柄。其用物也弘矣，其取精也多矣。其族又大，所冯厚矣。而强死，能为鬼，不亦宜乎？'"此处伯有为厉鬼，也只是"介而行"，即披甲而行。可见所谓"厉"，主要是就其复仇之戾气而言。

到了战国时期，人们开始普遍认为，人之生病是鬼作祟所导致的，此种想法可从《韩非子·解老》中看出："人处疾则贵医，有祸则畏鬼。圣人在上则民少欲，民少欲则血气治而举动理，则少祸害。夫内无痤疽瘅痔之害，而外无刑罚法诛之祸者，其轻恬鬼也甚，故曰'以道莅天下，其鬼不神'。治世之民不与鬼神相害也，故曰'非其鬼不神也，其神不伤人也。'鬼祟也疾人之谓鬼伤人，人逐除之之谓人伤鬼也；民犯法令之谓民伤上，上刑戮民之谓上伤民；民不犯法则上亦不行刑，上不行刑之谓上不伤人；故曰：'圣人亦不伤民。'上不与民相害，而人不与鬼相伤，故曰：'两不相伤。'……凡所谓祟者，魂魄去而精神乱，精神乱则无德。鬼不祟人则魂魄不去，魂魄不去而精神不乱，精神不乱之谓有德。上盛畜积，而鬼不乱其精神，则德尽在于民矣。故曰：'两不相伤，则德交归焉。'"

《墨子》所列举之"鬼"包括天、山川和人鬼三类，他们能赏善，也能罚恶。其中人鬼的罚恶，有许多是因冤不得申、恨不得释而为鬼复仇的，这一类可以看作是"厉"，不过，他们只是为了实现"自然正义"，所以在形象上也还是正面的。

而到成书于战国末期或更后的《周礼》中，开始区分上述三类鬼。《周礼·春官·大宗伯》："大宗伯之职，掌建邦之天神、人鬼、地示之礼。以佐王建保邦国。以吉礼事邦国之鬼神示。"很明显，这里只将人鬼称为"鬼"了，缩小了"鬼"的外延。

鬼的正面形象的改变，还与西汉一度盛行的巫蛊风气有关。西汉盛行由楚地带来的巫风淫祀，变本加厉，不仅是求好事祀鬼，而且诅咒别人时也祀鬼，求阴鬼作祟，加害他人。那么，这样一种有求必应、无端害人的鬼，与墨家所言"赏善罚恶"、有原则、护正义的鬼就有天壤之别了。鬼既如此德行，其形象自然要滑向负面了。从东汉许慎所作《说文解字》中我们已可看到这种转变的端倪。《说文解字·鬼部》中有三个字与厉鬼有关：一、从鬼从失的一个字，训厉鬼；二、从鬼从虎的一个字，训"鬼貌也"；三、"醜，可恶也。"

从东汉王充《论衡·订鬼》篇中可以看出，鬼常指人们患病时、做梦时所见厉鬼、索命之鬼。也可指"老物精"。特别是将鬼祟作为人们患病的原因，魏晋南朝人深信不疑。据《南史》卷二载："前废帝讳子业，小字法师，孝武帝长子也……初践阼，受玺绂，慨然无哀容……帝始犹难诸大臣及戴法兴等，既杀法兴，诸大臣莫不震慑，于是又诛群公，元凯以下皆被殴捶牵曳，内外危惧，殿省骚然。太后疾笃，遣呼帝，帝曰：'病人间多鬼，可畏，那可往。'太后怒语侍者曰：'将刀来破我腹，那得生宁馨儿！'"可见，刘宋废帝相信"病人间多鬼"。

"鬼"的赏善罚恶功能被消解，其可怖可恶的一面被强调，于是，鬼在人们的语言中便开始变成贬义词。如《世说新语·忿狷》："王司州尝乘雪往王螭许，司州言气少有牾逆于螭，便作色不夷。司州觉恶，便舆床就之，持其臂曰：'汝讵复足与老兄计？'螭拨其手，曰：'冷如鬼手馨，强来捉人臂。'"

再加上这一段时期佛教传入，佛教讲六道轮回，其六道为：天、人、阿修罗、饿鬼、畜生、地狱。饿鬼之道，等而下之。佛教护佑善人、主持公道之神不是"鬼"，而是佛与菩萨。这种种因素，也加速了"鬼"的负面化。

"鬼"与"魔"的合一，是鬼被污名化的又一证明。我们知道，佛教修炼，讲究心静，要力排"魔"的干扰和诱惑。佛教讲的这个魔原来主要是指心魔，即所有扰乱心性、破坏行善、妨碍修行的邪念、杂念，后来也指这些邪念、杂念所幻化出来的东西，如《西游记》"真假孙悟空"中的那个以假乱真的六耳猕猴。按佛教的本意，外在的幻象是不值得关注的，但在吾国吾民这里，只有具象了才好把握，所以，先是将"妖"与"魔"混为一谈，接着就轮到了"鬼"。既然前此"鬼"已变得负面，其形象也已十分狰狞，那么，正好与"魔"为伴，于是出现"魔鬼"一词。

出人意料的是，从我们现在找到的资料看，"魔鬼"一词，最先出现于道教文献。晋代葛洪《神仙传》卷五《张道陵》："陵年五十，方退身修道。十年之间，已成道矣。……老君寻遣清和玉女教以吐纳清和之法，修行千日，能内见五藏，外集外神。乃行三步九迹交乾履斗，随罡所指，以摄精邪，战六天魔鬼，夺二十四治，改为福庭，名之化宇，降其帅为阴官。先时蜀中魔鬼数万，白昼为市，擅行疫疠，生民久罹其害，自六大大魔推伏之后，陵斥其鬼众散处西北不毛之地，与之为誓曰：'人主于昼，鬼行于夜。阴阳分别，各有司存。违者正一有法，必加诛戮。'于是幽冥异域，人鬼殊途。"可见这里的魔鬼是"擅行疫疠"之鬼，应该属《说文》所讲旱鬼"魃"之类。

此后，汉译佛经将干扰修佛见性之魔也称之为"魔鬼"，如南北朝佛陀耶舍与竺佛念等译《四分律》卷一："戒印全具者，所至无罣碍。为一切人故，降伏诸魔鬼。"以"魔鬼"称"魔"，或许与这段时期汉语词汇复音化的趋势相关连。如隋·释智顗《法华玄义》卷六下："爱心眷属者无明，为父痴爱，为母出生烦恼之子孙，以贪著忆想，欲得心中法门，魔鬼便入，如媚女思想邪媚、媚之行人亦尔。"说"魔鬼便入"，四字成句，十分上口。

到唐代，汉译佛经及相关书籍中，"魔鬼"这一词俯拾即是。如释澄观《华严经疏》卷五十六："故十九焰，魔鬼卒互相怖畏，乃至王身亦有热铁镕铜等怖。"释道世《法苑珠林》卷第一百一十三："又《杂譬喻经》云：有一比丘，不弹指来大小便，灒污中鬼面上，魔鬼大恚，欲杀沙门。持戒魔鬼，随逐伺觅其短，不能得便。"

在当时的佛典音义中，对"魔鬼"一词也有解释。如释慧琳《一切经音义》卷五释"焰魔鬼界"曰："上阎渐反，焰魔，梵语鬼趣名也……梵音焰魔，义翻为平等王，此司典生死罪福之业，主守地狱八热八寒，及以眷属诸小狱等役使鬼卒于五趣之中，追摄罪人，捶拷治罚，决断善恶，更无休息。"释慧琳《一切经音义》卷十二释《大宝积经》第十三卷"魔鬼"之魔时说："上音摩，本是梵语略也，正梵音么【莫可反】。"罗唐云："力也，即他化自在天中魔王波旬之异名也。此类鬼神有大神力，能与修出世法者作留难事，名为么罗，以力为名，又略去罗字。"可见，此类"魔"是干扰佛事修炼的，慧琳注解中也将其称为"鬼神"。

"鬼"既与魔为伍，相对于先秦而言，可以说此时即被污名化了。既成污名，便可指自己不喜欢的神，有意思的是，很早就有反对佛教的人将佛神称为"胡鬼"，据释道宣《广弘明集》卷七称，颍川人荀济初与梁武帝布衣相知，"及帝登位，……见帝信重释门，寺像崇盛，便于时上书论佛教贪淫奢侈妖妄，又讥造同泰寺营费太甚，必为灾患……济云：'陛下以因果有必定之期，报应无迁延之业，故崇重像法，供施弥隆，劳民伐木，烧掘蝼蚁，损伤和气，岂顾大觉之慈悲乎？胡鬼堪能致福，可废儒道；释秃足能除祸，屏绝干戈。'"同卷又述唐代傅奕上奏唐高祖，请求废诸州寺塔，得准。"贞观六年，又上书令僧吹螺，不合击钟，又言佛法妖伪。敕示萧瑀，瑀曰：'傅奕非圣人者，无法。'奕驳曰：'瑀先祖已来，不事宗庙，专崇胡鬼，非孝者，无亲。'"

鬼中还有一类成精之鬼，这在《墨子》中还没有，汉代始有。《说文解字·鬼部》："彪，老物精也。"此即指动植物活得长而成精，狐狸精之类是也。后世通常称之为"魅"。关于鬼为老物精，《论衡·订鬼》中亦提到当时有人持此意见。这些东西其实是可怖的，鬼魅世界本非乐土，但《聊斋志异》所展现的鬼魅世界却是一个讲情义、讲道理的地方，这能不能证明"鬼"在清代已去污名化？回答是否定的。因为，在蒲松龄笔下，这只是对现实世界无情和不公的一种反讽，其前提是：鬼魅世界原本是可怕的、无常的。

二、鬼在"赏善罚恶"中地位与角色的变化

墨家"明鬼"的目的何在？《墨子·明鬼下》先从不明鬼会导致什么结果来论述："逮至昔三代圣王既没，天下失义，诸侯力正，是以存夫为人君臣上下者之不惠忠也，父子弟兄之不慈孝弟长贞良也，正长之不强于听治，贱人之不强于从事也，民之为淫暴寇乱盗贼，以兵刃毒药水火，退无罪人乎道路率径，夺人车马衣裘以自利者并作，由此始，是以天下乱。此其故何以然也？则皆以疑惑鬼神之有与无之别，不明乎鬼神之能赏贤而罚暴也。今若使天下之人，偕若信鬼神之能赏贤而罚暴也，则夫天下岂乱哉！"也就是说，明鬼的目的是为了天下大治。在墨子看来，天下人应该"兼相爱，交相利"，人人遵"义"而行，循"天志"而动，这样才能导致天下大治。而要天下各色人等做到这样，就必须要

有"鬼"来监察，来奖赏善行，惩罚恶行，一句话，必须要"明鬼"。

《墨子·明鬼下》运用"三表法"证明"鬼"的存在，证明"鬼"能赏善罚恶，举了很多典籍中例子。

"鬼"如何来赏善罚恶呢？《墨子》最初有个设计。

一是被冤杀、枉杀的人以鬼的身份来报仇报怨，实现自然正义。《墨子·明鬼》中所举杜伯、庄子仪冤鬼复仇等例，均属此类，《墨子》行文，举完例后，照例要说上一句："凡杀不辜者，其得不祥，鬼神之诛若此其憯遬也！"这种以厉鬼形式报仇要成为可能，按上文我们所引子产的说法，其前提是这个人生前必须很有能量，生前体强位隆、血统高贵。当然，冤情深重的一般人死后也有可能为厉鬼以复仇。

二是被冤杀、枉杀的人以鬼的身份诉请上帝或别的神来惩罚加害者。如《左传·僖公十年》记晋太子申生报怨："晋侯改葬共大子。共大子，申生也。秋，狐突适下国，遇大子，大子使登仆，而告之曰：'夷吾无礼，余得请于帝矣，请罚夷吾，将以晋畀秦。秦将祀余。'对曰：'臣闻之，神不歆非类，民不祀非族。君祀无乃殄乎？且民付罪，失刑乏祀。君其图之。'君曰：'诺，吾将复请。七日，新城西偏将有巫者，而见我焉。'狐突许其言，申生之象亦没。及期而往，告之曰：'帝许我罚有罪矣，敝于韩。'"

三是天鬼和山川之鬼直接降灾。如《墨子·明鬼下》："昔者郑穆公，当昼日中处乎庙，有神入门而左，鸟身，素服三绝，面状正方。郑穆公见之，乃恐惧，奔。神曰：'无惧！帝享女明德，使予锡女寿十年有九，使若国家蕃昌，子孙茂，毋失。'郑穆公再拜稽首曰：'敢问神名？'曰：'予为句芒。'若以郑穆公之所身见为仪，则鬼神之有，岂可疑哉？"但《墨子》这个设计过于简单，经不起推敲。先是道家对之有反驳，而后东汉儒者王充对之作了全面的驳斥。

道家后学对践行天志可得善报提出了怀疑，如《庄子·山木》："市南宜僚见鲁侯，鲁侯有忧色，市南子曰：'君有忧色，何也？'鲁侯曰：'吾学先王之道，修先君之业，吾敬鬼尊贤，亲而行之，无须臾离居，然不免于患，吾是以忧。'市南子曰：'君之除患之术浅矣。夫丰狐文豹，栖于山林，伏于岩穴，静也；夜行昼居，戒也；虽饥渴隐约，犹且胥疏于江湖之上而求食焉，定也。然且不免于罔罗机辟之患，是何罪之有哉？其皮为之灾也。今鲁国独非君之皮邪？吾愿君刳形去皮，洒心去欲，而游于无人之野。'"这就是说，遭祸与否，是由现实世界的各种因素（比如名声、地位等）决定的，"鬼"不能改变这一结局。

而东汉王充在《论衡》一书的《死伪》《订鬼》两篇中通过辩驳古代相关传说之谬的方式，否定了人死能为鬼，否定了鬼能加害于人。而《墨子》"明鬼"立论的根据正是这些传说，等于说它的论据全被王充推翻了。进一步，王充在《死伪》篇中还提出，如果人死为鬼，动辄复仇，那么秩序何在？这怨怨相报何时了结？还有申生等人为同一件事擅变主意、三番五次请求上帝，上帝都从之如流，那么这个上帝到底是在徇私，还是在主持公道？王充所谓人死不能为鬼的说法，对后人并没有多大影响，但是他提出的"秩序"问题、"公道"问题、怨怨相报问题，确对后来鬼神赏善罚恶机制的演变产生重大影响。

在古人最初的观念中，鬼并无善恶之分，到了后来，则渐有厉鬼作祟害人之说。《左传·昭公七年》："匹夫匹妇强死，其魂魄犹能冯依於人，以为淫厉。"《说文解字·鬼部》："魅，厉鬼也。"段玉裁注曰："厉之言烈也。厉鬼，谓虐厉之鬼。……为厉鬼将随强阴出害人。"正因为厉鬼害人，人们对鬼渐生厌憎与畏惧之情，而鬼、神两途也逐渐分离。秦汉以来，神仙之说盛行，鬼神信仰大为兴盛，鬼完全邪恶化。《论衡·论死篇》："世谓死人为鬼，有知，能害人。"《搜神记》卷十六："后汉时，汝南汝阳西门亭有鬼魅，宾客止宿，辄有死亡。"

东汉末年，佛教传入中国，道教兴起。佛、道二教都有自己庞大的鬼神系统，佛教以释迦牟尼佛为首，道教以"三清"为首。自魏晋至唐，佛、道二教长盛不衰、广泛传播。普通民众对佛、道二教的鬼神兼收并蓄，逐渐形成了以玉皇大帝为首，兼容佛、道二教的民间鬼神系统。在这一鬼神系统中，神、人、鬼三界界限分明。天上是神仙世界，地上是人间，地下是鬼魂居住的幽冥世界。古典小说《西游记》比较清晰地反映了中国民间信仰鬼神体系的基本面貌。

由汉至唐，在佛、道二教与鬼神之说大行其道之时，也有一些知识分子极力批判鬼神之说，否认鬼神的存在。东汉谶纬神学占据统治地位，鬼神迷信之说甚嚣尘上，王充在《论衡》一书中从多个方面否定了"人死为鬼"的说法。《论衡·论死篇》："人死血脉竭，竭而精气灭，灭而形体朽，朽而成灰土，何用为鬼？"《论衡·订鬼篇》："凡天地之间有鬼，非人死精神为之也，皆人思念存想之所致也。"南北朝时期，佛教盛极一时，范缜大声疾呼，批判佛教的"神不灭论"。《神灭论》："神即形也，形即神也。是以形存则神存，形谢则神灭也。""神之于质，犹利之于刃；形之于用，犹刃之于利。……未闻刃没而利存，岂容形亡而神在！"

两宋理学发达，理学家延续了儒家对鬼神敬而远之的一贯态度。《朱子语类·鬼神》："鬼神事自是第二者，那个无形影，是难理会底，未消去理会，且就日用紧切处做工夫。"此外，理学家还试图结合阴阳与理、气学说来解释鬼神的存在。《正蒙·大和》："鬼神者，二气之良能也。"《正蒙·神化》："鬼神，往来、屈伸之义。"张载认为鬼神是阴阳二气的变化。朱熹进一步认为鬼神是气的屈伸，阴阳的消长。《朱子语类·鬼神》："神，伸也；鬼，屈也。如风雨雷电初发时，神也；及至风止雨过，雷住电息，则鬼也。鬼神不过阴阳消长而已。""鬼神只是气。屈伸往来者，气也。天地间无非气。"其对鬼神的理学化阐释，消解了传统鬼神观念的神化和宗教色彩，在后世上层知识分子中有较大影响。

当然，冤鬼直接复仇的故事还是在民间传说和戏剧、小说中看到。冤鬼请求上帝惩罚作恶者的事，也时见记载，如《南史》卷二载南朝宋"前废帝讳子业，小字法师，孝武帝长子也……帝好游华林园竹林堂，使妇人倮身相逐，有一妇人不从命，斩之。经少时，夜梦游后堂，有一女子骂曰：'帝悖虐不道，明年不及熟矣！'帝怒，于宫中求得似所梦者一人，戮之。其夕复梦所戮女骂曰：'汝枉杀我，已诉上帝。'"

但是，后来人们感到现实中不公平的事太多，人人诉诸上帝可能不现实，而正如王充所言，上帝如果不加分辨，从请如流，则又会有失公正。于是，我们在宋代及以后的笔记小说、白话小说和其他形式的作品中，常看到的情形是受冤者往往诉诸城隍。城隍是冥界的地方官，职权相当于阳界的市长。因此城隍就跟城市相关并随城市的发展而发展。城隍产生于古代祭祀而经道教衍化的地方守护神。城隍本指护城河，班固《两都赋序》："京师修宫室，浚城隍。"祭祀城隍神的例规形成于南北朝时。唐宋时城隍神信仰滋盛。宋代列为国家祀典。在道教中，东岳大帝是地府最高级的神，其下有十三司阎罗王，然后才是城隍。就是说，冤鬼魂魄未归冥府时，可向地方最高阴神城隍鸣冤告状，城隍要拘两造，加以审讯，分明情由，然后再加判决。这与汉代以后禁私人复仇而由国家官吏通过审判以伸张正义的情形颇为合拍。

有时，冤鬼直接助阳间官员为自己复仇。如在元杂剧《窦娥冤》中，窦娥先呼天，发出誓咒，导致六月飘雪的妖祥出现，引起朝廷派出御史巡按。鬼只是努力使御史官注意到窦娥的案卷，配合昭雪工作。这个鬼是窦娥的冤魂，有意思的是，窦娥变鬼，却并未直接去杀仇家，而是诉诸国家法律，此与先秦之冤鬼不同。

如此一来，冤鬼复仇一事变得稍有秩序，解决了王充《论衡·死伪》中的第一个担忧。但是冤冤相报的事怎么解决呢？这后来就用佛教的办法来解决。《三国演义》中关羽为陆逊所害，关羽为鬼，亟欲寻仇，但一个寺庙的和尚点醒了他,说他过五关、斩六将,要是那些被斩杀的也来寻仇,则永无了结。最后关羽幡然大悟,跳出了轮回。

事实上,在要不要复仇的问题上,是按加害者是否伤天害理来确定的。在这方面,儒理、佛理联合起来起到制约作用。如此一来,王充《论衡》的第二个担忧也解决了。

佛教讲"因果报应",它告诉人们,伤天害理者一定会遭报应。

关于因果报应,《涅槃经》讲:"业有三报,一现报,现作善恶之报,现受苦乐之报;二生报,或前生作业今生报,或今生作业来生报;三速报,眼前作业,目下受报。"中国古代很早就有善恶报应观念,如《易经·坤卦》之《文言》曰:"积善之家,必有余庆;积不善之家,必有余殃。"这是将报应安排在血缘、宗族之内,具有明显的中国特色。而佛教的报应原本是在个体的三世轮回这个更大的范围内进行。后来余庆、余殃说作为一种补充,便融入三世轮回报应说之中,成了民间的普遍信仰。

《喻林》中涉及的佛典因果报应的譬喻在《德行门》中的成德、德验,《人事门》中的感通、类应等子目下均有不同程度的体现。

在《德行门》中,其所用的与佛教相关的譬喻有许多包含因果相继的思想。如:《德行门·成德》:"相生以慈润,茎擢以乐广,念正则增枝,愿续则长叶,内缘成为华,外缘成为果,当知悲根等,如是次第成。"该句暗含了因果方面的思想:德是因,内缘是花,外缘是果。又如《德行门·德验》:"莲花随所在处,香气馣馥";"譬如有人服延龄药,长得充健,不老不瘦";"譬如有人熟煎乳汁,其上便有薄膜停住"。以上几例皆包含了因果关系。但这还只是事物成长的一般因果关系。当因果关系与道德责任联系起来时就有了因果报应问题。"善有善报,恶有恶报"一直是古代中国人的诉求,其思想家们一直在设想这种报应实现的途径。告诫人们多行不善,则会遭受恶报。也劝人不要行恶,以免祸延子孙。《墨子·明鬼下》举了很多典籍中的例子，证明"鬼"能赏善罚恶。一是被冤杀、枉杀的人以鬼的身份来报仇报怨，实现自然正义；二是被冤杀、枉杀的人以鬼的身份诉请上帝或别的神来惩罚加害者；三是天鬼和山川之鬼直接降灾于作恶的人。东汉儒者王充对之作了全面的驳斥。王充提问道，如果人死为鬼，动辄复仇，那么秩序何在？于是赏善罚恶的责任更多地由上天和诸神承担。而上天和诸神如何能监察每一个人呢？于是便有了感应说，先是董仲舒针对不道之君提出"天人感应"、天以灾异示警的办法，后来一般人有大德大冤也可感天动地。但这总难实现普遍报应、准确报应。佛教的因果报应则圆满地解决了所有的问题。"佛教讲'因果报应'，它告诉人们，伤天害理者一定会遭报应。但这个报应，可以在此生，呈现为现世报，也可以是来世报，在轮回中报应。但中国民间更看重现世报。并且，这个报应虽然其中可能会出现鬼使神差，但由于报应表现为一种必然性，所以，其中的'神'与'鬼'都不重要了。"以上这些，在《喻林》的作者看来正可以互补，于是把它们都糅合到了感通、类应等类目中。

《人事门》中的感通和类应两个子目也包含了很多与因果报应相关的佛教类譬喻。这说明了《喻林》有意将因果报应和儒道感应协调起来。如《人事门二·感通》："如婴儿病与乳母药，儿患得愈，母虽非儿，药之力势能及其儿"；"谷风之随啸虎，庆云之逐腾龙，感应相招，仰惟常理"；"心识相传，美恶由起，报应之道，运环相袭"。《人事门三·类应》："行恶得恶，如种苦种"；"如影人去则去，人动则动，人住则住，善恶业影亦如是"；"如母子身虽异而因缘相续，故如母服药儿病则差"。所引用的佛教类譬喻都与因果报应相关。《喻林》则把因果报应问题跟儒道的感应相融合，与事物之间的相互影响相互作用的角度相结合。

以上还是停留在理论的层面上，《喻林》进一步用因缘学说解释世俗事务，杂引儒佛的譬喻故事。比如《人事门》中的子目因托、食报也包含很多与因果报应相关的佛教类譬喻。如《人事门二十四·因托》："譬如莲花不生陆地,滋湿之处乃生是花","譬如大地以种散中,众缘和合则得生长,应知大地与种生长为所依止,为能建立"。《人事门二十五·食报》:"父如谷子,母如好田,先世因缘罪福如雨泽,众生如谷,生死如收刈";"击人得击,行怨得怨,骂人得骂,施怒得怒";"怀善者应之以祚,挟恶者报之以殃,未有种稻而得麦,施祸而获福者也";"夫有形则影现,有声则响应,未见形存而影亡,声续而响乖,善恶相报理路然矣"等。

有时,受害者不明真相,或他虽遭殃而未死,这时,如何惩罚恶人呢?请看《醒世恒言》第五卷《大树坡义虎送亲》讲到的一个故事:

昔有一人,姓韦,名德,乃福建泉州人氏,自幼随着父亲,在绍兴府开个倾银铺儿。那老儿做人公道,利心颇轻,为此主顾甚多,生意尽好,不几年,挣了好些家私。韦德年长,娶了邻近单裁缝的女儿为媳。那单氏到有八九分颜色,本地大户,情愿出百十贯钱讨他做偏房,单裁缝不肯。因见韦家父子本分,手头活动,况又邻居,一夫一妻,遂就了这头亲事。何期婚配之后,单裁缝得病身亡。不上二年,韦老亦病故。韦德与浑家单氏商议,如今举目无亲,不若扶枢还乡。单氏初时不肯,拗丈夫不过,只得顺从。韦德先将店中粗重家伙变卖,打叠行李,顾了一只长路船,择个出行吉日,把父亲灵枢装载,夫妻两口儿下船而行。

原来这稍公,名叫做张稍,不是个善良之辈,惯在河路内做些淘摸生意的。因要做这私房买卖,生怕伙计泄漏,却寻着一个会撑船的哑子做个帮手。今日晓得韦德倾银多年,囊中必然充实;又见单氏生得美丽,自己却没老婆,两件都动了火。

下船时就起个不良之心，奈何未得其便。一日，因风大难行，泊舟于江郎山下。张稍心生一计，只推没柴，要上山砍些乱柴来烧。这山中有大虫，时时出来伤人，定要韦德作伴同去。韦德不知是计，随着张稍而走。张稍故意湾湾曲曲，引到山深之处，四顾无人，正好下手。张稍砍下些丛木在地，却教韦德打捆。韦德低着头，只顾检柴，不防张稍从后用斧劈来，正中左肩，扑地便倒。重复一斧，向脑袋劈下，血如涌泉，结果了性命。张稍连声道："干净，干净！来年今日，叫老婆与你做周年。"说罢，把斧头插在腰里，柴也不要了，忙忙的空身飞奔下船。单氏见张稍独自回来，就问丈夫何在。张稍道："没造化！遇了大虫，可怜你丈夫被他衔了去。亏我跑得快，脱了虎口。连砍下的柴，也不敢收拾！"单氏闻言，捶胸大哭。张稍解劝道："这是生成八字内注定虎伤，哭也没用！"单氏一头哭，一头想道："闻得虎遇夜出山，不信白日里就出来伤人。况且两人双双同去，如何偏拣我丈夫吃了，他又全没些损伤？好不奇怪！"便对张稍道："我丈夫虽然衔去，只怕还挣得脱不死。"张稍道："猫儿口中，尚且挖不出食，何况于虎！"单氏道："然虽如此，奴家不曾亲见。就是真个被虎吃了，少不得存几块骨头，烦你引奴家去，捡得回来，也表我夫妻之情。"张稍道："我怕虎，不敢去！"单氏又哀哀的哭将起来。张稍想道："不引他去走一遍，他心不死。"便道："娘子，我引你去看，不要哭。"单氏随即上岸，同张稍进山路来。先前砍柴，是走东路，张稍恐怕妇人看见死尸，却引他从西路走。单氏走一步，哭一步，走了多时，不见虎迹。张稍指东话西，只望单氏倦而思返。谁知他定要见丈夫的骨血，方才指实。张稍见单氏不肯回步，扯个谎，望前一指道："小娘子，你只管要行，兀的不是

大虫来了?"单氏抬头而看,才问一声:"大虫在那里?"声犹未绝,只听得林中铿喇的一阵怪风,忽地跳出一只吊睛白额虎,不歪不斜,正望着张稍当头扑来。张稍躲闪不及,只叫得一声"阿呀!"被虎一口衔着背皮,跑入深林受用去了 单氏惊倒在地,半日方醒。眼前不见张稍,已知被大虫衔去。始信山中真个有虎,丈夫被虎吃了,此言不谬。心中害怕,不敢前行,认着旧路,一步步哭将转来。未及出山,只见一个似人非人的东西,从东路直冲出来。单氏只道又是只虎,叫道:"我死也!"望后便倒。耳根边忽听说:"娘子,你如何却在这里?"双手来扶。单氏睁眼看时,却是丈夫韦德,血污满面,所以不像人形。原来韦德命不该死,虽然被斧劈伤,一时闷绝。张稍去后,却又醒将转来,挣扎起身,扯下脚带,将头裹缚停当,他步出山,来寻张稍讲话,却好遇着单氏。单氏还认着丈夫被虎咬伤,以致如此。听韦德诉出其情,方悟张稍欺心使计,谋害他丈夫,假说有虎。后来被虎咬去,此乃神明遣来,剿除凶恶。夫妻二人,感谢天地不尽。回到船中,那哑子做手势,问船主如何不来。韦德夫妻与他说明本末,哑子合着掌,忽然念出一声"南无阿弥陀佛",便能说话,将张稍从前过恶,一一说出。再问他时,依旧是个哑子。

这就是说,阴差阳错之间,冥冥中似有神灵指使。所谓"人算不如天算",就是这个道理。而在中国的文化观念中,这背后的这个指使者甚至不需要具象,这从西周的"天视自我民视"的观点以来(天神能莅视,但他主要是一种意志,不需要给出其形象),士大夫中的主流观念就一直如此。从这个故事中,我们还看到,这种鬼使神差的、以偶然性表现的惩罚实际上已被纳入佛家的因果报应的必然性框架中。在这个框架中，无论是鬼，还是神，都不占很重要的位置了，因为因果报应被描绘成一种不以任何人或神的意志为转移的必然性。

上面提到的有一点，我们还需进一步讨论一下，这就是：人之作恶，有时没被觉察。如果不对这种暗室亏心事加以惩罚，社会正义便难以体现。大庭广众之下，众目睽睽之中，人一般是不敢为非作恶的，但在无人之处怎么办？《墨子》很早就提出了鬼照幽隐说，《墨子·明鬼下》："以若书之说观之，鬼神之有岂可疑哉。是故子墨子言曰：'虽有深溪博林幽涧毋人之所，施行不可以不董。'"墨家此说后来被普遍接受，如《庄子·庚桑楚》："为不善乎显明之中者，人得而诛之；为不善乎幽闲之中者，鬼得而诛之。明乎人明乎鬼者然后能独行。"就是说，鬼神无处不在，无幽不烛，无人处也要谨慎。如果胆敢为恶，鬼神一定会加以惩罚。这实际上是墨家的思想。

道教后来受《墨子》的启发，提出了"除算减年"式罚恶方式。

郑杰文、王继学《墨学对中国社会发展的影响》说："为了使墨家的'鬼罚说'更具有威慑力，道教宣扬世人作恶后'天遣神往记之'而'除算减年'。"[①] 读《太平经》，可知这种除算减年是太阴法曹负责的，如果某人，恶贯满盈，就会收其魂魄到阴间拷问，就是说死了也不能消停。而在笔记小说或传奇性志怪小说中，负责计算的是城隍，当地阳世之人们犯下的罪过，不管是彰显了的还是未彰显的，城隍下属的鬼吏都实时地在计算，定时对当事人的原有福禄寿等进行减算或增算。明初，朱元璋大封天下城隍神爵位，分为王、公、侯、伯四等，岁时祭祀，分别由王及府州县守令土之。明太祖此举之目的，据说是"以鉴察民之善恶而祸福之，俾幽明举不得幸免"。这也与墨子鬼鉴幽明的思路一样，只不

① 郑杰文、王继学：《墨学对中国社会发展的影响》，山东人民出版社2011年版，第109页。

过人们一般不称城隍为鬼，或者换句话说，鬼的监察幽明的职责转由城隍来承担了。

为恶会被减寿，如果是命好的人，可能先被减禄，这在明代小说中有例证。《初刻拍案惊奇》卷二十《李克让竟达空函刘元普双生贵子》中讲到一个故事：吴江秀才萧王宾因未问清缘由，轻易地代人写休书，冤死无辜之人，因而被减禄。彼减禄之事系天神所为，但家中供奉的小神五显灵官知情。

而对儒家来说，做好事不做坏事，要靠道德自律。不管有没有鬼神，凡士人君子，都必须"慎独"。慎独是儒家的重要思想。《礼记·大学》："物格而后知至，知至而后意诚，意诚而后心正，心正而后身修，身修而后家齐，家齐而后国治，国治而后天下平。自天子以至于庶人，壹是皆以修身为本。其本乱而末治者，否矣。其所厚者薄而其所薄者厚，未之有也。此谓知本，此谓知之至也。所谓诚其意者，毋自欺也，如恶恶臭，如好好色，此之谓自谦，故君子必慎其独也。小人闲居为不善，无所不至，见君子而后厌然揜其不善而着其善。人之视己如见其肺肝然，则何益矣。此谓诚于中形于外，故君子必慎其独也。"又《礼记·中庸》："是故君子戒慎乎其所不睹，恐惧乎其所不闻，莫见乎隐，莫显乎，微故君子慎其独也。"郑玄注："慎独者，慎其闲居之所为。小人于隐者，动作言语自以为不见睹、不见闻，则必肆尽其情也，若有占听之者，是为显见，甚于众人之中为之。"

儒家的这种"慎独"与外在的赏罚无关。梁简文帝于幽絷中写下了《临终诗》，其序曰："有梁正士，兰陵萧纲，立身行己，终始若一。风雨如晦，鸡鸣不已。非欺暗室，岂况三光。数至于此，命也如何！""非欺暗室"就是做到了慎独。虽做到了慎独，但简文帝意在图得好报，故未如其愿时，颇露怨怼，尚非纯儒。

明代黄淳耀在《陶庵全集》卷十八《慎独四》写道："南齐刘瓛兄

瓛夜隔壁呼琎共语，不答，方下床著衣立，然后应。瓛问其久，琎曰：'向束带未竟。'此所谓不欺暗室者，非耶？吾辈居平谑浪笑傲之时多，斋庄肃敬之时少，欲求此心不放，难矣！"这个例子告诉我们一个道理：做到慎独的基础是人的"恭敬之心"。对原则、对信条必须要有恭敬之心，才可能慎独。

而当某一人群、某个社会普遍不存在这种恭敬之心，那么，借鬼神来照鉴他们就是一个不得已的选项，所以，墨子之言，不能说完全没有道理。至于墨翟本人是否相信有鬼神，答案应该是肯定的，因为墨子出于鲁之藤而仕宋为大夫，还南游于楚，而在这个地域范围内，巫、鬼信仰流行，宋为殷之后裔，殷商凡事必卜，最为信鬼。而楚地更是普遍存在巫鬼迷信。墨子"明鬼"学说的提出，跟他的籍贯及当地风俗很有关系。但是，《墨子》中的鬼又绝不是没有原则、喜怒无常、任意作威作福的鬼，不是巫鬼，也不完全是商代人信奉的那种鬼，《墨子》中的鬼依天志而动，是照幽烛暗、赏善罚恶的鬼。这种鬼颇具南北融合的特点。

一个很有趣的事实是，在道教中，"明鬼"与"慎独"竟然结合了起来，《太平经》提出五神在内说；道教后来更有"三尸"说。一切都是为了使人们能在无人之时之处不做伤天害理之事。《太平经》为了使人们闲居不敢为非作歹，便使那个监察世人的"鬼神"潜伏在每个人的身体之内。《太平经·贪财色灾及胞中诫》："五神在内，知之短长，不可轻犯，辄有文章。小有过失，上白明堂，形神拘系……"①

到魏晋南北朝时，道教的"大志鬼神除算减年"说与道教养生术结合起来了。说人身中存在"三尸"，三尸欲所寄寓之人早死，以便自己

---

① 郑杰文、王继学：《墨学对中国社会发展的影响》，山东人民出版社 2011 年版，第 109 页。

得到解脱而享受祭祀，于是专门寻找人的过失上告于天，冀获上天降罚，使所寄之人减寿早死。《抱朴子·微旨》："或曰：敢问欲修长生之道何所禁忌？抱朴子曰：禁忌之至急，在不伤不损而已。按《易内戒》及《赤松子经》及《河图记命符》皆云：'天地有司过之神，随人所犯轻重，以夺其算。'算减则人贫耗疾病，屡逢忧患。算尽则人死。诸应夺算者有数百事，不可具论。又言身中有三尸，三尸之为物虽无形而实魄灵鬼神之属也，欲使人早死，此尸当得作鬼，自放纵游行，飨人祭酹。是以每到庚申之日，辄上天白司命，道人所为过失。又月晦之夜，灶神亦上天白人罪状，大者夺纪，纪者，三百日也；小者夺算，算者，三日也（或作一日）。吾亦未能审此事之有无也，然天道邈远，鬼神难明。""三尸"后来成了典故，在宋人诗词及笔记、杂文中反复用到，说明此说传播之广，已成为人们的常识。

鬼的照幽烛暗、促人为善的作用，深为明清士人所认同。三言二拍中《藤太守鬼断家私》即是利用人们对鬼能"烛阴"的认知来断案。纪昀《阅微草堂笔记》中有大量谈狐说鬼、搜奇志怪的故事。纪昀持有鬼论，他认为人们只有相信鬼神的存在，才能够自觉接受"暗室亏心，神目如电"的说教，为此，笔记中津津乐道于命运果报、地狱轮回，在这个过程中也有形形色色的鬼或魅纷纷出场。但是，一度令许多人困惑的是，《阅微草堂笔记》中同样有很多精彩的不怕鬼的故事，看起来前后矛盾。其实，仔细分析一下，书中所说是：鬼的出现是因为自己心虚的缘故，倘为人未做亏心之事，面对己非债主的厉鬼，或面对游荡的鬼魅，就没有什么好怕的。纪昀在《阅微草堂笔记·滦阳消夏录》卷六中就讲了这么个不怕鬼的故事：南皮许南金先生最有胆，在僧寺读书，与一友共榻，夜半见北壁燃双炬，谛视乃一人面出壁中，大如箕，双炬，其目光也。友股栗欲死，先生披衣徐起，曰："正欲读书，苦烛尽，君来甚善。"乃携一册，背之坐，诵声琅琅。未数页，目光渐隐，拊壁呼之不出矣。又一夕如厕，一小童持烛随，此面突自地涌出，对之而笑。童掷烛仆地，先生即拾置怪顶，曰："烛正无台，君来，又甚善。"怪仰视不动，先生曰："君何处不可往，乃在此间。海上有逐臭之夫，君其是乎？不可辜君来意！"即以秽纸拭其口，怪大呕吐，狂吼数声，灭烛而没，自是不复见。先生尝曰："鬼魅皆真有之，亦时或见之。惟检点生平无不可对鬼魅者，则此心自不动耳。"

这里作者借南皮许南金先生之口所说"惟检点生平无不可对鬼魅者，则此心自不动耳"，与今俗语所说"为人不做亏心事，半夜不怕鬼敲门"是一样的意思。如此看来，纪昀所尊敬的鬼，是正在赏善罚恶之鬼；而所戏弄的鬼，是与赏善罚恶无关的游魂野鬼。虽然他暗地里将鬼分为两类，引进了佛教的因果轮回，但是他的基本思路与《墨子》并无二致。可见墨翟虽自认为是"鄙人"，但其智慧，后人即使像纪昀这样的大学士也是很难完全超越的。

近代以来，封建专制制度被摧毁，西方现代科学知识广泛传播，民智渐开，鬼神之说受到质疑、冲击。新中国以来，现代科技发展日新月异，国民教育水平不断提高，马克思主义无神论思想深入人心，鬼神学说作为封建迷信受到严厉批判，最终破产。新社会维持人们的天理良心，主要靠集体生活和思想教育、榜样引领。改革开放以后，人员流动性增大，集体的约束有所减弱，在有的人群中，甚至化为乌有。这时我们重提"慎独"，强调"自律"。同时，伴随着科学技术的发展，社会的监控手段也增强了，在一定意义上说，监控起到了古代人一直梦想的鉴幽烛微的作用，据说，自从有了监控，北京的出租车运营便规范了很多。

在英语中，鬼被译为 ghost，泛指恶魔与灵魂。表示灵魂的概念还有 soul，但 soul 有时指在死亡之前的灵魂，ghost 是指人死之后的灵魂。神在英语中可译为 god，大写 God 专指上帝。西方鬼的数量少，形象较为单一，没有构成一个完整的体系。受基督教义影响，在西方人的观念中，凡是回到人间来的鬼，基本上都是邪恶的。西方较著名的"鬼"是吸血鬼，且由来已久，古希腊神话中就有许多专吸人血的神魔。

鬼神观念起源久远，鬼、神二者最初关系密切，交集较多，故常并称。二者在后世逐渐分化，神成为掌控人世、鬼域的主宰者，鬼则沦为为祸人间的凶灵。时至今日，鬼神不仅仍留存在一些人的思想观念里，而且我们还能在民间信仰与日常民俗中看到大量鬼神观念的遗存与影响。

第三节　外国的上帝与中国之鬼与天

晚清民国时期随着墨学复兴，不仅中国知识分子，并且许多基督教教会人士也深受其影响。墨家"天志""明鬼"等学说的独特理论为中国知识分子和基督教教会人士相互沟通交流搭建了一座重要平台。许多人注意到墨家的宗教思想，看到了墨学与基督教二者的相似性，肯定墨子和耶稣救世人格的高度相似性，将二者相提并论。在比较墨学与基督教的过程中，有些人还一度持有"基督教源于墨学"的观念，这个观念虽出臆测，但是对彰显和进一步传播墨家的天志和兼爱思想却不无裨益。另一方面，知识分子通过墨耶比较，进一步加深了对基督教的认识，不再仅仅将其看作外来的异质文化，而是将其作为与诸子哲学相似的文化派别，从而为基督教的传播创造了一个较为宽松的思想环境。在基督教文化的启发下，中国知识分子对宗教的社会作用较为重视，进行了宗教化儒家传统的"保教"活动，佛学也一度再次盛行。在这一过程中，墨家学说中带有宗教色彩的思想受到重视，产生了一定影响。

一、晚清"基督教源于墨学"说

晚清时期，儒学独尊的地位虽然没有崩溃，但是受到强烈的冲击。不仅西方思想大量涌入中国，传统学术思想中一直以来被儒学意识形态所掩盖的诸子学说也逐渐为人们重视。在清人、特别是乾嘉学派成绩斐然的研究基础上，墨学复兴了。墨学为更多的人所熟知，其价值受到肯定。知识分子在面对基督教的时候，不仅可以用儒学、佛学，还可以用墨学与之相比较。由于墨学独特的性质，特别是其相对于儒学更为丰富的宗教思想，使人们在将墨学与基督教进行比较时很容易注意到二者的相似性。可以说，在中国传统文化中，与基督教文化相似性最多的，是墨家文化。晚清士人在比较中主要注意到墨家的"天志""明鬼""兼爱"等学说与基督教教义中的上帝观念和博爱精神有相似之处。

比如，著名学者、曾任驻英使馆随员的张自牧在其《蠡测卮言》中说："耶稣……其教以煦煦为仁，颇得墨氏之道。耶稣二大诚，一曰全灵魂爱尔主神，即明鬼之旨也；二曰爱尔邻如己，即兼爱之旨也。"[1] 张自牧在此认为基督教的上帝观念就是墨家的"明鬼"学说，其爱别人如爱自己的思想就是墨家的"兼爱"学说。又如，陈澧在《东塾读书记》中引述《墨子》关于天厚爱人因而人应该敬天、有报于天的言论后曾提到："特夫以为此即西人天主之说。"[2] 陈澧在这里同意了晚清著名墨学研究者邹伯奇（字特夫）的观点，认为墨家"天志"学说与基督教推崇天主的观念有相同之处。又如，郭嵩焘也说过："大率耶苏术士，而其为

① 张自牧：《蠡测卮言》，王锡琪辑：《小方壶斋舆地丛钞》本，第 11 帙，杭州古籍出版社 1985 年影印本，第 15 册，第 505 页。

② 陈澧：《东塾读书记》（外一种），生活·读书·新知三联书店 1998 年版，第247—248 页。

教，主于爱人。其言曰：'视人犹己'，即墨氏'兼爱'之旨也。"① 他认为基督教与墨家在兼爱一点上有相似之处。

正是基于这样的认识，许多晚清士人不再将佛学看作基督教的源头，转而认为基督教起源于墨学。

比如，黎庶昌《拙尊园丛稿·读墨子》说："墨道，夏道也。今泰西各国耶稣天主教盛行尊天、明鬼、兼爱、尚同，其术礭然本诸墨子。"② 他认为基督教的许多思想与墨家"天志""明鬼""兼爱""尚同"学说十分相似，是本于墨学的。

又如，谭嗣同曾说："世之言夷狄者，谓其教出于墨，故兼利而非斗，好学而博不异。其生也勤，其死也薄。节用，故析秋毫之利。尚鬼，故崇地狱之说。戛戛日造于新，而毁古之礼乐。其俗工巧善制器，制器不离乎规矩。景教之十字架，钜也，墨道也，运之则规也……故其教出于墨。"③ 谭嗣同在这里对当时许多人持有的基督教墨源说表示了赞同，甚至认为基督教的十字架也是源于墨家的矩，充分显示了谭嗣同喜好想像的特点。

又如，薛福成说："余常谓泰西耶稣之教，其原盖出于墨子，虽体用不无异同，而大旨实最近。"④ 基督教起源于墨学的观念，在薛福成的笔下用文学语言作了形象的诠释。在其笔记小说《江南某生神游兜率天宫》中，他将墨子和耶稣描述为同一人。在小说中有这样的情节：江南某生上游天宫，看到天宫上将墨子列为"五教之师"，并且墨子在天宫上有自己的府邸，位置就在孔子及诸大儒所居的甲第之右。天上的仙人说这所府

---

① 郭嵩焘：《拙尊园丛稿》，湖南人民出版社 1982 年版，第 790 页。

② 郭嵩焘：《郭嵩焘日记》，载沈云龙编：《近代中国史料丛刊》正编影印本，文海出版社 1966 年版，第 8 辑，第 76 种，第 238 页。

③ 蔡尚思、方行编：《谭嗣同全集》，中华书局 1981 年版，第 233 页。

④ 朱维铮编：《郭嵩焘等使西记六种》，中华书局 1981 年版，第 286 页。

邸是墨子的居处，也就是耶稣的居处。"此墨子，即耶稣所居也。"① 在小说中薛福成还进一步兑明了墨学与基督教的关系："某生问：'吾地但闻有三教，而此有五教，何也？'祖师曰：'孔子为儒教之师，其道默契帝心，最为颠扑不破，虽亘千万古，统千万地球，皆不能易。佛氏、老氏皆窥见圣道之一偏，所谓失之毫厘，差以千里，然亦未可尽废。佛、老之前，本有杨、墨。杨氏近于老，墨氏近于佛，而又各有不同，当时为孟子所辟，其道固已熄。然杨子之书虽无传，后世有山林隐逸独善其身者，实杨氏之学也。墨子学虽有弊，而救世之心无穷，自知其道不能行于中国。当时泰西鸿荒初辟，教化未行，乃请于上帝，愿生此土，遂降为耶稣。欧、美两洲，皆崇其教。盖圣教不能骤及，得此以维持绝域之人心者几二千年，其功自不可没。虽其形迹又与墨氏之教稍殊，然其原实出于墨氏之学。至天主教实已悖耶稣之旨，尤为彼教之异端，不可同年语也。夫人同此心，心同此理，虽到九重天外，恐不出五教之范围矣。'"② 薛福成这些天马行空的想象想表明的实际上也就是耶墨同源的观点。

不过，学者们更多的是从学术思想层面来分析基督教，这样的分析角度，在一定程度上将基督教文化与现实中某些西方教会势力所扮演的令人反感的角色区分开来。同时也进一步加强墨家一些观念的社会影响力。

同"西学中源说"一样，随着晚清士人对西方文化了解的加深，也由于基督教教会人士的猛烈批驳，"基督教源于墨学"的说法在 19 世纪90 年代之后逐渐失去了影响力。

从总体上看，人们在将墨学与基督教进行比较的时候，主要看到墨学的"天志""明鬼"学说与基督教推崇上帝观念的相似性，看到墨学

---

① 薛福成：《庸盦笔记》，江苏人民出版社 1983 年版，第 163 页。

② 薛福成：《庸盦笔记》，江苏人民出版社 1983 年版，第 162 页。

的"兼爱"学说与基督教提倡普爱他人思想的相似性。这些观点,都使人们注意到:基督教虽然在其宗教形式上令人难以接受,在现实社会中有时会扮演不光彩的角色,但是其教义,特别其创始人耶稣救世的事迹和精神不乏可圈可点之处。如郑观应认为后代基督教会的"二三生徒"并未传承耶稣创教"精义",薛福成也认为"天主教实已悖耶稣之旨,尤为彼教之异端,不可同年语也",他们在一定意义上是将耶稣视为哲学家和思想家,而非具有神性的上帝之子,在他们看来,耶稣的思想体系又是渊源于墨学的,因此,耶稣就很自然地具有了诸子的面貌,基督教也就取得了与墨家相同的地位。

由此可见,"基督教源于墨学"的说法,使晚清士人对基督教采取了一种较为宽容的文化态度。这有利于基督教文化的传播,有利于中国知识分子发现宗教文化的积极价值,同时,也有利于他们重新认识墨家学说的价值。直到20世纪初,在辛亥革命前后,还有很多人将墨子和耶稣并提,同时加以赞赏。不过这时人们已经对西方文化有了更深入的了解,改变了"基督教源于墨学"的看法。比如有人说:"老言自然,墨言兼爱,佛言极乐,耶言平等,与夫今之无政府党、社会党,皆大同主义也。"① 这是以墨学和基督教来理解各种社会主义思潮。又如有人说:"夫人皆以爱人为本性而非以恶人为本性。孔孟之亲亲仁民,佛氏之渡众生,墨子之兼爱,耶苏之救世,其立言虽异,而皆归本于爱人则同。"② 这是以墨子、耶稣的人格来证明人类的

---

① 鞠普:《〈礼运〉大同释义》,载《新世纪》1908年第38期,见张枏、王忍之编:《辛亥革命前十年间时论选集》(第三卷),生活·读书·新知三联书店1977年版,第179页。

② 李庆芳:《中国国会议》,载《中国新报》1908年第9期,见张枏、王忍之编:《辛亥革命前十年间时论选集》(第三卷),生活·读书·新知三联书店1977年版,第124页。

道德旨趣的相似，都突出爱人的本性。又如有人评价墨子时说："其以身为布施也似释迦、基督，有神变不测之实力之精神。"① 至于梁启超在《子墨子学说》中将墨翟与耶稣并提的言论更广为人知，产生了广泛的影响。但是，我们却不能忘记正是此前"基督教源于墨学"的观念为人们进一步了解基督教文化和进一步认识墨家学说的价值创造了条件。

综上所述，我们看到，墨学复兴之后，中国知识分子在认识基督教时，不仅可以用儒学和佛学，还可以用墨学作为参照物。晚清士人将耶稣所创的早期基督教与近现代教会相区别，也为从纯学术思想角度探讨基督教文化提供了可能，在进行墨耶比较的时候可以暂时淡化基督教文化的外来异质文化色彩。人们通过仔细比较墨学和基督教文化，认为基督教与墨学存在多方面的相似性。由于文化中心主义的观念，他们由此得出了"基督教源于墨学"的结论。这一结论对当时社会产生了不可忽视的影响。总之，墨学复兴为晚清士人深入认识基督教文化创造了重要条件，将基督教文化观念与墨家文化关键词挂钩又进一步推进了墨学复兴。

二、"天志""明鬼"与墨家的宗教思想

与儒家不同，墨家学说的宗教性较强，特别是"天志""明鬼"二学说，具有十分浓厚的宗教色彩。正是由于墨家的宗教色彩，使墨学与基督教有了一定的相似性，再加上墨子与耶稣都具有救世的人格，因此，如上所述，晚清知识分子在进行耶墨比较时曾经认为基督教起源于

① 佛觉:《墨翟之学说》，载张枬、王忍之编:《辛亥革命前十年间时论选集》（第一卷下册），生活·读书·新知三联书店1977年版，第869页。

墨学，这与他们进行儒耶比较时得出的结论和认识完全不一样。因此，许多人将墨学称为"墨教"，将其与基督教、佛教、伊斯兰教相提并论。还有一些人提倡发挥墨学的宗教价值来改善社会。其中，影响最大、最有代表性的是梁启超。他在《子墨子学说》中大力提倡墨家宗教思想的社会应用价值。

梁启超曾在《佛教与群治之关系》《宗教家与哲学之长短得失》《保教非尊孔论》等文章中探讨宗教的价值。梁启超认为处在历史过渡时期的人们应该具有忍耐性。他继承其师康有为的观点，认为儒学在宗教性方面的缺乏影响了它的传播广度。他说："'有义不义''无祥不祥'二语，即儒学之立脚点也。盖孔子之教，纯持责任道德之说，与功利主义立于极端反对之地位。"① 他认为儒学道德伦理色彩比较浓厚，较少神秘色彩，是"道学正鹄"，但是，这样的学说并不容易被缺乏理性能力的大众理解和接受。"虽然，众生自无始以来，结习既深，而天行之酷，又常迫之使不得不孳孳谋其私，于此而徒以责任道德之大义律之使行，其不掉头以去者殆希。孔教之不能逮下皆坐是。夫中国既舍孔教外无他宗教，而孔教之高尚而不普及也又若此，于是《太上感应篇》《文昌帝君阴文》《关帝明圣经》等乃得乘虚而抵其缺。凡此，皆以'祥不祥'劝义之一手段，未足为病也。奈其所谓'义不义'之目的又卑下浅薄，无以导人于向上之途，此实中国德育堕落之一重要原因哉？"② 梁启超上面提到三篇都是道教经典，分别假借太上老君、文昌帝君和关公阐明善恶有报，劝人行善。

正是由于儒学缺乏宗教性的这一弱点，使中国的普通民众难以受到

---

① 梁启超：《子墨子学说》，载任继愈主编：《墨子大全》第 26 册，北京图书馆出版社 2004 年版，第 452—453 页。

② 梁启超：《子墨子学说》，载任继愈主编：《墨子大全》第 26 册，北京图书馆出版社 2004 年版，第 452—453 页。

良好的道德教育和感化，给了道教等宗教生存的空间，导致中国民众素质较为低下。他假设"使孔子而如佛之权实并用也，兼取墨子'祥不祥'之义而调和之，则吾二千年来社会之现象，其或又以异于今日乎?"[1] 他对孔子没有对宗教思想的社会价值加以重视表示了深深的遗憾，同时也点出了墨家思想的宗教价值。

虽然后来梁启超也意识到，墨家不能算是宗教，只是"利用古代迷信的心理，把这新社会建设在宗教基础之上"，用"天志""明鬼""来做主义的后援"。[2] 但是在《子墨子学说》中，他对墨家"天志""明鬼"等学说的宗教价值十分关注。

梁启超是墨学研究史上第一位对墨家宗教思想进行系统总结的学者。他将对墨家宗教思想的研究作为其《子墨子学说》开宗明义的第一章，并且认为"墨子以宗教思想，为其学说全体之源泉，所以普度众生者，用心良苦矣"[3]。

梁启超指出，墨家的"天志""明鬼"二学说，一主尊天，一明鬼神的存在，对于救国事业有很大价值。他说："综观墨学实行之大纲，其最要莫如轻生死，次则忍苦痛。"[4]"夫轻生死不易，忍苦痛尤难，轻生死争之于一时，苦痛持之于永久，非于道德之责任认之甚明不可，又非于躯壳之外，更知有鬼之乐，有天之福，以与其现在所受苦痛相消不可。墨子明此义也，故尊天鬼，独其言天堂地狱之义，不逮佛耶之指点

---

① 梁启超:《子墨子学说》，载任继愈主编:《墨子大全》第26册，北京图书馆出版社2004年版，第453页。

② 梁启超:《墨子学案》，载任继愈主编:《墨子大全》第26册，北京图书馆出版社2004年版，第15页。

③ 梁启超:《子墨子学说》，载任继愈主编:《墨子大全》第26册，北京图书馆出版社2004年版，第443页。

④ 梁启超:《子墨子学说》，载任继愈主编:《墨子大全》第26册，北京图书馆出版社2004年版，第474页。

明晰，是其教不能普及之一缺点也。虽然，欲救今日之中国，舍墨学之忍苦痛则何以哉？舍墨学之轻生死则何以哉？"①

梁启超虽然认为墨家的"天志""明鬼"学说没有明言天堂地狱之义，在这一问题上似乎不及佛教和基督教论述得明晰，但是他同时发现墨家"天志"阐明天可以因人的善恶进行赏罚，那么就会使没有理性思考能力、缺乏道德自律精神的大众，在面对苦痛的时候不绝望，始终保持对良善的坚守；"明鬼"主张鬼魂的存在，那么就使大众明白人死之后还有一个幸福的彼岸世界，就乐于为了良善和道德献出自己的生命，会更积极地从事救国事业。一方面，"天志"学说有助于帮助人们"忍苦痛"。梁启超说："'天志'之说明，既有上帝临汝、无二尔心之警戒，更有惟尔有神、尚克相予之凭藉，此志行所以益坚，日就月将，缉熙光明，皆赖于是。"② 这与基督教给予信徒以坚守道德信仰的凭借有相似之处。"景教祈祷之常言曰：'我力甚弱，帝其助我。'此诚奖励实行之一法门也。"③另一方面，"明鬼"学说可以使人们"轻生死"。梁启超说，灵魂的观念"实决生死轻重问题最要之条件也"④。梁启超认为，"'明鬼'云者，下以正确之解释，则明魂而已"⑤。"此物明，则人之视生死也，不期轻而自轻，乃无碍无恐怖，而惟从吾心之所安以汲汲实行，则实行之力莫

138

① 梁启超：《子墨子学说》，载任继愈主编：《墨子大全》第 26 册，北京图书馆出版社 2004 年版，第 474 页。

② 梁启超：《子墨子学说》，载任继愈主编：《墨子大全》第 26 册，北京图书馆出版社 2004 年版，第 474 页。

③ 梁启超：《子墨子学说》，载任继愈主编：《墨子大全》第 26 册，北京图书馆出版社 2004 年版，第 474 页。

④ 梁启超：《子墨子学说》，载任继愈主编：《墨子大全》第 26 册，北京图书馆出版社 2004 年版，第 472 页。

⑤ 梁启超：《子墨子学说》，载任继愈主编：《墨子大全》第 26 册，北京图书馆出版社 2004 年版，第 472 页。

能御焉。"①"明鬼"就是为了明魂，只有相信鬼魂，人们才会不怕死亡，勇于救国。"有鬼无鬼之论辩，与民德之强弱升降，有大关系焉，不可不察也。盖有鬼神则有灵魂……有灵魂则生之时暂而不生之时长，生之时幻而不生之时真。夫然后视生命不甚足爱惜而游侠犯难之风乃盛。"②在此，梁启超认为，墨家宗教思想的意义，并不在于为人们提供了一个应该顶礼膜拜和敬畏的虚幻对象，而是为自己找到了一个死后的未来存在。正是因为人死之后还会以鬼魂的形式继续存在，那么生死的界限就模糊了，人们就勇于承担道德责任，不吝惜自己的生命。这是为实现国家振兴富强而奋斗的人所迫切需要的精神。梁启超在这里实际上是引申了墨子"明鬼"的意涵。

梁启超指出，墨家的宗教思想，与佛教和基督教有相似之处，因此可以同佛教和基督教一样，在勉励人们积极从事救国事业中发挥作用。他说："佛有涅槃、轮回、天堂地狱之名，耶有末日审判、往生天国之说"，而"子墨子盖有得于是"③。正是由于墨家"天志""明鬼"二学说具有这样的效果，因此梁启超才说："墨学可以起中国之衰者，其精神皆在此点。"④

另外，谭嗣同对基督教的宗教精神也极为推崇。他对基督教采取的态度十分宽容。他认为儒学与基督教在很多方面都是相通的。他说："在京晤诸讲佛学者，如吴雁舟，如夏穗卿，如吴小村父子，与语辄有

---

① 梁启超：《子墨子学说》，载任继愈主编：《墨子大全》第 26 册，北京图书馆出版社 2004 年版，第 473 页。

② 梁启超：《子墨子学说》，载任继愈主编：《墨子大全》第 26 册，北京图书馆出版社 2004 年版，第 469 页。

③ 梁启超：《子墨子学说》，载任继愈主编：《墨子大全》第 26 册，北京图书馆出版社 2004 年版，第 472 页。

④ 梁启超：《子墨子学说》，载任继愈主编：《墨子大全》第 26 册，北京图书馆出版社 2004 年版，第 469 页。

微契。又晤耶稣教中人，宗旨亦甚相合。五大洲人，其心皆如一辙，此亦一奇也。"[1] 他认为，基督教具有强烈的救世之心，对西方文化产生了良好影响。他说："西人之喜动，其坚忍不挠，以救世为心之耶教使然也。"[2] 而相反，中国人则受到道家虚静自守主义的不良影响："李耳之术之乱中国也，柔静其易知矣。"因此，他"究心教宗"，将基督教的救世精神用墨家的"兼爱"来概括，从而"极推崇耶氏'兼爱'之教"[3]。

梁启超和谭嗣同的这些论说，彰显了墨家宗教思想的社会价值。我们认为，墨学较儒学更为浓厚的宗教性为中国知识分子提倡宗教提供了一个新的思想支点，对这一时期宗教思想的发展有着不可忽视的影响。

140

---

① 谭嗣同：《上欧阳中》，载蔡尚思、方形主编：《谭嗣同全集》，中华书局1981年版，第461页。

② 谭嗣同：《仁学》，载蔡尚思、方形主编：《谭嗣同全集》，中华书局1981年版，第321页。

③ 梁启超：《戊戌政变记》，载《饮冰室合集·专集》第1卷，中华书局影印民国二十五年本1989年版，第109页。

第四章　公平正义之纲目："非命""尚贤"

古代社会科技落后，古人面对困苦多艰的社会与人生，不知其所由来，多将其一归之于"命"，进入阶级社会后建立的王朝，为了证明其政权的合法性，也努力使其治下的人民相信他们的统治权是受命于天。因此，古人多相信前定之命运。先秦诸家，论"命"者甚众，或曰天命，或曰正命，或曰立命，或曰安命，名目繁多。但详寻其义理，多认定世间万事万物之命运均有神秘的外在力量操控，不能自主，独有墨子别立一说，曰"非命"，否认存在前定之命运。墨家的"非命"学说，不仅在当时独树一帜，颇具超时代的先进性，时至今日，仍不乏积极意义。

第一节　由宿命到"非命"的发展过程

一、"命"字源流

"命"字由"令"孳乳而来。春秋以前，"命""令"二字意义用法相同，常通用。马叙伦《说文解字六书疏证》卷三："古文命、令为一字。"傅斯年《性命古训辩证》："令字在甲骨文字中出现，其语意与金文同，命字则无之，足知命为后起之字也。""在西周晚期金文中，一器中或专用令字，或专用命字，或命令二字互用，可知此时命令二字虽作两体，实是一字。""据诸器，足征令、命二字之为互用，且为同时并用者。"据前人研究可知，"命"字为"令"之后起字。"命"字之产生，始于西周中期，后渐盛行。傅斯年《性命古训辩证》："命之一字，作始于西周中叶，盛用于西周晚期，与令字仅为一文之异形。""命"字本义与"令"相同，"令"甲骨文字形作🔺，像穹顶下面一人跽坐之形，意谓"命令"。《说文解字·口部》："命，使也。从口，从令。"段玉裁注："令者发号也，君事也，非君而口使之，是亦令也。"《说文解字·卩部》："令，发号也。"段玉裁注："发号者，发其号嘑以使人也。是曰令。"傅斯年《性命古训辩证》："归纳以上令字之用，不出王令、天令之二端，间有所令出自长上不专指君王者，然此固王令之一类也。""命"字源出于"令"，其本义谓上对下发号施令、命令，会意字。《尚书·尧典》："乃命羲、和，钦若昊天，历象日月星辰，敬授人时。"《论语·子路》："使于四方，不辱君命。""命"均作命令、使令解。"命"与"令"后来连用作"命令"，成为现代汉语中的常用词。

古人缺乏现代科学知识，面对自然界和人类社会的种种现象，常以宗教和神话思维来解读。他们信奉万物有灵，敬奉天地鬼神，以为世间有至高无上的"天"主宰万物，人事的兴废、祸福均出于上天的意志，于是"命"字遂有统治者承天授权而奄有天下的"天命"之意。戴侗："命者，令之物也，从口从令。令出于口，成而不可易之谓命。……仁义礼智之同得，富贵贫贱寿夭之不齐，莫之为而为，莫之致而至者，皆天之所命也。万物咸命于天，故天命单谓之命。""天命"一说，在殷商时便已经出现。《诗经·玄鸟》："商之先后，受命不殆，在武丁孙子。"《尚书·西伯戡黎》："天子！天既讫我殷命。格人元龟，罔敢知吉。"其中所言"命"，皆以"天命"为意。天命思想在西周时期十分盛行，先秦文献之中，多有论及天命者。如《尚书·君奭》："弗吊天降丧于殷，殷既坠厥命，我有周既受。"《诗·大雅·文王有声》："周虽旧邦，其命维新。"论及天命，人们也常直接用"天命"一词。《尚书·仲虺之诰》："兹率厥典，奉若天命。"《诗经·文王》："假哉天命，有商孙子。"王权承天受命的"天命"思想后来成为封建王朝维护其统治的重要思想工具和法理依据，在后世长盛不衰，并不断发展丰富。

天命之说，主要落实在政治领域，关注的是最高统治者的王权兴衰存废，而未及普通人个体的人生遭际。西周末年，朝政昏乱，王权下移，诸侯相互攻伐，社会矛盾尖锐。混乱动荡的社会、困苦的人生和悲惨的遭遇使人们深切地感受到个体的渺小无力与命运的变幻莫测，激发人们开始更多地关注和思考个人的命运。"命"由关注王权兴替转移到关注普通人的日常生活上来，"命"遂指人一生的生死祸福、贫富贵贱、成败穷达，均由上天或某种神秘力量所主宰，即命运。《诗经·鄘风·蝃蝀》："大无信也，不知命也。"《左传·昭公二十一年》："死亡有命，吾不可以再亡之。"其中"命"字皆指"命运"之意。"命"由决定王权兴废的"天命"走进普通人的寻常人生，指个体命运，由政治概念转入人生哲学，拓宽了"命"字的哲学内涵。先秦诸子中，孔子较早将"命"引入人生哲学。《论语·宪问》："道之将行也与，命也。道之将废也与，命也。"此"命"隐然包含了"命运"与"天命"两重含义。《论语·雍也》："亡之，命矣夫！"此"命"已经纯然是个人命运了。"命"事关人生，故后世仍然广泛论及，"命运"这一含义成为"命"最为常用的义项之一。"命"有时也直接和"运"组合在一起表义。《白虎通义·灾变》："《尚书大传》曰：'时则介虫之孽，时则有电蝃免遭洪水，汤遭大旱，示有谴告乎？免遭洪水，汤遭大旱，命运时然。所以或突变或异何？各随其行，因其事也。'"《王子安集·滕王阁诗序》："时运不济，命运多舛。"

王受命而立，人受命而生，因此，"命"又指人或生物的生存本身，是为生命。《左传·成公十三年》："吾闻之：民受天地之中以生，所谓命也。"《诗经·羔裘》："彼其之子，舍命不渝。"《礼记·祭法》："大凡生于天地之间者皆曰命。"孔颖达疏："总包万物，故曰'大凡'。皆受天之赋命而生，故云'皆曰命'也。"其"命"字均指"生命"，可指人，可指万物。这也是"命"字沿用至今最常用的义项之一。此"命"字，又与"生"字结合，成为复合词"生命"。《国语·吴语》："将夹沟而击我，我无生命矣。"这里的"生命"指人的"生命"。《战国策·秦策》曰："生命寿长，终其年而不夭伤。"其"生命"，是指万物的"生命"。由"生命"之意，又引而指生命的短长，此为"寿命"。《论语·雍也》："有颜回者好学，不迁怒，不贰过，不幸短命死矣。"有时候人们也直接合言"寿命"。《楚辞·大招》："永宜厥身，保寿命只。"

"命"为"令"之古今字，其本义为号令、命令，随着人们对社会与人生的深入思考，遂不断衍生出天命、命运、生命等诸多含义，不仅形成了内涵丰富、运用广泛的词汇系统，更孕育了对中国古代政治与社会有着深远影响的天命思想与命运观。

在英语中，表示"命运"之意的命被译为 fate 或 destiny。fate 一词有吉凶祸福、厄运灾难、宿命等含义，源于拉丁文 fatum。destiny 则表示整体意义上的抽象的"命运"。表示"生命"之意的"命"被译为 life。古希腊时期，人们认为命运是一种无法掌握、也无法摆脱的神秘力量，人完全被命运所操控。中世纪基督教盛行，宣扬人的命运由上帝决定。文艺复兴以后，人文主义思想兴起，高扬科学与理性的旗帜，肯定人的价值与尊严，批判宗教神学，将人类命运的决定权从上帝手中夺回到人的手中。

二、命定说与民本说的调和

古人对世界的认知有限，对自然现象，人事兴废，均以神话思维来解读。他们根据人世之秩序，设想在天上也有一个主宰世间一切的神明。对于王权的由来，最高统治者更是神异其说，自谓受上天之命，统御天下万民，这就是天命说。天命思想起源甚早。至迟在殷商时期，便已经有了天命思想。《诗经·玄鸟》："天命玄鸟，降而生商。"商人自认商王为上帝嫡子，受命于天，降生为王来管理人间。《尚书·汤誓》篇云："有夏多罪，天命殛（诛）之。"认为成汤伐桀代夏，是源于上天的命令。商朝极为敬神重巫，对天命思想坚信不移，且信奉天命有常，以为自己的王权得上天庇佑，万世不移。如《尚书·盘庚》："先王有服，恪守天命。"强调古代君王都严格地服从天命，纣王在身死国灭的前夕还坚信"我生不有命在天乎"，认为世人无能改移。西周以僻域小邦灭商而一统天下，虽然仍然继承了殷商的天命思想，但也在商周兴亡的历史进程中看到天命不可恃，遂进一步发展了"天命"思想。周人认为天命无常，以德配天，强调敬德保民。《诗经·文王》："侯服于周，天命靡常。"认为天命无常，周乃承天命而兴起。《尚书·蔡仲之命》："皇天无亲，惟德是辅。"强调上天根据君主德行而予以辅助。《尚书·召诰》："惟不敬厥德，乃早坠厥命。""肆惟王其疾敬德，王其德之用，祈天永命。"认为夏商皆是因为无德而为上天所弃，天命改易，并敦促成王修德以保天命。天命思想打通了宗教神学与政治伦理，一方面为统治者的政权合法性背书，一方面又通过以德配天为统治者乃至整个国家树立政治原则和道德规范，在整个国家的政治实践和思想体系中，占据了至关重要的位置。天命思想虽然以敬德保民作为天命转移的首要依据和政治原则，具有初步的民本思想，有一定的进步意义，但其仍然强调君权神授，上天的旨意高深莫测，神明的权威不可撼动，具有鲜明的神学色彩和命定论倾向。

西周以后，"命"的范畴逐渐由王权政治拓展到普罗大众、日常人生，遂产生"命运"一说。"命运"由"天命"延伸而来，受天命思想影响，其内涵中命定论色彩非常浓厚。所谓命运，指人一生的种种遭际，皆为上天或神秘外力前定。对于命运，人无力改易，无所逃避。《易经·乾卦》："乾道变化，各正性命。"注："命者，人所禀受，若贵贱寿夭之属也。"《论语·颜渊》："死生有命，富贵在天。"《庄子·德充符》："死生、存亡、穷达、贫富、贤与不肖，毁誉、饥渴、寒暑，是事之变，命之行也。日夜相代乎前，而知不能规乎其始者也。"皆指出个体从生老病死，到人生的贫富贵贱，皆由上天所决定。春秋以后，时局动荡，战争频仍，民生多艰，个体的能力十分有限，人们唯有无奈地屈服于现实，向神秘的上天寻求世道昏乱、人生困苦的答案，因此"命运"成为一个被普遍关注的话题，命定论思想渐趋盛行。诸家学说，论及人生，多承认命运实有，且主要倾向命定论。《庄子·天地》："未形者有分，且然无间谓之命。"《孟子·万章上》："莫之为而为者，天也，莫之致而至者，命也。"《荀子·宥坐》："遇不遇者，时也，死生者，命也。"《列子·力命》："不知所以然而然，命也。"《鹖冠子·环流》："命无所不在，无所不施，无所不及。"人之生死贫富，皆有命定，"命"在事物成形之前已经注定，人力不及，人智不知，无处不在。

春秋战国时期，天命说与命定论分别在政治思想和人生哲学方面发挥作用，全方位影响着整个社会的运转和每个人的人生。但另一方面重人事、轻鬼神的民本思想也在持续发展，它不断侵蚀着天命鬼神的权威地位，呼唤着主体能动性的积极发挥。西周对殷商的绝对天命观进行改造，主张上天以德授命，统治者只有敬德保民，才能永保天命。对统治者而言，"德"的重要内涵就是保养下民，因此，天命实质上从民意民心而定，表现出初步的民本意识。如《无逸》反复强调惠民保民："爰知小人之依，能保惠于庶民，不敢侮鳏寡。""怀保小民，惠鲜鳏寡。"又《尚书·泰誓》："民之所欲，天必从之。""天视自我民视，天听自我民听。"认为天命决定王权的兴废，而天命则定于民意，上天以民视民听为据监察天子。《尚书·召诰》："天既遐终大邦殷之命，兹殷多先哲王在天，越厥后王后民，兹服厥命。厥终，智藏瘝在。夫知保抱携持厥妇子，以哀吁天，徂厥亡，出执。呜呼！天亦哀于四方民，其眷命用懋。王其疾敬德！"以殷商的兴废为例，说明上天重视民生，天子敬德保民才能够获上天降授天命，否则会丧失天命。

春秋时期，民本思想进一步发展，先进的思想家和开明统治者越来越认识到人事的重要性。季梁告诫随侯说："夫民，神之主也。是以圣王先成民而后致力于神。"(《左传·桓公六年》) 司马子鱼反对人祭，说："祭祀以为人也，民，神之主也。用人，其谁飨之？"(《左传·僖公十九年》) 史嚚批评虢君祈求神赐土地时说："吾闻之，国将兴，听于民；国将亡，听于神。神，神聪明正直而壹者也，依人而行。"(《左传·庄公二十三年》) 叔兴批评宋襄公问吉凶："君失问。是阴阳之事，非吉凶所生也。吉凶由人。"(《左传·僖公十六年》) 这些言论，虽然依然承认天命鬼神的存在，但是却指出，天命的依据在于人事：民为神之主，天依人而行，吉凶由人，表现鲜明的民本思想。民本思想强调民心民意对天命的主导作用，实质上架空了天意鬼神的绝对权威和主宰地位，突出了人力、人事的决定意义，这种轻天命鬼神，重人事、人为的思想继续发展，便是否定天命鬼神，独重人力人为。墨子非命用力，反对上天命定，强调人为人力之功，从精神实质上与民本思想可谓一脉相承。

三、墨家独树一帜倡导"非命"

儒家敬畏天命，以为人的命运由上天安排，人力不能干涉。《论语·季氏》："君子有三畏。畏天命，畏大人，畏圣人之言。"《论语·颜渊》："死生有命，富贵在天。"因为畏命，所以人应该"知命"，顺命而行。《论语·尧曰》："不知命，无以为君子也。"《孟子·尽心上》："莫非命也，顺受其正。是故知命者不立乎岩墙之下。"另一方面，命虽不以人的意志为转移，但人却仍然可以在知命的前提下，修身待命。《孟子·尽心上》："存其心，养其性，所以事天也。夭寿不贰，修身以俟之，所以立命也。"

墨家非常强烈地反对"有命"说。墨子认为如果人们都相信命运前定，就会带来社会混乱。《墨子·公孟》："为上者行之，必不听治矣；为下者行之，必不从事矣。此足以丧天下。"因此，墨子极力反对并批判有命说，认为事在人为，并不存在命运。《墨子·非命上》："古者桀之所乱，汤受而治之；纣之所乱，武王受而治之。此世未易，民未渝，在于桀、纣则天下乱，在于汤、武则天下治，岂可谓有命哉！"

从逻辑上说，墨子欲赏善酬勤、罚恶诛奸则必"非命"。所以，他视执有命者为自己的大敌。《墨子·非命上》："执有命者以集于民闲者众。执有命者之言曰：'命富则富，命贫则贫，命众则众，命寡则寡，命治则治，命乱则乱，命寿则寿，命夭则夭，虽强劲何益哉？'以上说王公大人，下以驵百姓之从事，故执有命者不仁。故当执有命者之言，不可不明辨。"

《墨子·非命上》进一步指出了有命论的危害。如果国祚命定，无关乎统治者的作为，那将导致他们的为所欲为。"然而今天下之士君子，或以命为有。盖尝尚观于圣王之事，古者桀之所乱，汤受而治之；纣之所乱，武王受而治之。此世未易，民未渝，在于桀纣，则天下乱；在于汤武，则天下治，岂可谓有命哉！执有命者之言曰：'上之所罚，命固且罚，不暴故罚也。上之所赏，命固且赏，非贤故赏也。'以此为君则不义，为臣则不忠，为父则不慈，为子则不孝，为兄则不良，为弟则不弟，而强执此者，此特凶言之所自生，而暴人之道也。"

我们看到，从警示握有绝对权力的统治者这个意义上来说，墨家的"非命"与儒家"天命靡常"论可谓殊途同归。商汤伐桀、武王伐纣，在誓师时，都是说：暴君虐待百姓，多行不义时，天命已经改变。这就是《尚书》所说的"汤武革命"，"革命"开始的意思就是天命改变。商汤王、周武王认为自己是在执行已经改变了的天命。在儒家看来，国家的命祚，原本是有的，君王须行仁政才能保其不变，反之，"天视自我民视"，一个政权如果不得民心，那它的国祚就会终结，天命就会改变。与墨家的非命论相比，儒家的理论明显有缺陷。

墨子否定的是不能改变的"宿命"，没有否定为善有好报、为恶受天谴的必然性，他不但认为人的为善、为恶决定他即将面临的命运，而且认为人在做正当事情、在为自己的前途而奋斗时，个人的勤勉程度决定其命运。在《非命下》墨子又申说道："今也王公大人之所以蚤朝晏退，听狱治政，终朝均分，而不敢怠倦者，何也？曰：彼以为强必治，不强必乱；强必宁，不强必危，故不敢怠倦。今也卿大夫之所以竭股肱之力，殚其思虑之知，内治官府，外敛关市、山林、泽梁之利，以实官府，而不敢怠倦者，何也？曰：彼以为强必贵，不强必贱；强必荣，不强必辱，故不敢怠倦。今也农夫之所以蚤出暮入，强乎耕稼树艺，多聚叔粟，而不敢怠倦者，何也？曰：彼以为强必富，不强必贫；强必饱，不强必饥，故不敢怠倦。今也妇人之所以夙兴夜寐，强乎纺绩织纴，多治麻丝葛绪捆布缘，而不敢怠倦者，何也？曰：彼以为强必富，不强必贫，强必暖，不强必寒，故不敢怠倦。"

第二节　安命非力、知命用力和非命尚力的竞争

"命"由主要指国祚天命，到兼指国祚天命与个人命运，再发展到主要关注个人命运。在个人命运中的好际遇与坏际遇是否与其人的善行与恶行相关这个问题上，后来诸子及士大夫阶层普遍对此持怀疑态度，

佛教传入后才从三世轮回、因果报应来解释好人无好命的现象。

《墨子》中不但非命，而且主张通过"力行"来改变命运，努力做正当的争取，就一定能达到好的结果，从《墨子》一书举的例子看，这种争取，这种努力，都有"善"的特征，但是它不同于后来佛教的"善"和"善事"，它是直接冲着眼前的具体事情而去的。这样，就引起了很多争论的问题，如："力行"能否带来好运，能否使人转运；我们到底应不应该把结局同努力与否挂钩，士大夫安身立命应该采取什么态度，等等。于是，在"命"与"力"的关系之处理中，便有了安命非力、知命用力和墨家非命力行观念的竞争

一、安命非力

先秦时期，科技落后，战乱频仍，人民生活悲惨。生于乱世，身如浮萍，面对世事的多变和命途的多舛，部分人深感无奈，遂将一切祸福治乱之因归之于命，放弃以人力改变命运的努力，转而追求内心的宁静与精神的超越：接受命运的主宰，顺应命运的安排，安时处顺，随缘任化，无为自在。这种态度，我们可以称之为安命，持这种观点的主要是道家。

老子较少言命，庄子则对命有较深入的论述，并明确提出了安命的观点。庄子秉持命定论，认定世间有命，认为命源于天和道，是事物先天具有的属性。《庄子·知北游》："性命非汝有，是天地之委顺也。"《庄子·德充符》："受命于地，唯松柏独也正，在冬夏青青；受命于天，唯尧舜独也正，在万物之首。幸能正生，以正众生。"万物的生命皆源于天地授受，命运亦然。《庄子·天地》："泰初有无，无有无名，一之所起，有一而未形，物得以生谓之德，未形者有分，且然无间谓之命。"泰初无物，万物起于无，命在万物未成形之前，便已经存在，是万物先

天具备的属性。庄子认为，世间一切人事的兴废变化，皆由命注定。《庄子·德充符》："死生、存亡、穷达、贫富、贤与不肖、毁誉、饥渴、寒暑，是事之变、命之行也。"人的生死存亡、贫富穷达、贤愚毁誉、饥渴寒暑，都是命自然运行的结果。命运按自身轨迹运行，不受外物影响，不为人力干扰。《庄子·天运》："性不可易，命不可变，时不可止，道不可雍。"命就像道一样坚定不可改易。《庄子·大宗师》中说："死生，命也，其有夜旦之常，天也。人之有所不得与，皆物之情也。"《庄子·德充符》："日夜相代乎前，而知不能规乎其始者也。"生与死由命定，命按照自己的规律运行，就像日夜交替一样自然而然，不受任何力量的干扰。对于人，命是一种无法逃避、无力抗拒的必然力量。《庄子·人间世》："天下有大戒二：其一，命也；其一，义也。子之爱亲，命也，不可解于心；臣之事君，义也，无适而非君也，无所逃于天地之间。是之谓大戒。"命就像子女爱亲一样出于天然，如影随形，不可抗拒，正因为如此，命为天下大戒之一。

在庄子看来，命不知其始，自然而然，但却与物终始相随，没有力量可以干扰、改易，是主宰、限定人事的的绝对力量。面对无能为力的命运，庄子主张"安命"，以一种恬然达观的态度坦然面对命运的一切安排，使心灵获得平静与自由。《庄子·大宗师》："且夫得者，时也；失者，顺也。安时而处顺，哀乐不能入也，此古之所谓县解也，"《庄子·养生主》："适来，夫子时也；适去，夫子顺也。安时而处顺，哀乐不能入也，古者谓是帝之县解。"生死都是命运的安排，人如果顺从命运的安排，面对生死采取一种坦然面对、顺其自然的态度，就不会因生死而生哀乐之情，就能从思想上摆脱生死的烦扰，获得精神上的解脱和心灵上的自由。面对命运的一切安排，都能处之泰然，安之若素，是道德修养的最高境界。《庄子·德充符》："知不可奈何而安之若命，唯有德者能之。"《庄子·人间世》："知其不可奈何而安之若命，德之至也。"

面对不可抗拒的命运，只有真正领悟了大道、德行高深的人才能安时处顺，超然物外。庄子认为命运不可改变，无力抗拒，所以主张通过主观上采取安时处顺的态度来摆脱被命运限制的痛苦，获得心灵的自由，从精神上完成对命运的超脱，这就是庄子的"安命"之说。

对于命运，列子与庄子持相同的观点。列子也秉持命定论，认为人的生死寿夭、贫富贵贱、吉凶祸福，都是由命决定的，人力完全没有作用，为此，列子专门作《力命篇》以明其意，并明确提出了"力""命"之辩。《力命》开篇，"力"与"命"辩论，自许"寿夭、穷达、贵贱、贫富，我力之所能也"，"命"反驳说："彭祖之智不出尧舜之上，而寿八百；颜渊之才不出众人之下，而寿四八。仲尼之德不出诸侯之下，而困于陈蔡；殷纣之行不出三仁之上，而居君位。季札无爵于吴，田恒专有齐国。夷齐饿于首阳，季氏富于展禽。"以彭祖寿高颜渊短命、仲尼被困纣为天子、季札无爵田恒专齐、夷齐饿死季氏豪富等事实说明人的寿夭、穷达、贵贱、贫富与个人才德没有关系，由此证明人力对人的命运完全没有作用："生生死死，非物非我，皆命也，智之所无奈何。""农有水旱，商有得失，工有成败，仕有遇否，命使然也。"无论是生死，还是士农工商之成败，皆由命运决定。与庄子一样，列子也认为命运为事物天生即具备的属性。季梁生病了，医生卢氏说："汝疾不由天，亦不由人，亦不由鬼，禀生受形，既有制之者矣，亦有知之者矣。药石其如汝何？"认为其病在降生之时便已经由命运决定，药石无益。列子之"命"按照自己的规律运行，自然而然，"自寿自夭，自穷自达，自贵自贱，自富自贫"，"自生自死，自厚自薄"，难以认识和把握，"不知所以然而然"，却具有绝对的权威地位，甚至连天地都无力干涉，"窈然无际，天道自会；漠然无分，天道自运。天地不能犯，圣智不能干，鬼魅不能欺"。"命"自成自化，天地人力皆不可改易，具有绝对的权威和客观的必然性，"死生自命也，贫穷自时也"，因此，在命运面前，列子以为人必须信命、安命。信命，就能从思想上超越生死、成败，"信命者，亡寿夭"，"信命者于彼我无二心"，安命则"当死不惧，在穷不戚"，"不骇外祸，不喜内福；随时动，随时止"，不忧不惧，顺命而为，最终获得内心的宁静与精神的自由。

道家以"命"来解释人生难以解脱的苦难，并要求人安命、顺命，表面看来，颇为消极，但考虑其乱离的时代背景，可谓是其来有自。更重要的是，道家的安命思想引导人们在事实无法改变时，不怨天尤人，从主观上改变自己的态度，坦然面对，顺其自然，随缘任化，从精神上超脱外在的束缚与限制，获得内心的宁静和精神的自由，自有其十分重要的积极意义。古今中外，无论何时何地，人人都会有无能力之事，无可奈何之境，道家的安命观在人们面对无可奈何、走投无路的处境时，提供了一条自我救赎、精神解脱的途径，开辟了一方超脱现实苦难的精神家园，从而对后世产生了深远影响。

二、知命用力

西周统治者继承并发展了殷商的天命思想，一方面敬畏天命，另一方面，赋予天命以道德性，以统治者的德行和民意民心作为天命转移的标准和依据。孔子继承了西周以来的天命思想，并拓展了命的范畴，以命来解释普通人的人生际遇。孔子论命，秉持命定论，但同时又主张在知命、敬命的前提下，尽力而为。孔子之后，儒家论命大体沿着这一思路发展，敬天命而尽人事。

儒家认为命运前定，人生一切境遇，皆为命中注定，人力不能干涉。对于人生的一切生老病死、祸福吉凶，孔子坚信都是源于上天安排，其命运皆已注定。其弟子伯牛生病了，孔子哀叹："亡之，命矣夫！斯人也而有斯疾也！斯人也而有斯疾也！"孔子最爱的弟子颜渊死了，孔子悲呼："噫，天丧予，天丧予。"在这里，孔子认为伯牛、颜渊德行高尚却不幸得病、身死，都是上天命定所致。面对司马牛对自己身世的感慨，子夏宽慰他说："死生有命，富贵在天。"明确指出人的生死贫富都是上天的安排，命中注定。不只个人的生死祸福，人事的治乱，大道的行废，也都是由上天所注定。公伯寮中伤子路，孔子知道后说："道之将行也与？命也。道之将废也与？命也。公伯寮其如命何！"认为道的行废，命运已经有了安排，人力是不能改变的。孟子也认为世事皆有命定，并对命进行了初步的界定。《孟子·万章上》："莫之为而为者，天也；莫之致而至者，命也。"没有人力施行却自然运行，这就是天，没有人力推动却走向最终结果，这就是命。在孟子看来，命运是一种推动事物发展的外在力量，无形无影，但却拥有决定力量。荀子虽然主张"天人相分"，但对于天命，仍然主张人事由天命而定，人力无法左右。《荀子·正名篇》说："性伤谓之病，节遇谓之命。"《荀子·天论篇》："人之命在天，国之命在礼。"又《宥坐篇》引孔子话说："遇不遇者，时也；死生者，命也。"可见，荀子也肯定人的生死和际遇皆被天命所限定。

命变幻莫测，不可理喻，但却对人事拥有绝对主宰权，人的生死际遇皆为命中注定，面对这一不可知、不可控，带有强制性、必然性的客观外力，人力能回旋的空间便甚为有限了。对于不可违逆的命运，儒家主张在知命、敬命的基础上，尽力而为，知天命而尽人事。孔子十分强调知命、敬命。《论语·尧曰》："不知命，无以为君子也。不知礼，无以立也。不知言，无以知人也。"《论语·为政》："子曰：'吾十有五而志于学，三十而立，四十而不惑，五十而知天命，六十而耳顺，七十而从心所欲，不逾矩。'"孔子以自己为例，说明知命为君子的必要条件，表现孔子十分重视知命。孔子言知命，并非预知命运，而是知道命由天定、人力无可奈何的道理，然后据此做出正确的选择和作为。以知命为前提，孔子进一步主张敬命。《论语·季氏》："孔子曰：'君子有三畏：

畏天命，畏大人，畏圣人之言。小人不知天命而不畏也，狎大人，侮圣人之言。'"此处言畏天命，并非害怕畏惧，而是敬畏天命之意。孔子认为君子不仅知命，而且要敬畏天命，以保持敬畏之心，避免任意妄为。

儒家虽然主张知命、敬命，但却不废人事。儒家要求人们知命、敬命，不是为了让人匍伏在命运脚下当奴隶，而是为了让人们明白人事的范畴、人力的局限，从而以积极乐观的态度面对人生中的生死祸福、贫富贵贱等种种不测际遇，不为世事的兴废、个人的得失迷惑心志，放下得失之心，心向高远，立足自己的本分，但尽人事，为所当为。孔子其时，周室衰微，礼崩乐坏，诸侯争霸，天下大乱，孔子明知"道之不行"，但仍然坚持自己的理想与信念，周游列国，力行不懈，这是因为他认为"君子之仕也，行其义也"。面对不可改易的命运，放弃对得失成败的执着，孜孜不倦地践行自己的理念，追求自己的理想，知命而仍能力行，是孔子面对命运的操控为自己选择的人生道路，也是孔门弟子乃至儒家面对命运的态度。司马牛哀叹自己没有兄弟，子夏虽然认定"死生有命，富贵在天"，但却依然强调要敬命而力为，认为只要"君子敬而无失，与人恭而有礼，四海之内，皆兄弟也"，主张人不要执着于个人的遗憾，应该努力提高自己的德行、品格，以放眼天下的胸怀和力修德行的方式来应对人生的失意。

孟子进一步发展了孔子这种知命力行、修身养德的观点。《孟子·尽心上》："存其心，养其性，所以事天也。夭寿不贰，修身以俟之，所以立命也。"孟子虽然敬畏天命，但认为即使面对生死无常，也应该矢志不渝，坚持自己的修身养德之道，静候命运的安排。在对待命运的态度上，孟子还提出了"正命"的概念。《孟子·尽心上》："莫非命也，顺受其正。是故知命者不立乎岩墙之下。尽其道死者，正命也。桎梏死者，非正命也。"认为虽然世事皆由命定，无法违抗，但人也应该以正确的方式来面对人生，知命而力为。尽力避免以身犯险，正道直行、舍生取义才能称之为正命，自暴自弃、任性妄为，触刑辟而被诛则是死于非命。孟子取"正命"而斥"非命"，体现的正是儒家知命强调力行其道的人生态度。在力与命的问题上，孟子主张对人自身的德行修养、理想信念要力行不懈，而对于最终的结果，人生的得失成败，则不要强求，听命而行。《孟子·尽心上》："求则得之，舍则失之，是求有益于得也，求在我者也。求之有道，得之有命，是求无益于得也，求在外者也。"人生有"在我者"和"在外者"的区分，外在的得失由命运所决定，求之无益，人自身的德行却是在我者，求之则得，以此，人应该放弃对外在得失的营求，而专注于自身德行的培养。《孟子·尽心下》："口之于味也，目之于色也，耳之于声也，鼻之于臭也，四肢之于安佚也，性也，有命焉，君子不谓性也。仁之于父子也，义之于君臣也，礼之于宾主也，智之于贤者也，圣人之于天道也，命也，有性焉，君子不谓命也。"物质的享受源自人的天然欲望，君子视其由命决定，仁义礼智是人后天的道德品格，君子勤修德行，务求其得，故视其为必须实现的天性，而不将其得失归之于命，强调人应该要励志力行，涵养德行。无论是"在我者"与"在外者"之别，还是"性""命"之辩，孟子都强调人要不局限于命运的限制，尽其所能，行义力行的积极人生态度，其知命用力的人生观较孔子更为突出鲜明。

荀子虽然不否认天命，但也主张应该力行从事。《荀子·宥坐》："君子博学、深谋、修身、端行，以俟其时。"强调人要勤学深思、修身端行，恪尽本分，然后等待时机，表现出非常积极的人生态度。与孔子、孟子相比，荀子更加强调力的积极作用，要求人发挥主观能动性，有所作为。《荀子·天论篇》："天行有常，不为尧存，不为桀亡。应之以治则吉，应之以乱则凶。强本而节用，则天不能贫；养备而动时，则天不能病；脩道而不贰，则天不能祸。……本荒而用侈，则天不能使之富；养略而动罕，则天不能使之全；倍道而妄行，则天不能使之吉。……不可以怨天，其道然也。故明于天人之分，则可谓至人矣。"荀子提出"天人之分"的观点，认为天有自己的运行规律，而人的主观能动性大有作为，祸福、吉凶、贫富并不完全由天命决定，而是根据人的不同作为而水到渠成，因此荀子认为人的际遇不能归怨于天，而应该明于天人之分，力行以应天。基于"天人之分"，荀子更进一步提出了极具特色的著名观点："从天而颂之，孰与制天命而用之！"荀子认为面对天命，人应该在遵循天道规律的前提下，积极发挥主观能动性，利用天道运行的规律，因势利导，为己所用，助力实现自己的理想与志愿，造福于人。如果屈服于天的权威，战战兢兢，听之任之，放弃人的能动作为，"错人而思天，则失万物之情"。荀子的这一观点，极大地肯定了人的主观作为的积极意义，将儒家知天命而尽人事的人生态度发挥到极致。

儒家论"命"，主张敬畏天命而力行人事。虽承认命运前定，但却并不为"命"所拘，坐以待毙，要求人们面对现实，在"知命""认命"的基础上，将人生的成败、得失抛诸脑后、一笑置之，坚守理想与信念，自行其是，为所当为，力行不懈，表现出一种面向现实而又兼顾理想的人生态度：面对苦难与失意，归之以命，不怨不尤，不介于怀，淡然以对；面对人生，大义自励，勇毅不屈，百折不挠，九死不悔。儒家的命运观虽不像墨家一样高歌猛进，否定命运，高扬人的主体精神，高亢激昂，也不像道家一样，面对命运，无意反抗，以退为进，借思想上的自足圆满获得精神超越与自我解脱，淡泊超逸，但却能立足现世人生，俯身低头，力求为世人寻找一条最为妥贴可行的安身立命之道，既为世间的苦难和人生的失意提供了一种易于接受的解释，又同时为人生指出誓不屈服、砥砺向上的前行方向，进退得宜，便于躬行，因而更为古人广泛接受。

中国古代漫长的封建社会中，虽然开明统治者和先进思想家们一直推崇"尚贤"的政治思想，但各时代治乱相替，而且受整体政治制度限制，统治总体是相对腐朽落后，民生多艰，人生失意是一种常态。面对社会的不公与个人的不遇，人们不能以现代科学理论来解释，便只能求助于虚无飘渺的神明，因而，古人更多倾向于接受命定论。尤其是知识分子，受儒家思想的影响更为明显，表现出一种鲜明的知命尚力的人生观：接受命运的无常与无奈，坚定追求道德圆满和自我成就。如汉代王充，在其著作《论衡》一书中对"命"多有论述。一方面坚定不移地鼓吹命定论，认为"世之治乱，在时不在政；国之安危，在数不在教"，"教行与止，民治与乱，皆有命焉"，"凡人遇偶及遭累害，皆由命也。有生死寿夭之命，亦有贵贱贫富之命。自王公逮庶人，圣贤及下愚，凡有首目之类，含血之属，莫不有命。命当贫贱，虽富贵之，犹涉祸患，[失其富贵]矣；命当富贵，虽贫贱之，犹逢福善，[离其贫贱]矣"。主张无论是国家的安危治乱，还是个人的贫富贵贱，皆为命定，非人力能左右，而且在人出生之前，命运便已经定好："凡人受命，在父母施气之时，已得吉凶矣。"另一方面又发扬孟子分言性、命，力主修身养性以俟命的思想，将人的贤愚善恶归之于性，贵贱贫富、祸福吉凶归之于命："操行善恶者，性也。祸福吉凶者，命也。""临事知愚，操行清浊，性与才也；仕宦贵贱，治产贫富，命与时也。命则不可勉，时则不可力，知者归之于天，故坦荡恬忽。"王充认为命不可改易，但性则可通过后天努力，力学尽德："夫学者，所以反情治性，尽材尽德也。"这就为人们在无所措手的命运之外，提供了一个自我完善的自由空间和必由之路。王充这种既力主命定，又分言性、命，知天命而修德行的思想，与先秦儒家知命用力的思想一脉相承，也逐渐由此形成了中国古代知识分子一以贯之的人生态度：他们对现实的无奈和无能为力，遂将其归之于命，但却不甘沉沦，仍以不屈之意志孜孜于内心信念的坚守与道德圆满的追求。如李康的《运命论》虽强调"夫治乱，运也；穷达，命也；贵贱，时也"，并以历世圣王昏君的兴衰和前贤的穷达为佐证，但同时也推崇圣人乐天知命的人生态度和志士仁人前仆后继"遂志而成名"的力行精神。刘孝标的《辩命论》开篇即断言"士之穷通，无非命也"，并认为命来自于天，鬼神莫测，无力可改："命也者，自天之命也。定于冥兆，终然不变。鬼神莫能预，圣哲不能谋，触山之力无以抗，倒日之诚弗能感。"但作者仍然认为命有所限，"死生焉，贵贱焉，贫富焉，治乱焉，祸福焉"。命运之外，"愚智善恶，此四者，人之所行也"，"邪正由于人，吉凶在乎命"。因此，在知命之余，人仍有疾行力为的余地，故作者主张君子当不以命运为念，不拘于贫富贵贱，"修道德，习仁义，敦孝悌，立忠贞，渐礼乐之腴润，蹈先王之盛则"，"居正体道，乐天知命"。王勃的《滕王阁序》也在哀叹"屈贾谊于长沙，岂乏明时"之余，仍激昂倡言"穷且益坚，不坠青云之志"。面对现实处境的无能为力和人生际遇的变幻无常，中国古代知识分子在没有先进科学理论和思想学说指导的情况下，缺乏与神学迷信一刀两断、战斗到底的思想武器和无畏勇气，只能无奈慨叹个人之渺小、天命之可畏，但他们并不甘于完全屈服于命运的操控，仍然坚定执着地追求个人的理想信念和道德完善。

儒家命运观在力命之间，取折中之道，知命而不消沉，敬命而不废人事。这种知命用力的思想虽有其愚懦之处，但也有其深刻的时代背景和积极意义。汉代以来，儒家思想成为封建王朝维护统治的官方学说，其命运观也不断充实发展，广泛传播，不仅奠定了中国古代文人士大夫敬天知命、立德修身、行义不怠的人格范式，也逐渐促生了乐天知命而坚毅不屈、顽强奋进的民族品格。

东汉以后，佛教传入中国，至唐而鼎盛，受其二世轮回、因果报应思想的影响，产生了命生于因果报应的命运观。佛教认为，人一生的遭遇与命运皆缘于其前世或今生的作为。《三世因果经》："欲知前世因，今生受者是；欲知来世果，今生作者是。"《内德论·通命》："命系于业，业起于人。人禀命以穷通，命随业而厚薄。厚薄之命，莫非由己。"将赏善罚恶与命运前定两者有机融合，既解释了命运的缘起，又解决了现实中存在的善恶与命运好坏相矛盾的现象，因而显得更加完善，从而得到广泛传播，深入人心。仔细分析，不难发现，按佛教理论，人们当下的善举和力行并不能决定当下所追求的幸福能否实现，但善举可以积攒功德，为此生之将来或来生的幸福种下福因。所以，这也是一种更精致的"知命用力"。

三、非命尚力

先秦时期，科技水平不发达，对于很多的自然现象和社会问题，人们都无法解释，于是均归之于上天鬼神，对于命运，也是如此。其时人们普遍信奉命定论，认为无论是国家还是个人，其命运皆由上天主宰、决定，人力无法改变。只有墨子奋起抗争，否定命定论，否认存在上天预先决定的命运，认为事间的一切兴衰治乱、吉凶祸福都是主观作为的结果，要求世人用力从事，这就是墨家独树一帜、非命尚力的"非命"学说。

墨子认为肯定"命"是"暴王所作，穷人所术"，是暴王穷人为自己纵暴贪惰找寻的借口。如果人们相信有命，付之实践，就会使人民不辨是非，意志消沉，自甘堕落，王公大臣荒废政事，人民怠于生产，造成整个国家陷于混乱贫弱的严重后果，因此，墨子认为世界上根本没有决定人事祸福吉凶的"命"，国家和个人的命运不是由上天预先安排，不可更改的，而是掌控在人的手中，贫富、贵贱、寿夭、祸福都取决于人的主观作为，行善则得吉，作恶则得凶。与此相应，墨子推崇"强力从事"。墨子指出，人生在世，"赖其力者生，不赖其力者不生"，"强必富，不强必贫"，"强必贵，不强必贱"，"强必饱，不强必饥"，"强必暖，不强必寒"。可见，墨子认为人事的吉凶祸福，不定于"天命"，而定于

"人力",力命之间,"非命"而"尚力"。

汉代以后,随着儒家在主流思想界独尊地位的确立和墨学的衰微,很长一段时间内,命定论成为思想界人生哲学的主流观点,但墨子的非命说高扬人的自由意志和主体尊严,肯定人的主观能动性,将人从命定论的思想束缚中解放出来,因而仍然受到部分思想家的青睐,非命尚力的观点也多有传承,其中最为著名的思想家有柳宗元、刘禹锡、傅山等,道教的"我命由我不由天"的精神也与墨子非命尚力的观点遥相呼应。

柳宗元、刘禹锡是唐代著名的文学家,思想家,他们抱持朴素的唯物主义思想,否定上天鬼神之说,强调人事,主张人事的吉凶、成败,不在于天定,而在于人事的善恶。《天说》中,对于韩愈上天赏功罚恶的观点,柳宗元针锋相对地指出:"天地,大果蓏也;元气,大痈痔也;阴阳,大草木也;其乌能赏功而罚祸乎?功者自功,祸者自祸,欲望其赏罚者大谬;呼而怨,欲望其哀且仁者,愈大谬矣。"认为天地是像瓜果、草木一样的自然存在,并没有主观意志和伦理思想,因此完全不能操赏罚之权,世间祸福皆源自于人的主观作为,"功者自功,祸者自祸"。又如《愈膏肓疾赋》:"变祸为福,易曲成直,宁关天命,在我人力!"进一步明确指出,人事的祸福、曲直转变,在于人力,完全与天命无关,表现出鲜明的非命尚力的立场。刘禹锡不仅在政治立场上与柳宗元步调一致,在哲学思想上,与柳宗元也可谓是志同道合。柳宗元作《天说》之后,刘禹锡继作《天论》三篇,进一步批判虚妄神学,阐明其唯物主义思想。《天论》批判当时人们普遍信奉的命定论,认为:"天,有形之大者也;人,动物之尤者也。天之能,人固不能也;人之能,天亦有所不能也。故余曰:天与人交相胜耳。"刘禹锡不仅将人的地位提到与天平等的位置上,分别为物之大者与物之灵者,而且认为二者职能各不相同,不能相非,提出了著名的"天人相胜"观点。刘禹锡主张"天人相胜",将人与天相提并论,完全取消了上天的主宰地位,自然而然地否定了天对人事祸福的主宰权,将祸福的主导权完全归还给人,因此,刘禹锡十分看重人力,他说:"倮虫之长,为智最大,能执人理,与天交胜,用天之利,立人之纪。"认为人类是万物之灵,具有最高智慧,能够通过利用自然的法则,发展自己,发挥人道的功能,与天争胜。柳宗元与刘禹锡作为典型的中国古代知识分子,深受儒家思想影响,但他们却跳出儒家天命论的圈子,非天命,尚人力,虽然未必是受墨子思想的影响,但二者在勇于质疑探索的勇气、不甘屈服的精神和高扬的自信上却是一脉相承的。

墨家的非命尚力也影响到道教教义,并通过道教影响社会。

墨子尊天信鬼,表现出相对突出的神学色彩和宗教气息,因而易与宗教产生联系,道教在其产生与发展过程中,便与墨家结下不解之缘。道教作为本土宗教,以神仙方术和道家思想为基础,广泛吸收各种思想学说发展而来,墨家也对道教产生了多方面的深刻影响。原始道教的重要经典《太平经》中便多有墨家思想的影子,墨子也在魏晋被神化为道教的仙人,其后道教在发展中,也仍然不断从墨家思想吸取营养。对于墨家思想与道教的密切关系,前人多有论述。如孙诒让《墨子绪闻》:"墨子法夏宗禹,与黄老不同术。晋宋以后,神仙家妄撰墨子为地仙之说,于是墨与道乃合为一。"认为因为墨家与道教在晋宋以后合而为一。章太炎先生也指出黄巾道士"乃古之巫师,其术近出墨翟",认为道教思想"本诸墨氏,原远流长"。可见道教和墨家思想渊源甚深,深受墨子思想影响,因此,其部分教义也表现出明显的"非命尚力"倾向。

道教是在道家思想和先秦神仙方术基础上形成的本土宗教,强调修仙求道,追求常生不老。道教虽出于道家,其基本教义多有与道家一致之处,但在命运观上,却与道家截然相反。道家自庄子始,便主张命运前定,不可改易,人应安时处顺,顺命而为,而道教追求羽化升仙、长生不老。命定论认为人的生死由上天注定，与道教的终极目标背道而驰，因此，道家吸收了墨子的非命思想，否认人的命运，尤其是生死由上天注定，认为人的命运掌握在自己手中，并不由天地主宰，人只要虔心修道，便可得道升仙，超脱生死。道教从一开始便反对命运天定，主张通过人的努力掌握命运。《太平经》说："人命近在汝身，何为叩心仰呼天乎？"认为人的生死掌握在自己的手中，由自己的主观努力而决定，何必祈求上天鬼神。《西升经》更加直接明了地提出了"我命由我不由天"的主张："我命在我，不属天地。"并进一步分析指出："民之所以轻命早终者，民自令之尔，非天地毁，鬼神害，以其有知，以其形动故也。""人欲长久，断情去欲，心意以索，命为反归之。"认为人的生死由人自身的作为而决定，有人短命，不是因为天地鬼神伤害他们，而是因为他们追逐世俗欲望，费心神，劳身体，自取其败。反之，如果能够绝情去欲，抱持虚静，虔心修道，就会实现长生不老的理想。道教后来的思想家继承并发扬了这种"我命由我不由天"的思想。如葛洪说："我命在我不在天，还丹成金亿万年。"陶弘景的《养性延命录》说："《仙经》曰：'我命在我不在天。'但愚人不能知此道为生命之要。所以致百病风邪者，皆由恣意极情，不知自惜，故虚损生也。"《悟真篇》说："一粒灵丹吞入腹，始知我命不由天。"《真气还元铭》说："天法象我，我法象天。我命在我，不在于天。"《象言破疑》也说："命由自主，不由天主。"均继续宣扬生死由我的思想。总之，道教的思想家否认上天对人生死的控制，认为人通过努力修道，或者服食丹药，就可超越生死的限制，实现长生不死，因此，他们都主张积极发挥人的主观能动性，掌控自己的生命。虽然以现代科学观点来看，这近于痴人说梦，但其否定命定论，肯定人的主观创造力，努力与天命抗争，坚定不移地追求理想的自信、勇气和斗争精神，却是人类不断进步的精神源泉，至今都值得后人景仰和学习。

墨子在否定命定的同时，主张尚力用强，而且身体力行践行自己的"力行"的理念。面对天下失义、诸侯力征的混乱时局，墨子力行益急，以"一人耕而九人处，则耕者不可以不益急矣"觉悟和决心止战行义，他与弟子后学"多以裘褐为衣，以跂蹻为服，日夜不休，以自苦为极"，"摩顶放踵利天下"。墨子这种尚力的精神也对道教产生了非常显著的影响。墨子主张"赖其力者生，不赖其力者不生"，主张人必须努力从事，道教众多经典中均表现出相同的观点。《太平经》："夫人各自衣食其力"，"天生人，幸使其人人自有筋力，可以自衣食者"。认为用力从事是天生之理。《抱朴子内篇·勤求》："仙之可学致，如黍稷之可播种得，甚炳然耳。然未有不耕而获嘉禾，未有不勤而获长生度世也。"主张世上没有不劳而获之理，人必须用力从事，修道之人更是如此，否则不可能得成正果。正是在尚力思想的指导下，道教非常推崇以刻苦勤勉，甚至是苦修的态度来修道求真。如葛洪"余少好方术，负步请问，不惮险远。每有异闻，则以为喜。虽见毁笑，不以为戚"；陆修静"精研玉书，稽仙圣奥旨，知羽化在我，道不吾欺，遂勤而求之，不舍寤寐"。[①]二人修道，潜心向学，不辞艰辛，百折不挠，用力可谓强矣。道教教派之一全真道，更是以砺行苦修的方式来修行，王重阳及其弟了皆以苦修著称，辛敬之在《陕州灵虚观记》中指出了其苦修精神与墨子用强力行的内在联系："今所谓全真氏，虽为近出，大能备该黄帝、老耽之蕴，涉世制行，殊有可喜者，其逊让似儒，其勤苦似墨，其慈爱似佛。"道教看重力行，推崇刻苦修行，其目标虽然与墨家完全不同，但他们这种对理想锲而不舍，刻苦力行，坚毅不拔的精神却深得墨子非命尚力思想的精髓。

在命运的主宰者问题上，力命之间，墨子非命而尚力，否定命定，

---

① 吴筠：《简寂先生陆君碑》，载董诰：《全唐文》卷九二六，清嘉庆内府刻本。

力主事在人为，不仅对部分封建时代的思想家产生了影响，更是直接启迪了道教的生命观，由此产生了"我命在我不在天"。中国古代，道教在民间广泛传播，其立足自我的自信，反抗天命的斗争勇气，执着理想的顽强毅力，自勉刻苦的奋斗精神，都对国人产生了深远影响，成为中华民族的宝贵精神文化遗产。

通过力行、力学改变命运，一直到清代都有学者在强调。清初学者傅山《霜红龛集·读子四》收录其《墨子大取篇释》，其中他注释"为暴人语天之为是也，而性，为暴人歌天之为非也。诸陈执既有所为，而我为之陈执，执之所为，因吾所为也；若陈执既有所为，而我为之陈执，陈执因吾所为也。暴犹自暴、暴殄之暴。自暴、惰窳、无所事事之人，与之言天生、天杀之道，则是。若任性暴殄，而为歌咏天下之所为，人亦当如是，不勤不苦，则非也"。傅山对这段话的注释有所寄寓，在下文他又补充解释说："天之所为，春生夏长秋收冬藏而已。若不教之以人为之事，但性著所为暴殄无惜一味，歌天之所为则非也。何也？天爱人，不能使人坐而得衣食也。即如诸器物皆不徒为是，因我得以除之、执之而为之。自暴惰之人，自以为我何不任天而必欲以人事自苦者，不是也。"傅山显然希望世人能勤勤苦苦，多做实事，不要虚诞妄想，不要做懒惰、无所事事之人。可见，傅山用《墨子》来教导世人，怀有古为今用的态度。《霜红龛集·杂记五》又云："墨子罢不肖执有命之说，甚足以鞭策惰。"

清朝末年，西方文明传入中国，不少学者结合现代科学理论来审视传统的命运说。《子墨子学说》："物竞天择一语，今世稍有新智识者，类能言之矣。曰优胜劣败，曰适者生存。此其事似属于自然，谓之命之范围可也。虽然，若何而自勉为优者适者，以求免于劣败淘汰之数，此则纯在力之范围，于命丝毫无与者也。""故明夫天演公例者，必不肯弃自力于不用而惟命之从也。"梁启超将中国传统的宿命论与进化论进行比较，否定了宿命论。新中国成立以来，在马克思唯物主义思想的武装下，随着现代科技的发展，人们对世界发展客观规律的认识加深，命运旧说被扬弃，人定胜天，知识改变命运成为人们普遍的共识。

第三节　"非命"理念的再度复兴盛行

清末以来，中国历经巨变，科技不断进步，随着时代发展，墨家思想一度复兴，其诸多思想观念广为世人认同。墨家的"非命"思想，否定命运前定，主张命运由人的主观作为而决定，从思想上打破了数千年命定论对人民的思想束缚，激励人们积极发挥主观能动性，投入救国救民、建设国家的社会实践，逐渐成为社会公认的思想观念。

一、"非命"与清末救亡图存

有清一代，闭关锁国，日益腐朽落后，而世界上却正发生着巨大的变革。经过工业革命，西方列强经济、军事实力突飞猛进，遂开始在全世界展开大肆的侵略与掠夺，中国成为西方列强武力侵略和残酷剥削的对象，逐渐沦为半殖民地半封建社会，陷入日益严重的社会危机之中，面临被列强瓜分灭亡的命运。面对国家和民族的巨大灾难与危机，部分先进知识分子开始对中国的旧制度、旧思想展开反思，寻求救亡图存之道。他们在对儒家思想展开反思与批判的同时，发现墨子的很多思想，如尚贤、节用、非命等，不仅具有裨补时弊之效，而且与其时外来的西方思想有着不同程度的契合，遂大力提倡和研究墨家思想，自 19 世纪末起，便开始出现了众多研究墨家思想的学者和著作，重要的有梁启超的《子墨子学案》、胡适的《墨辩新话》、陈柱的《墨学十论》、方授楚的《墨学源流》、高亨的《墨经校诠》等。墨家之"非命"也在沉寂千年之后，再次迎来世人的推重与鼓吹。

儒家思想虽主张力行人事，但总体仍首重天命，主张命运天定，人力不可改易。对于统治者而言，这种思想有利于神化其统治合法性，麻痹人民思想，维护其统治。但对于整个社会，却有奴化思想、瓦解斗志、阻碍社会进步之弊，尤其在危亡之际，更是为害甚巨。鸦片战争以来，清政府在西方列强压倒性的军事、经济优势面前，一败涂地，对此，不少人拘于儒家天命思想影响，意志消沉，消极悲观。如梁启超说："吾见今日所谓识时之者，开口辄曰：阳九之厄，劫灰之运，天亡中国，无可如何！……天下善命者，莫中国人若；而一国之人，奄奄待死矣，有力不庸，而惟命是从。"指出时人困于天命之论，听天由命，坐以待毙。邹容也指责时人所持天命国运之论，老朽枯槁，全无生气："彼持其老成谋国之见，一直顽固，所发之论，全无生气。云：中国之弱，乃是天运盛衰之理，陈陈相因。前满人盛，今洋人盛，所谓报应。张、刘亦伟人，尚无奈何，天下汝一人岂能挽回。"在清末危亡的局面下，儒家的天命观不仅不能激励民心斗志，反而起到了消磨国民意志的消极作用，而墨家"非命"，主张用强力行，能激励国人不惧天命鬼神，奋起抗争，救亡图存，其时众多先进知识分子和仁人志士励志救国，故对儒家这种命定论大加鞭挞，而高倡"非命"一说。如觉佛《墨翟之学说》说："'非命'之说，其策人进取之心乎！"认为墨家"非命"，能鞭策国人进取抗争。

梁启超还在《子墨子学说》中指出："墨子为中国独一无二之实行家。"① 他认为"非命"正是墨学"实行力所以至强而莫能御也"的原因。

---

① 梁启超：《新民说》，载张、王忍之编：《辛亥革命前十年间论选集》（第一卷，上册），生活·读书·新知三联书店1960年版，第143页。

这种实行的风格，无疑有益于救国图强的事业。他说："非命者，墨学与儒学反对之一要点，而亦救时最适之良药也。"他认为"非命"是墨学优于儒学的一个地方。梁启超还将墨家"非命"学与当时刚刚传入的进化论思想作了对比，觉得二者相为表里。他说："物竞天择一语，今世稍有新智识者，类能言之矣。曰优胜劣败，曰适者生存。此其事似属于自然，谓为命之范围可也。虽然，若何而自勉为优者适者，以求免于劣败淘汰之数，此则纯在力之范围，于命丝毫无与者也。"①"故明夫天演公例者，必不肯弃自力于不用而惟命之从也。"②"人人安于命而弛于力，则世界之进化，终不可期，而人道或几乎息，是以子墨子痛辩之。"③在后来的《墨子学案》中，梁启超继承了这一看法，他说："命是儒家根本主义之一，儒说之可议处，莫过此点。我国几千年的社会，实在被这种命定主义阻却无限的进化。墨子大声疾呼排斥他，真是思想界一线曙光。"④他称赞"非命"是"直捣儒道两家的中坚，于社会最为有益"，"是把死社会救活转来的学说"。⑤

后来许多学者也认同梁启超的说法，比如王树龄也认为儒家命定论有托辞于天、自暴自弃之弊。方授楚也以为源于儒道佛之命定论思想流毒甚广，唯有宣以墨子之"非命"，方可廓清世道人心。可见，在晚

① 梁启超：《子墨子学说》，载任继愈等编：《墨子大全》第 26 册，北京图书馆出版社 2004 年版，第 440 页。

② 梁启超：《子墨子学说》，载任继愈等编：《墨子大全》第 26 册，北京图书馆出版社 2004 年版，第 441 页。

③ 梁启超：《子墨子学说》，载任继愈等编：《墨子大全》第 26 册，北京图书馆出版社 2004 年版，第 439 页。

④ 梁启超：《墨子学案》，载任继愈等编：《墨子大全》第 26 册，北京图书馆出版社 2004 年版，第 59—60 页。

⑤ 梁启超：《墨子学案》，载任继愈等编：《墨子大全》第 26 册，北京图书馆出版社 2004 年版，第 63 页。

清危亡之时，先进知识分子不甘沦亡，遂兴起了一股力斥命定论，宣扬"非命"的思潮，以唤醒国民、激励斗志。

墨子"非命"主张命不由天，推重人力，要求世人通过力行疾为掌握自己的命运，符合其时国人图强保国的现实需求。与此同时，进化论物竞天择、优胜劣汰的思想激励人们积极作为，深合墨家非命力行之旨，因而其时知识分子多将二者相提并论。墨子"非命"有激励国人力行强国的积极意义，且与进化论的人文思想价值高度契合，因而在晚清得以再度盛行，起到了消除命定论颓废消极的恶劣影响，激励国人积极行动、救亡图存的作用，具有重要现实意义。

二、现代社会与墨子"非命"

近代以来，自然科学取得长足进步，揭示了自然界的众多科学原理和自然规律，从根本上推翻了宗教神学的立论基础。与此同时，在思想文化领域，众多的思想家也著书立说，批判封建专制和宗教神学，创新理论与方法，对人类社会的生产、生活展开研究。随着现代科技和思想文化的发展，神学迷信被证伪，命定论被抛弃，墨子"非命"思想重新得到认可与重视。

马克思主义是在继承前人学说基础上发展起来的、全面研究人类社会发展规律的科学理论，它为人类认识和改造社会提供了有力的思想武器和科学方法，是中国共产党的指导思想和现代中国的主流意识形态。墨子思想虽然产生于两千多年前，但其非命尚力的观点却与马克思主义的理论主张不谋而合。马克思主义思想与神学迷信截然对立，主张无神论，否定存在上帝鬼神等决定国家或个人命运的力量，是反对天命鬼神思想的强大思想武器。对于人类社会的发展，马克思主义唯物史观认为，物质资料生产是人类社会生存与发展的基础，生产力是推动人类社会进步发展的根本动力。作为生产劳动和社会活动的主体，人民群众是社会发展的决定力量，是历史的创造者。主观与客观之间，马克思主义辩证唯物论认为，存在决定意识，人的主观意识是客观存在的反映，但人却可以发挥主观能动性来认识和改造客观世界。所以，从马克思主义的理论来看，无论是国家还是个人的命运，都不是由神秘的天帝鬼神或超自然力预先安排的，而是由人遵循事物的发展规律，积极发挥主观能动性，努力创造的。这正如《国际歌》所宣言的："从来就没有什么救世主，也不靠神仙皇帝！要创造人类的幸福，全靠我们自己！"墨子虽然尊天崇鬼，认为上天鬼神可以依据人的行为善恶给予赏罚，但墨子也否定存在前定的命运，认为无论王朝的兴替，还是个人的祸福吉凶皆出于人的主观作为，突出、肯定了人的主观能动性在事物发展中的积极作用，鼓励人们积极作为，努力奋斗。墨子非命学说与马克思主义思想虽不尽相同，但在否定宿命论、肯定人的主观能动性、激励人们努力奋斗创造历史掌握命运的思想精髓上却是高度一致的。

无论是墨子的非命尚力，还是儒家的知命用力，其观点虽不乏背道而驰之处，但它们对人本身的勤勉自励、力行疾为均抱以极高的期许，这些思想因子历千年之传承，经世代之践行不怠，遂演化成中华民族自强不息、顽强奋斗的国民性格和优良传统，贯穿在中国古代人民挑战自然、改造世界、奋勇向前的历史进程中。鸦片战争以来，无数仁人志士面对瓜分豆剖、亡国灭种之危局，不甘沦亡，奋起抗争，抛头颅，洒热血，前仆后继，不死不休。为求得民族解放、国家富强，中国共产党将马克思主义革命理论与中国社会实际相结合，带领全国人民展开了漫长崎岖、艰苦卓绝的革命斗争，取得了举世瞩目的成就，进一步展现了中华民族自强不息、顽强不屈的民族精神和共产党人坚毅不屈、无私无畏的革命品格。中国共产党自成立之日起，便一直面临着严峻的挑战和重重危机，但中国共产党在马克思主义革命思想的指导下，以坚定不移的信念，无所畏惧、勇往直前的勇气和顽强不屈的精神展开革命斗争，取得了抗日战争、新民主主义革命的伟大胜利，带领全国人民推翻三座大山，翻身当家做主人，并在几十年的社会主义建设中，取得了辉煌成就：国共合作破裂，中国共产党无惧国民党的白色恐怖，果断发动起义，建立革命根据地，燃起革命的星星之火；面对国民党的持续围剿和革命暂时的低潮，中国共产党带领红军浴血奋战，爬雪山，过草地，突破重重包围，将革命的火种洒向更广阔的天地；抗日战争时期，在日军疯狂进攻和国民党摩擦封锁的双重夹击下，中国共产党带领根据地军民一边抗击日寇，一边自力更生，开展大生产运动，经过八年的艰苦斗争，最终赢得了抗战的胜利；新中国成立之后，中国共产党带领全国人民继续发扬艰苦奋斗的精神，挫败西方敌对势力的政治经济封锁和武装干涉，完成了土地改革、社会主义三大改造、改革开放等政治、经济建设工作，历经数十年的建设发展，将中国建设成科技发达、经济繁荣、工业门类齐全的世界第二大经济体。在革命工作中，毛泽东同志曾反复号召全党发扬艰苦奋斗的革命精神，他说："前途是光明的，道路是曲折的。我们面前困难还多，不可忽视。我们和全体人民团结起来，共同努力，一定能够排除万难，达到胜利的目的。"[1]"下定决心，不怕牺牲，排除万难，去争取胜利。"[2]可以说，在近百年的革命斗争和国家建设历程中，中国共产党正是靠着自强不息、顽强不屈的斗争精神，才突破重重艰难险阻，战胜种种困难和阴险狡诈的敌人，由弱变强，取得最后胜利，而墨子的非命尚力正是这种精神的重要源头之一。

　　新中国成立以来，在马克思唯物主义思想的武装下，随着现代科技

---

①　毛泽东：《关于重庆谈判》，载《毛泽东选集》第四卷，人民出版社 1991 年版，第 1160 页。

②　毛泽东：《愚公移山》，载《毛泽东选集》第三卷，人民出版社 1991 年版，第 1052 页。

的发展，人们对世界发展客观规律的认识更加深入，改造世界的能力越来越强，崇尚科学，反对迷信，人定胜天，知识改变命运成为社会普遍共识，神学迷信被丢弃，一些命运旧说被扬弃。改革开放以来，我国经济高速发展，人民生活水平不断提高，但由于我国多年以来专注于发展经济，对精神文明的建设还有不足之处，使得精神文明建设与物质文明建设还有一定差距，在物质生活日益丰富的同时，人民的精神文化需求却未得到充分满足，遂给各种歪理邪说留下了渗透空间，封建糟粕有沉渣泛起之势，宗教神学、封建迷信在部分人群中传播流行，命定论也不乏信众。这不仅给社会造成了思想混乱，愚弄人民，甚至还有违法犯罪行为，给国家的经济建设和社会稳定造成了极大危害和隐患。此外，经过几十年的艰苦奋斗，我国的经济建设突飞猛进，取得了举世瞩目的成就，但仍然面临严峻的国际竞争形势和经济下行压力，需要我们再接再励，不断进取。为了更好地建设社会主义，实现国家富强和民族复兴，我们还需要不断宣扬马克思主义思想和科学知识，破除迷信，激励全体社会成员积极进取，顽强拼搏，建设国家，开创新生活。墨子非命尚力，是古代思想家留给我们的宝贵文化遗产，也是适应时代需求、助力社会主义现代化建设的重要精神财富，仍然值得我们不断深入学习和发扬光大。

第四节　墨家尚贤理想与中国尚贤之路

"尚贤"是墨子政治思想的核心概念之一，其含义是崇尚与任用贤人。在古文献中，"尚贤"又称为"上贤""尊贤""贤贤""举贤"等。

"尚贤"由"尚"与"贤"两个字组成，动宾结构。《说文解字·八部》："尚，曾也，庶几也。从八，向声。""尚"意谓增加，形声字。后表示尊崇、崇尚。《论语·阳货》："君子尚勇乎?""贤"字初指财物多，形声字。《说文解字·贝部》："贤，多财也。从贝，臤声。"段玉裁注："财各本作才。今正。"其后指德行与才能俱备。《尚书·大禹谟》："野无遗贤，万邦咸宁。"春秋战国之时，"贤"字之义多侧重于德行，常与"能"并举。《周礼·乡大夫》："三年则大比，考其德行道艺，而兴贤者能者。"郑玄注："贤者，有德行者。能者，有道艺者。"《礼记·礼运》："选贤与能，讲信修睦。"

"尚贤"观念在中国古代起源甚早，传说中的尧、舜、禹禅让便体现了原始的"尚贤"观。先秦诸子中，较早提出"举贤才"明确主张的是孔子。《论语·子路》："仲弓为季氏宰，问政。子曰：'先有司，赦小过，举贤才。'"其后儒家学者延续并发展了孔子的思想。《孟子·公孙丑上》："尊贤使能，俊杰在位，则天下之士皆悦，而愿立于其朝矣。"《荀子·君子篇》："故尊贤者王，贵贤者霸，敬贤者存，慢贤者亡，古今一也。"孟、荀均认为尊用贤能是国家兴盛的关键。儒家思想作为贵族世袭奴隶制的维护者，其举贤思想是以血缘宗法和等级制为前提的，讲究亲疏、贵贱有别。《孟子·梁惠王下》："国君进贤，如不得已，使尊逾卑，疏逾戚，可不慎与。"《荀子·富国篇》："贤齐则其亲者先贵，能齐则其故者先官。"主张举贤应以亲、贵为优先。

墨子是战国时期"尚贤"思想的集大成者，他认为对国家的统治而言，"尚贤"至关重要，是"政之本"。《墨子·尚贤上》："得意贤士不可不举，不得意贤士不可不举，尚欲祖述尧、舜、禹、汤之道，将不可以不尚贤。大尚贤者，政之本也。"墨子认为必须唯贤是用，打破等级与地位的藩篱，摒除亲疏远近关系的影响，排除私人喜恶的干扰，开启了我国古代"任人唯贤"路线的先河。《墨子·尚贤上》："是故古者圣王之为政，列德而尚贤，虽在农与工肆之人，有能则举之。""故官无常贵，而民无终贱。有能则举之，无能则下之。"《墨子·尚贤中》："古者圣王，甚尊尚贤而任使能，不党父兄，不偏富贵，不嬖颜色。贤者举而上之，富而贵之，以为官长。不肖者抑而废之，贫而贱之，以为徒役。"墨子对贤人的标准进行了明确界定。《墨子·尚贤上》："况又有贤良之士，厚乎德行，辩乎言谈，博乎道术者乎。"贤士首先要有德行，其次是要能言善辩，最后还必须博通大道与技艺。墨子还提出"众贤"与用贤之法。《墨子·尚贤上》以为对贤士要"必且富之贵之，敬之誉之"，"高予之爵，重予之禄，任之以事，断予之令"，"以德就列，以官服事，以劳殿赏，量功而分禄"。强调要尊贤用贤、人尽其才、赏罚分明。

汉末大乱，魏、蜀、吴三国均重视贤人的选用。《诸葛武侯文集·出师表》："亲贤臣，远小人，此先汉所以兴隆也；亲小人，远贤臣，此后汉所以倾颓也。"以为用贤与否事关国家兴亡。曹操三次下求贤令，同时大胆提出"唯才是举"的方针。《汉魏六朝一百三家集·求逸才令》："今天下得无有至德之人放在民间，及果勇不顾，临敌力战，若文俗之吏，高材异质，或堪为将守，负污辱之名，见笑之行，或不仁不孝而有治国用兵之术，其各举所知，勿有所遗。"不仁孝之人皆可举之，可见其乱世求贤重才不重德。

唐太宗雄才大略，十分重视人才，认为治理天下的要诀就是任用贤人。《贞观政要·择官》："能安天下者，惟在用得贤才。""为政之要，唯在得人。"在选贤才时，要首重德行。《贞观政要·择官》："今欲求人，必须审访其行。若知其善，然后用之，设令此人不能济事，只是才力不及，不为大害，误用恶人，假令强干，为害极多。"唐代统治者还意识到要辩证地看待"德"与"才"，根据具体情况有所侧重地加以任用。《贞观政要·择官》："乱代唯求其才，不顾其行。太平之时，必须才行俱兼，始可任用。"唐代继续实行隋代创立的科举取士制度，并加以发展与巩固。科举制度的推行，突破了门第的限制，为底层知识分子进入统治阶层大开方便之门，向墨家"任人唯贤"的理想迈进了一大步，为后来历代王朝所奉行。

宋人继续发扬"尚贤"思想，认为"尚贤"事关国家兴亡。《临川集·兴贤》："国以任贤使能而兴，弃贤专己而衰。"《温国文正公文集·乞简省举御史条约札子》："官人之道，以德贤为本，而资序为末。"宋代学者还对贤人之标准进行了深入探讨，明确了德、才二者之间的辩证关系和利弊取舍。《资治通鉴·周纪一·威烈王》："才者，德之资也；德者，才之帅也。"《温国文正公文集·才德论》："钧之不能两全，宁舍才而取德。"《资治通鉴·周纪一·威烈王》："自古昔以来，国之乱臣，家之败子，才有余而德不足，以至于颠覆者多也。"宋代还对科举制度进一步进行完善，实行锁院、弥封、誊录等制度，更好地实现了其选贤任能的功能。

在清朝末年的洋务运动、维新变法、实业救国的种种大潮中，墨家"尚贤"学说重新焕发生机。以曾国藩、李鸿章等为主要代表的洋务派，首先认识到用贤任能为国之要务。《李文忠公类稿·筹议海防折》："用人最是急务，储才尤为远图。"《张文襄公全集·江楚会奏变法三折》："中国不贫于财而贫于人才，不弱于兵而弱于志气。"他们还进一步指出，要培养人才，必须罢除科举，兴办新式学校，培养掌握西方先进科技的实用人才。《张文襄公全集·吁请修备储才折》："夫立国由于人才，人才出于立学，此古今中外不易之理。"《张文襄公全集·立停科举推广学校折》："故欲补救时艰，必自推广学校始，而欲推广学校，必自先停科举始。"《李文忠公类稿·奏议海防折》："均宜设立洋学局，择通晓时务大员主持其事。分为格致、测算、舆图、火轮、机器、兵法、炮法、化学、电气学数门，此皆有切于民生日用军器制作之原。"

"尚贤"在英语中没有一一对应的单词，但可以据语境而分别用以不同短语，如 attaching importance to the intelligent、making proper use of the talents、respect the virtuous 等，乃至于可直译为 Shangxian。在西方文化中，也有着源远流长的贤人政治思想。如古希腊柏拉图构建的理想国，其最高统治者是"哲学王"，其政治思想原理，与儒家冠孔子为"素王"的贤人政治如出一辙。经历漫长的中世纪黑暗封建统治之后，随着文艺复兴与启蒙思想带来的思想解放，兴起于 16 世纪的空想社会主义进一步发展了贤人政治学说，以为当由人民识贤、选贤、用贤、监督贤人。现在，选贤用能也是西方发达资本主义国家重要政治原则之一。

"尚贤"作为一种内涵丰富的政治学说，其"任人唯贤"的思想经过历史的验证而被广泛认同。所谓贤人，墨家主张"德行""道术"兼有，儒家偏重"德行"，后来虽曾出现重才废德的情况，但以德为先、德才兼备成为人们对贤人的普遍共识。近代以来，随着现代社会的发展，"尚贤"观念涵盖社会生活的各个方面，"才"的内涵也随之扩展，涵盖各领域的专业知识与技能，既回应了现代社会发展的现实需求，又完成了向墨子"博通乎道术"理念的回归。

尚贤思想的源头虽然可远溯至上古三皇、五帝的禅位让贤，但直至春秋战国时期的墨家，其思想内涵才得到全面、系统的阐发与论述。汉代以后，儒家勃兴，墨家衰微，但墨子的尚贤思想却日益受到统治者的尊崇，成为封建时代政治家、思想家共同认可的政治思想原则。人们一方面从理论上不断探讨、充实、完善尚贤学说，另一方面，则以尚贤思想为指导，建立、完善了中国古代的选人、用人制度。近代以来，随着现代科技与文明的发展，古老的尚贤思想被重新认识和阐释，其内涵与时俱进，得到更新与扩充。本书尝试从墨家尚贤学说的形成与内涵、中国古代尚贤思想的发展完善和"贤"字内涵的演变三个方面，结合时代发展演变的脉络，对墨家的尚贤思想作一个全面的梳理与探讨。

一、墨子尚贤思想之内涵与儒墨之辨

尚贤思想在中国古代历史上源远流长，传说中的尧、舜、禹禅让便体现了原始的尚贤观念。夏、商、周三代，虽然政治制度一变而为家天下，爵禄世袭，尚贤思想却不绝如缕。如周公"一沐三捉发，一饭三吐哺，起以待士"①，是古代统治者求贤若渴的典型。中国上古、三代的尚贤观念及政治行为是后世尚贤思想的理论源泉和事实支撑。

春秋、战国之时，社会生产力的大发展孕育生产关系与社会制度的大变革，地主阶级兴起，士阶层养成，催生打破奴隶制与世卿世禄制的政治诉求与人才基础，诸侯间的激烈兼并与竞争带来富国强兵的紧迫要求。在这样的社会大背景下，选贤任能成为统治者别无选择的唯一出路，不仅诸侯各国大兴养士之风，而且先后施行变法运动，在实践中将尚贤作为选官的主要依据。如李悝变法主张"食有劳而禄有功，使有能而赏必行，罚必当"②，申不害主张"见功而与赏，因能而授官"③，商鞅变法主张"有功者显荣，无功者虽富无所芬华"④。相应的，在思想领域，尚贤成为诸子百家各派学说关注的焦点，并为大多数学说认可。

对于人才的使用，洪迈在《容斋随笔》中认为实行变法的秦国能不拘一格，不论"英雄出处"。他在《秦用他国人》中讲道，七国争雄天下，都在招纳吸收游说四方的人才。但六国所任用的相国，都是他们的宗族和本国人，像齐国的田忌、田婴、田文，韩国的公仲、公叔，赵国的奉阳君、平原君，魏王甚至任用太子为相国。只有秦国不是这样，最初与秦国商讨大计、开创霸业的是魏国人商鞅。其他的，像楼缓是赵国人，

---

① （汉）司马迁：《史记》，中华书局 1959 年版，第 1518 页。
② 向宗鲁：《说苑校证》，中华书局 1987 年版，第 165—166 页。
③ 王先慎：《韩非子集解》，中华书局 1998 年版，第 285 页。
④ （汉）司马迁：《史记》，中华书局 1959 年版，第 2230 页。

张仪、魏冉、范雎都是魏国人，蔡泽是燕国人，吕不韦是韩国人，李斯是楚国人。秦国把国家托付给他们，没有一点疑心，所以结果就取得了天下，便是这些人的力量。

先秦诸子中，较早提出"举贤才"明确主张的是孔子。如《论语·子路》："仲弓为季氏宰，问政。子曰：'先有司，赦小过，举贤才。'"① 其后儒家学者延续并发展了孔子的思想，如孟子认为"不信仁贤，则国空虚"②，"尊贤使能，俊杰在位，则天下之士皆悦，而愿立于其朝矣"③。荀子也在书中反复强调君人之道须尚贤使能。《荀子·王制》："君人者欲安则莫若平政爱民矣，欲荣则莫若隆礼敬士矣，欲立功名则莫若尚贤使能矣，是君人者之大节也。"④《强国》："夫尚贤使能，尚有功，罚有罪，非独一人为之也，彼先王之道也，一人之本也，善善、恶恶之应也，治必由之，古今一也。"⑤《君子》："故尊贤者王，贵贤者霸，敬贤者存，慢贤者亡，古今一也。"⑥

先秦诸子中，对尚贤思想最为重视、论述最充分的是墨子。他在《尚贤》三篇中，对其尚贤的政治思想展开了全面、系统、充分的论述，可谓是战国时期尚贤思想的集大成者。墨子认为对国家的统治而言，尚贤至关重要，是"政之本"，将其重要性提到前所未有的高度。如《墨子·尚贤》上篇："得意贤士不可不举，不得意贤士不可不举，尚欲祖述尧、舜、禹、汤之道，将不可以不尚贤。夫尚贤者，政之本也。"⑦ 此外，《墨子》的其他很多篇章，都从不同角度强调了墨家的尚贤观念。

---

① 程树德：《论语集释》，中华书局 1999 年版，第 882 页。

② 焦循：《孟子正义》，中华书局 1987 年版，第 972 页。

③ 焦循：《孟子正义》，中华书局 1987 年版，第 226 页。

④ 王先谦：《荀子集解》，中华书局 1988 年版，第 153 页。

⑤ 王先谦：《荀子集解》，中华书局 1988 年版，第 294—295 页。

⑥ 王先谦：《荀子集解》，中华书局 1988 年版，第 453 页。

⑦ 吴毓江：《墨子校注》，中华书局 1993 年版，第 68 页。

如《墨子》开篇第一《亲士》便声称"归国宝，不若献贤而进士"①。在《尚同》一篇中，墨子所构想的理想社会，从天子到乡里之长，其选立的标准皆为"贤可"者。墨子对"贤"的尊崇，可见一斑。

尊崇并重用贤能之士（即尚贤使能），实行开明统治是治国安邦的重要内容。早在战国时期，我们的先贤就提出了"尚贤使能"的人才学说，"尚贤"指尊重有德、才、智的人，用种种办法来鼓励、提拔他们，"使能"即根据其能力加以提拔重用。"尚贤使能"的人才思想不但丰富了我国古代人才思想的宝库，在今天也仍有一定的借鉴意义。墨子曾经说："凡入国，必择务而从事焉。国家昏乱，则语之尚贤、尚同。"（《墨子·鲁问》）意思是说，凡是到了一个国家，一定要选择紧要的事去做。如果国家昏乱，就要对国君讲尚贤、尚用的道理。墨子认为一个国家的治理，首先是要劝说国君尊重人才，聚集人才，重用人才，这是治国安邦的首要任务。"尚贤者，政之本"（《墨子·尚贤上》），尚贤是为政之本，治国之要，国君若能及时发现并善于任用这些贤良之士，国家的兴旺发达就指日可待。

作为先秦诸子中最为显赫的二家，儒、墨两家在尚贤思想上，有相似的观点与主张，但由于二家反映的是不同阶层的政治学说，因而其主张也有明显的差异。

首先，儒家"尊贤有等"，而墨家"任人唯贤"。

儒家思想作为贵族世袭奴隶制的维护者，其举贤以维护等级制为前提，受到血缘亲疏的影响，亲贵、故旧在选拔中享有优先权，因而其尚贤思想有其局限性，墨子在《非儒》（下）即指出这种局限性为："亲亲有术，尊贤有等。"② 这是符合事实的。《论语·泰伯》说："君子

①　吴毓江：《墨子校注》，中华书局 1993 年版，第 1 页。

②　吴毓江：《墨子校注》，中华书局 1993 年版，第 436 页。

笃于亲，则民兴于仁；故旧不遗，则民不偷。"① 亲与旧都是不可抛弃的。《孟子·梁惠王下》说："国君进贤，如不得已，使卑逾尊，疏逾戚，可不慎与。"② 认为进贤要尽量避免卑逾尊、疏逾亲。《万章上》更是明确地宣扬贵亲、富亲的观点："仁人之于弟也，不藏怒焉，不宿怨焉，亲爱之而已矣。亲之欲其贵也，爱之欲其富也。"③《荀子·富国》说："贤齐则其亲者先贵，能齐则其故者先官。"④《君子》说："尚贤使能，等贵贱，分亲疏，序长幼，此先王之道也。"⑤ 亲戚与故旧在举贤时享有优先权，严格的亲疏等级划分与尚贤使能并提，在条件相同的情况下亲故优先，而条件是否相同，此时也没有明确的客观标准。可见，儒家虽然也提倡尚贤，但却对血缘宗亲与等级特权抱持强烈的执念，受其制约，甚至以不实质性地损害这些亲戚和特权阶层的利益为前提。

而墨子则认为尚贤必须唯贤是用，要打破等级与地位的藩篱，排除血缘亲疏远近的影响，摒弃个人好恶的干扰，开启了我国古代"任人唯贤"路线的先河。如《尚贤上》："是故古者圣王之为政，列德而尚贤，虽在农与工肆之人，有能则举之。""故官无常贵，而民无终贱。有能则举之，无能则下之。"⑥《尚贤中》："古者圣王，甚尊尚贤而任使能，不党父兄，不偏富贵，不嬖颜色。贤者举而上之，富而贵之，以为官长。不肖者抑而废之，贫而贱之，以为徒役。"⑦ 要求举贤无论贵贱、亲疏、好恶，以贤能与否来决定地位的升降：举人以贤，退人以不肖。墨子以贤

---

① 程树德：《论语集释》，中华书局 1999 年版，第 515 页。

② 焦循：《孟子正义》，中华书局 1987 年版，第 143 页。

③ 焦循：《孟子正义》，中华书局 1987 年版，第 631 页。

④ 王先谦：《荀子集解》，中华书局 1988 年版，第 193 页。

⑤ 王先谦：《荀子集解》，中华书局 1988 年版，第 453 页。

⑥ 吴毓江：《墨子校注》，中华书局 1993 年版，第 67 页。

⑦ 吴毓江：《墨子校注》，中华书局 1993 年版，第 74 页。

否且仅以贤否作为用人的唯一标准，是名副其实的尚贤。

在儒家与墨家的思想体系中，都有尚贤的思想，但是细细比较起来，二者还有很大的区别。儒家的尚贤说，从孔子到孟子有一个发展的过程。孔子提倡尚贤，是与用亲说不相矛盾的，他提到的贤士，如伯达、伯适、仲突、仲忽、叔夜、叔夏、季随都是贵族阶级的贤士。孔子的尚贤，是从属于用亲的原则下，目的就是用血缘关系来完成社会关系的建构和稳定。到了孟子，尚贤说有了进一步的发展，但是也没有逃脱用亲原则的藩篱。孟子将贤士的范围做了扩大，延伸到了士这一阶层，但是他还是认为"为政不难，不得罪于巨室"，认为还是不能得罪贵族。"仁人之于其弟也，不藏怒，不宿怨焉。亲爱之而已矣。亲之欲其贵也，爱之欲其富也。"统治者对于他的亲戚表弟，还是有让他富贵的义务，这是血缘关系使然。而在墨家那里，尚贤原则就与用亲原则对立起来，从而打破了传统血缘关系维系的世袭传位。墨家认为"官无常贵，民无终贱。有能则举之，无能则下之"，即使是亲戚关系，没有能力的也不能给予官位。墨家认为尚贤是为政的根本，选才标准是要以德选贤，而不是以亲疏选贤："虽在农与工肆之人，有能则举之。高予之爵，重予之禄，任之以事，断予之令。"即使是身份卑微，只要是有才能，都可以有高官厚禄。墨家的"尚贤"说真正实行了不拘一格降人才的选贤标准。

1993 年 10 月出土于湖北省沙洋区四方乡郭店村的《唐虞之道》，存简 29 枚，竹简两端平齐，简长 28.1 至 28.3 厘米。李学勤认为郭店楚简中的《唐虞之道》《忠信之道》过分强调禅让，或许应划归纵横家。①韩禄伯与艾兰等人认为《唐虞之道》不属于任何现今所认识的学派。②

---

① 参见李学勤：《先秦儒家著作的重大发现》，《中国哲学第二十辑》。

② 参见李德仁：《郭店竹简与儒学研究信息》，《云南孔子学术研究会第十一次暨海峡两岸第七次孔子学术研讨会》。

薛柏成认为《唐虞之道》的绝大部分内容是兼采儒墨而成。①

唐虞之道，禅而不传。尧舜之王，利天下而弗利也。禅而不传，圣之盛也。利天下而弗利也，仁之至也。故昔贤仁圣者如此。身穷不贪，没而弗利，穷仁矣。必正其身，然后正世，圣道备矣。故唐虞之（道，禅）也。

夫圣人上事天，教民有尊也；下事地，教民有亲也；时事山川，教民有敬也；亲事祖庙，教民孝也；太学之中，天子亲齿，教民弟也；先圣与后圣，考后而甄先，教民大顺之道也。尧舜之行，爱亲尊贤。爱亲故孝，尊贤故禅。孝之施，爱天下之民。禅之传，世亡隐德。孝，仁之冕也。禅，义之至也。六帝兴于古，皆由此也。爱亲忘贤，仁而未义也。尊贤遗亲，义而未仁也。古者虞舜笃事瞽叟，乃戴其孝；忠事帝尧，乃戴其臣。爱亲尊贤，虞舜其人也。禹治水，益治火，后稷治土，足民养生。（夫唯）顺乎脂肤血气之情，养性命之政，安命而弗夭，养生而弗伤，知（天下）之政者，能以天下禅矣。

古者尧之与舜也：闻舜孝，知其能养天下之老也；闻舜弟，知其能事天下之长也；闻舜慈乎弟（象口口，知其能）为民主也。故其为瞽盲子也，甚孝；及其为尧臣也，甚忠；尧禅天下而授之，南面而王天下，而甚君。故尧之禅乎舜也，如此也。古者圣人二十而冠，三十而有家，五十而治天下，七十而致政，四肢倦惰，耳目聪明衰，禅天下而授贤，退而养其生。此

① 参见薛柏成：《墨家思想新探》第三章第一节四《郭店楚简〈唐虞之道〉与墨家思想》，黑龙江人民出版社 2006 年版。

以知其弗利也。

《虞诗》曰："大明不出，万物皆暗。圣者不在上，天下必坏。"治之至，养不肖。乱之至，灭贤。仁者为此进，（明）礼、畏守、乐逊，民教也。皋陶入用五刑，出载兵革，罪轻法（也。虞）用威，夏用戈，征不服也。爱而征之，虞夏之始也。禅而不传义恒（绝，夏）始也。

古者尧生为天子而有天下，圣以遇命，仁以逢时，未尝遇（贤。虽）秉于大时，神明将从，天地佑之，纵仁圣可举，时弗可及矣。夫古者舜处于草茅之中而不忧，登为天子而不骄。处草茅之中而不忧，知命也。登为天子而不骄，不专也。求乎大人之兴，美也。今之戴于德者，微年不戴，君民而不骄，卒王天下而不疑。方在下位，不以匹夫为轻；及其有天下也，不以天下为重。有天下弗能益，无天下弗能损。极仁之至，利天下而弗利也。禅也者，上德授贤之谓也。上德则天下有君而世明，授贤则民举效而化乎道。不禅而能化民者，自生民未之有也，如此也。

《唐虞之道》所体现的墨家思想表现在爱亲与尊贤的统一上，在"利天下弗利"的论述中，它是儒家思想与墨家思想的折中。

其次，儒家推崇受到良好教育的君子之贤，墨家认可擅长技能的工匠之贤。

儒、墨二家的政治学说代表了不同社会阶层的利益，因而他们在尚贤的主张上同中有异，对贤者的评价标准存在明显差异，甚至是截然相反的。《汉书艺文志》说："儒家者流，盖出于司徒之官，助人君顺阴阳明教化者也。游文于六经之中，留意于仁义之际，祖叙尧、舜，宪章文、武，宗师仲尼，以重其言，于道为最高。"①儒家出于统治阶层，游于六经，尊崇周制，其尚贤思想服务于这一政治目标，因而其所认可的贤者是出身于中上层，受到良好文化教育和道德熏陶，致力于维护统治者利益的君子。《论语·子路》记载："樊迟请学稼，子曰：'吾不如老农。'请学为圃，曰：'吾不如老圃。'樊迟出，子曰：'小人哉，樊须也。上好礼，则民莫敢不敬；上好义，则民莫敢不服；上好信，则民莫敢不用情。夫如是，则四方之民，襁负其子而至矣。焉用稼？'"②孔子虽然讲爱民、惜民，但小民的耕稼实用技能却是入不了他的法眼的，他看重的是养民、使民、化民的君子之道，孔子教育弟子的孔门四科"德行、言语、政事、文学"也与专门的技艺基本无涉。孟子在与农家的辩论中说："有大人之事，有小人之事。"③"故曰，或劳心，或劳力；劳心者治人，劳力者治于人；治于人者食人，治人者食于人；天下之通义也。"④其学说虽然揭示了社会分工的合理性，但显而易见，孟子推崇的辅佐国君治理天下的贤者必然是劳心者，他们不需要也不屑于躬亲劳作，自然不用身负任何专业技能。荀子则特别重视"礼"，相应的，荀子把"礼"作为界定贤人的首要和主要的标准。如《君道》篇明确提出："取人之道，参之以礼。"⑤作为一个政治思想概念，荀子的"礼"指的是政治秩序。《富国》篇说："礼者，贵贱有等，长幼有差，贫富轻重皆有称者也。"⑥"礼"是限定贵贱、长幼、贫富等级的政治制度，而贤人则是维护这种等级制度的臣子。《成相》篇："曷为贤？明君臣，上能尊主爱下民。"⑦贤人的

① 班固：《汉书》，中华书局1962年版，第1728页。
② 程树德：《论语集释》，中华书局1999年版，第896—897页。
③ 焦循：《孟子正义》，中华书局1987年版，第372页。
④ 焦循：《孟子正义》，中华书局1987年版，第373页。
⑤ 王先谦：《荀子集解》，中华书局1988年版，第178页。
⑥ 王先谦：《荀子集解》，中华书局1988年版，第241页。
⑦ 王先谦：《荀子集解》，中华书局1988年版，第458页。

基本标准是明了君臣之别，并尊主、爱民。可见，所谓贤人，只须明礼、维护礼制即可，当然无须精通任何生产技能。

墨家则不然。墨子博学多才，擅长守城，不仅以自己设计的守城器械模型击败了鲁班的进攻，其弟子还将其守城经验总结成《城守》十一篇。墨子精通手工技艺，墨家成员也大多出身于当时的底层手工业者。基于这样的身份背景，墨家非常重视实用专业技能。因此，墨子不仅认为"虽在农与工肆之人"也可以成为贤者，而且在《尚贤》上篇中界定贤人为"厚乎德行，辩乎言谈，博乎道术者"①。贤士在有德行、能言善辩之外，还必须博通知识与技能。墨家重视实用专业技能，与儒家重道轻术截然不同，其所推崇的自然是具备专业知识技能的工匠之贤。当然，墨子眼中的贤也必须有"德"，有行义于天下的担当。墨家的贤分为三科：谈辩，说书，从事。见《墨子·耕柱》："治徒娱、县子硕问于子墨子曰：'为义孰为大务？'子墨子曰：'譬若筑墙然，能筑者筑，能实壤者实壤，能欣者欣，然后墙成也。为义犹是也。能谈辩者谈辩，能说书者说书，能从事者从事，然后义事成也。'"这中间"从事"就包括运用自己的专业技能为天下人服务。

墨家的尚贤是比较彻底的尚贤，喊出了"有能则上，无能则下"的口号，这对世卿世禄的冲击是比较大的。但是，这中间还有两个具体问题要解决：一是谁来实行"有能则上，无能则下"？二是如何突破血缘、乡土和现任官员朋友圈而更大范围地发现贤才？对前一个问题，先秦墨家有明确答案，那就是靠天下人公认"贤可"的天子。对后一个问题，墨家给不出答案，墨家集团后来越来越变得像秘密帮派，也只能在其江湖中发现和推荐人才，其荐贤实践自无多少启示意义。暂时找不到途径，这是时代所限。

---

① 吴毓江：《墨子校注》，中华书局 1993 年版，第 66 页。

二、荐选贤人的范围与方式

先秦的贤人往往通过自荐的方式来求得任用，也有国君、诸侯等在上者主动征用以贤闻名之士的，而这两者有时是难以完全分别开来的。像孔子、墨子等圣贤，常通过聚徒讲学、周游列国、进说国君的方式来求用，或借机推荐自己的学生入仕。这其间也有些国君是知其贤而主动聘用他们的。但是，要如此兴师动众、建立声望而后方有被任用的机会，这对那些贫寒的贤人来说是难于登天的。而到了战国，自认为有能力的人自荐变得似乎容易了一些，我们看到一些专事游说的策士往往单枪匹马，但这些人能得到国君接见的机率有多大，他们的主张被采纳从而自荐成功的有多少，仍无案可查。更多的人是趁各国贵族收纳门客的机会，前去自荐，得以栖身。这些人中也不乏滥竽充数的混混，像战国四公子（孟尝君，平原君，春申君，信陵君）大规模养士，主要是借士以自重，也没有明确的择贤标准和入门时的把关，反正他们财力雄厚，不在乎多几个食客。

秦二世而亡，群雄逐鹿，汉朝以刘邦善于用人而立。刘邦在讲到张良、萧何、韩信三人时，认为"此三人，皆人杰也，吾能用之，此吾之所以取天下也"[1]，汉高帝十一年（前196），刘邦下《求贤诏》："今吾以天之灵、贤士大夫定有天下，以为一家。欲其长久，世世奉宗庙亡绝也。贤人已与我共平之矣，而不与我共安利之，可乎？贤人大夫，有肯从我游者，吾能尊显之。"[2]明确表示自己与贤人共平天下，且欲与贤人共安利之，指出了以贤人治天下的政治策略。

国策既定，那问题便是如何发现并任用贤才。汉代统治者陆续建立

---

① （汉）司马迁：《史记》，中华书局1959年版，第381页。

② 严可均：《全上古三代秦汉三国六朝文》，中华书局1958年版，第130页。

和发展了一套选拔人才的选官制度。这套制度包括地方察举、皇帝征召、公府与州郡辟除、大臣举荐等多种方式，其中察举为主要途径。察举基本上是一种由地方政府举荐符合诏书要求的特定人才，由朝廷在对其考察后加以任用的制度。它分常科和特举，常科如孝廉，特举如"贤良方正"和"文学"（实指经学）等。制度萌芽于汉文帝时，定型于武帝，东汉基本继承。贤良方正、文学是要考试的，孝廉到东汉顺帝时也要考试。还有秀才（东汉改称茂才）基本上也是由考试最后甄择的。其考试基本形式是对策，即由朝廷出题，考生依所问作文。

汉代察举找到了选贤的一种公平形式：考试。但在这个制度中有荐贤权力的是郡国守相和朝廷的公卿大臣，他们的荐贤也只能局限于自己的圈子、喜好和见闻所及。汉代士民也可在发生灾异时通过"上书"来引起最高统治者的重视，这类似于自荐。但这种自荐只有两种结果，要么"上书"合圣上之意，得以像东方朔那样"待诏金马门"；要么"上书"忤上意，落得个被法办的下场。汉代的察举制跟后世的科举制还有一个不同点是，它的绝大多数科目特别是需要考试的科目基本上是不定期的。有些特科如"明经""明法"，甚至只是偶一为之。不过，总体上看，察举制相对于先秦的无制无序已是一个很大的进步了。墨家尚贤思想无疑是汉代察举制形成的理论根据之一，汉代特别是西汉时仍然是孔墨并称，汉武帝虽然采纳董仲舒的意见而独尊儒术，但是董仲舒等人的儒家思想中也吸收墨家的成分。

汉代察举制中荐贤大权只赋予朝廷公卿与郡国守相，而到了魏晋，则演变为九品中正制与察举制并存的局面。曹魏时令地方长官或朝廷司徒等高官会同本籍的地方长官，推举专司评定一方人物的家世、道德和才能，为其确定品第的大、小"中正"官，这些中正官所定品级是州郡任命官吏的重要依据，也是升迁朝官的依据。这种制度一度风行于南北朝。这种制度的积极意义是使州郡自行辟除官吏权力的运用有所依据，受到限制。但由于中正官后来被门阀士族垄断，造成了"上品无寒门，下品无士族"的结果，便严重影响到了选贤的公平性。

隋朝实现南北统一，统治者为选拔人才，废除维护门阀贵族特权的九品中正制，用公开考试的方法来甄别人才高下，量才录用。这就是中国历史上"科举"选拔人才制度的开始。

隋炀帝昏乱，隋朝统治土崩瓦解，唐代继立。唐太宗雄才大略，十分重视贤士的作用，认为"能安天下者，惟在用得贤才"①，"为政之要，唯在得人"②。在实际施政中，唐太宗也确实做到了从善如流、用人唯贤。

在唐太宗统治期间，政治比较开明，选才尚贤，能够打破任人唯亲的传统局面，做到不拘一格降人才。唐太宗十分重视贤士的作用，他说：

> 夫国之匡辅，必待忠良。任使得人，天下自治。故尧命四岳，舜举八元，以成恭己之隆，用赞钦明之道。士之居世，贤之立身，莫不戢翼隐鳞，待风云之会；怀奇蕴异，思会遇之秋。是明君旁求俊，博访英贤，搜扬侧陋。不以卑而不用，不以辱而不尊。昔伊尹，有莘之媵臣；吕望，渭滨之贱老。夷吾困于缧绁；韩信弊于逃亡。商汤不以鼎俎为差，文不以屠钓为耻，终能献规景亳，光启殷朝，执旄牧野，会昌周室。③

唐太宗认为国君需要贤臣的辅佐，并且不应用远近亲疏的标准来衡量人才的贤否，不因为人才的身份卑微而弃之不用，不因臣子进谏忠言

---

①　吴兢：《贞观政要》，齐鲁书社 2000 年版，第 107 页。

②　吴兢：《贞观政要》，齐鲁书社 2000 年版，第 230 页。

③　李世民：《帝范》上卷《求贤篇》，清文渊阁四库全书本，第 12—13 页。

而不予以尊重。唐太宗在这一点上真正做到了选贤使能。房玄龄原本仕隋，杜如晦是秦王府的兵曹参军，相继被唐太宗重用，官至宰相，"至於台阁规模，典章文物，皆二人所定，甚获当时之誉，时称房焉"。魏徵和王珪原本是李建成的党羽，特别是魏徵，曾在李建成与唐太宗夺权时为李建成出谋划策，密谋杀害秦王。李世民登基后并没有计较，而是重用魏徵，使其成为自己的左膀右臂。李勣原是农民起义的领袖，李靖原是唐高祖要斩杀之人，都得到了重用。马周出身卑微，一开始为中郎将常何的家客，代替常何上书言二十余事，得到了太宗的赏识，被选拔为监察御史。从这些例子中可以看出，唐太宗尚贤，放弃了传统的唯亲原则，真正实现了墨子所倡导的唯才是举的用人理念。

不过，光靠某位君主的一时开明，见贤便举，是远远不够的。必须有一种发现贤才、选拔贤才的制度。而唐之前的隋代虽然国祚短暂，但却为新的朝代留下了一个重要的制度遗产。作为尚贤思想的制度保证，唐代继续实行隋代创立的科举取士制度，并加以发展与巩固。唐代科举有常举和制举两类。"常举"每年举行。进士科外，复置秀才、明经、明法、明字、明算等多种门类。"制举"由皇帝临时立定名目，有贤良方正直言极谏科、文辞清丽科、博学通艺科、武足安边科、才高未达沉迹下僚科等百十余种。唐代科举制继承了察举制的公平考试这一特点，同时，使考试选贤更加制度化。首先是常科变为定期举行，其次是在荐贤方式上有很大改进，规定能参加科举的人为"贡生"和"生员"。生员是在国子监和州县学就读且考试过关的人。而社会上的读书人，只要通过地方各级考试，便具备了"贡生"资格。这就极大地减少了荐贤的主观随意性，使之有了客观公平性，同时，也扩大了搜辑贤人的范围。

科举制度的推行，突破门第的限制，为底层知识分子进入统治阶层打开了方便之门，向墨家"任人唯贤"的理想迈进了一大步，为后来历代王朝所奉行。而事实上，唐朝选官以科举为主的制度的确立，也是与《墨子》"尚贤"思想有关系的。魏徵平时进谏言论多杂墨家思想，他所编《群书治要》更是大量摘录《墨子》，包括墨子的尚贤理论。

不过，唐代还是有贵族与寒门的区别，贵族子弟可通过恩荫入仕。晚唐的牛李党争将贵族、寒门的矛盾再次突出，同时也提出了何谓真才、科举所选是否就是真才这个问题。因为像李德裕这样的出身贵族官宦世家的人，其政治才能并不一定弱于科举出身的人。

宋代统治者推行崇文抑武的基本国策，宋太祖确定了"与士大夫共治天下"的国策，为政尚贤成为统治阶层的共识。王安石认为："国以任贤使能而兴，弃贤专己而衰。此二者必然之势，古今之通义，流俗所共知耳。"① 司马光也说："为治之要，莫先于用人。"② 另一方面，为更好地选拔人才，杜绝舞弊，实现公平，宋代统治者对科举制度进一步进行完善，实行锁院、弥封、誊录、回避等制度。两宋人才之盛，世所共睹。明代徐有贞曾说："宋有天下三百载，天下疆域之广视汉唐不及，而人才之盛过之。"③

无论是从选贤的范围之广还是从选贤方式之公平看，宋代的科举都登峰造极了。但是，关于科举如何才能选出有真正治国理政才能的人，宋人一直在争论，特别是科举中是应重诗赋，还是重策论，还是重经义。王安石曾一度废止诗赋，只考策论、经义，结果仍未选到真才。至此，单纯以文章取士已经充分显露其片面性，同时，为了增强客观性而强加的限韵等规定也破坏了文章的文学性。但囿于儒家的重道轻器的贤才观，古人找不到出路。科举中虽也有明算科，但不受重视。

---

① 王安石：《临川先生文集》，四部丛刊景明嘉靖本卷六十九《兴贤》。

② 司马光：《资治通鉴》，中华书局 1956 年版，第 2329 页。

③ 钱谷：《吴都文粹续集》，文渊阁四库全书补配文津阁四库全书本卷十四《重建范文正公祠堂记》。

明清两代，统治者尊程朱理学为正统，进一步改变科举制度，只考"四书""五经"，叫考生以彻底程式化的"八股文"来"代圣人立言"，最终导致科举制度僵化，选拔人才功能完全丧失，甚至走向反面，禁锢思想、扼杀人才。

道、咸以后，清统治黑暗腐败，西方列强更以坚船利炮打开中国的国门，国家飘摇，民族危亡。面对时艰，大批进步思想家高举古老的尚贤旗帜，呼吁重才用才，改良政治。衰微千年后，在清朝末年的洋务运动、维新变法、实业救国的种种大潮中，墨学被重新发现，古老的尚贤学说也重新焕发生机。曾国藩、李鸿章等为主要代表的洋务派，都认为选贤任能为国之要务。一方面他们大声疾呼，要求重视选人用人。如曾国藩说："治世之道，专以致贤养民为本。"[①]另一方面，他们大兴洋务：兴建工厂，富国强兵；兴办学校，乃至选派学子出国留学，培养各色专科人才。洋务派虽然没有挽救大清于灭亡，更没有完成复兴中华的历史使命，但他们与时俱进地发展了尚贤思想，并且为中国培养了大批适应现代工业文明发展需求的人才。

近代革命以来，中国共产党继承并发扬了中华民族的优良传统，随着时代的发展进步和现实需要，不断重申古老的尚贤思想，并赋予其新的内涵。如毛泽东指出："我们民族历史中从来就有两个对立的路线：一个是'任人唯贤'的路线，一个是'任人唯亲'的路线。前者是正派的路线，后者是不正派的路线。"[②]邓小平认为："我们选干部，要注意德才兼备。"[③]党的十五届六中全会把"坚持任人唯贤，反对用人上的不正之风"作为作风建设的一项重要任务。2007年，"人才强国战略"被载入了中国共产党党章和党的十七大报告。经过半个多世纪的革命与建设，

---

① 曾国藩：《求阙斋日记类钞》，光绪二年传忠书局刻本卷上。

② 毛泽东：《毛泽东选集》第2卷，人民出版社1991年第2版，第527页。

③ 邓小平：《邓小平文选》第2卷，人民出版社1994年第2版，第326页。

中国共产党几代领导人薪火相传，将古老的尚贤思想融入中国特色社会主义理论的思想体系，用以指导党的建设和国家的现代化发展事业，取得了巨大成功。

三、德才之辩——"贤人"内涵之演变、转移

先秦以来，统治者都讲求任贤使能，重视人才，但不同的学说、不同时期，人们对贤人的标准和内涵则各有侧重，不尽相同。"贤"的古字为"臤"①，甲骨文作𦥑或𦥯②。"臤"字之义，《说文解字》释为"坚也"③而今人则以为是指胜者牵战俘。④"贤"字之形，始于西周中期。⑤"贤"字之义，《说文解字》释为"多才也"⑥，谓财物多。其后字形统一于"贤"。春秋战国之时，"贤"字之义多侧重于德行，又常与"能"并举。如《周礼·地官·大司徒》："十有一曰以贤制爵，则民慎德。"⑦《周礼·地官·乡大夫》："三年则大比，考其德行道艺，而兴贤者能者。"郑玄注："贤者，有德行者。能者，有道艺者。"⑧贤字的这种含义在春秋战国时普遍为人们所理解和接受，而广泛出现于诸子百家的著述中，儒墨二家的尚贤亦不例外。

---

① 参见许慎：《说文解字》，中华书局 2013 年版，第 60 页。

② 参见于省吾：《甲骨文字诂林》，中华书局 1999 年版，卷一第 645 页，卷三第 930 页。

③ 参见许慎：《说文解字》，中华书局 2013 年版，第 60 页。

④ 参见古文字诂林编委会：《古文字诂林》第三册，上海教育出版社 2000 年版，第 518 页。

⑤ 参见王少林：《先秦尚贤观念变迁研究》，苏州大学 2012 年硕士论文，第 9 页。

⑥ 许慎：《说文解字》，中华书局 2013 年版，第 126 页。

⑦ 郑玄注贾公彦疏：《周礼注疏》，北京大学出版社 1999 年版，第 246 页。

⑧ 郑玄注贾公彦疏：《周礼注疏》，北京大学出版社 1999 年版，第 296 页。

儒家思想的核心是"仁"，因而儒家所推崇的贤人多侧重于德行。孔子认为"为政以德"，因而他界定贤人，便把德行放在第一位。儒家强调血缘宗法制，非常重视孝悌等德行，其对贤人的评价对此也多有称述。如孔子认为："君子务本，本立而道生。孝悌也者，其为仁之本与？"①因而孔子认为贤士应该"宗族称孝焉，乡党称弟焉"②。孟子也说："尧舜之道，孝弟而已。"③荀子论贤士，认为："既知且仁，是人主之宝也，而王霸之佐也。"④兼有德行和智能，才能成为君主的重宝。"士信悫而后求知能焉。士不信悫而有多知能，譬之其豺狼也，不可以身尒也。"⑤士首先要足够忠诚，其次求其才能，如果不忠诚却智富才高，就会如豺狼一样危险。可见，才能固然是统治者需要的，但才能之士能否忠诚于我，更是他们顾虑的，这也是他们优先在亲故中选贤的理由之一。

与儒家相似的是，墨子尚贤也非常注重德行，强调德行的先决地位。墨子认为"士虽有学，而行为本焉"⑥，其对贤人"厚乎德行，辩乎言谈，博乎道术"的论断，提出了德行、言谈、道术三者结合的人才标准，但将"厚乎德行"作为"贤士"的第一条标准，可见其对于道德品质的看重。墨家思想的核心是"兼爱"，提倡无差别地爱别人，贤人要达到这一理想，必然要求具备更高的道德修养。墨子在论为贤之道时也说："有力者疾以助人，有财者勉以分人，有道者劝以教人。"⑦强调贤才要有"兼爱"之心，拥有"兼爱"的胸怀。当然，正如上文所论，墨子

---

① 程树德：《论语集释》，中华书局1999年版，第13页。
② 程树德：《论语集释》，中华书局1999年版，第927页。
③ 焦循：《孟子正义》，中华书局1987年版，第816页。
④ 王先谦：《荀子集解》，中华书局1988年版，第240页。
⑤ 王先谦：《荀子集解》，中华书局1988年版，第545页。
⑥ 吴毓江：《墨子校注》，中华书局1993年版，第10页。
⑦ 吴毓江：《墨子校注》，中华书局1993年版，第98页。

论贤在强调德行以外，还重视实用技能，这是其长于儒家，甚至后世封建时代的贤人标准之处。

汉代自武帝始崇尚儒学，儒家的尚贤思想得到朝野的一致认同，并形之于制度。汉代重孝，首倡"以孝治天下"，故将孝廉作为察举的主要科目，使"孝"成为选拔、考查官员的重要标准，表现出儒家尚贤重德的一贯性。

汉末大乱，曹操重贤，三次下求贤令。出于壮大力量与乱世求贤的紧迫性，曹操对尚贤学说进行了改造，大胆提出"唯才是举"的方针。如建安二十三年发布《举贤勿拘品行令》："今天下得无有至德之人放在民间，及果勇不顾，临敌力战，若文俗之吏，高材异质，或堪为将守，负汙辱之名，见笑之行，或不仁不孝而有治国用兵之术，其各举所知，勿有所遗。"[①]不仁孝之人皆可举之，不仅与儒家传统的贤人观格格不入，与墨子的贤人观亦相抵牾，表现出乱世求贤重才不重德的特点。

洪迈在《容斋随笔》中认为，实行开明统治，首先是要任贤用能。曹操被称为"一代枭雄"，后世口碑也不是很好，然而洪迈认为他在了解并善于任用他人方面，实在是后代人难以赶得上的。荀彧、荀攸、郭嘉都是他的心腹谋士，共同成大事，不必称赞评说。至于其他的人，智慧能授予一个官位的，权变能分掌一个郡的，无论官职大小，都使他们卓然有成，十分称职。洪迈在《曹操用人》中列举了十件事，说明曹操在用人使将上的卓越才能。他担心关中的将领们祸害关中，就让司隶校尉钟繇去主管西边的事务，结果马腾、韩遂派遣儿子到宫中侍候，表示归服。当天下纷乱，军队缺乏粮食时，就让枣祗、任峻屯田，结果军队、国家富饶丰裕，于是消灭了群雄。当想恢复盐务管理的利益时，就让卫觊镇守安抚关中，结果将领们都心服。河东没有平定，就派杜畿去

---

① 严可均：《全上古三代秦汉三国六朝文》，中华书局1958年版，第1065页。

当太守，使得卫固、范先束手被擒被杀。并州刚刚平定，就派梁习去当刺史，使得边境平静安泰。扬州被孙权攻陷，只剩有九江一个郡，曹操把权力交给刘馥，结果恩德教化广泛实行。冯翊被鄜州盗寇所困，曹操就交给郑浑去办理，结果盗寇消灭，百姓安定。代郡有匈奴三单于军队，倚仗武力骄横恣肆，裴潜只乘一辆车进入代郡，便使得单于心中折服。刚刚得到汉中，便任命杜袭负责留守之事，结果百姓自得其乐，从洛阳、邺地迁来的人口达到八万。刚刚得到马超的军队时，马超军队听说将把他们发配他地，都惊恐想要兵变，曹操命令赵俨为护军，结果马超军都互相带领回来归降，送到东方的人口也有两万。以上十件事所产生的好处难道不大吗？张辽在合肥打跑孙权，郭淮在阳平抵御蜀国军队，徐晃在樊城打败关羽，都是以少胜多，解除了一方面的忧患。曹操在建安时期天下无敌，与他的知人善任是分不开的，甚至连对手孙权也不得不佩服、称赞曹操"御将，自古少有"。

唐太宗李世民是大唐盛世的奠基者，他十分重视用贤，有着比较全面的选贤、用贤思想。在尚贤的前提下，李世民特别强调贤人的德行。如他教育自己的儿子"人之立身，所贵者唯在德行"①。对于臣僚择人不重德行进行批评："比见吏部择人，唯取其言词刀笔，不悉其景行。数年之后，恶迹始彰，虽加刑戮，而百姓已受其弊。如何可获善人？"②表达了对吏部择才不重德的担忧和不满。又如："贞观六年，太宗谓魏徵曰：'古人云，王者须为官择人，不可造次即用。朕今行一事，则为天下所观；出一言，则为天下所听。用得正人，为善者皆劝；误用恶人，不善者竞进。赏当其劳，无功者自退；罚当其辜，为恶者戒惧。故知赏罚不可轻行，用人弥须慎择。'徵对曰：'知人之事，自古为难，故考绩

①　吴兢：《贞观政要》，齐鲁书社 2000 年版，第 140 页。

②　吴兢：《贞观政要》，齐鲁书社 2000 年版，第 102 页。

黜陟，察其善恶。今欲求人，必须审访其行。若知其善，然后用之，设令此人不能济事，只是才力不及，不为大害，误用恶人，假令强干，为害极多。但乱世惟求其才，不顾其行。太平之时，必须才行俱兼，始可任用。'"① 太宗君臣认为用人须慎择，要"察其善恶"，因为用善人即使才力不济，但不会为大害，而如果用了强干的恶人，则为害极多，强调了德行的重要性，并明确了"乱代唯求其才，不顾其行。太平之时，必须才行俱兼，始可任用"的用贤观念。

宋人一如继往地重视贤能，并继续发扬了尚贤说，对贤人标准深入探讨。司马光在《资治通鉴》中说："才者，德之资也；德者，才之帅也。"② 既明确了德才兼备的贤人标准，又进一步明确了德、才两者之间以德统才的主次关系。而在德才取舍之间，他主张"钧之不能两全，宁舍才而取德"③，并进一步指明有才无德的危害："自古昔以来，国之乱臣，家之败子，才有余而德不足，以至于颠覆者多矣，岂特智伯哉。"④

清朝末年，统治者腐朽卖国，西方列强侵略、瓜分中国，中华民族陷入亡国灭种的空前危机，一部分开明官僚兴起旨在"求强""求富"的洋务运动。出于发展科技，内强国本，外御强敌的紧迫要求，以曾国藩、李鸿章等为主要代表的洋务派，首倡学习西方科技，主张培养掌握西方先进科学技术的实用人才。如李鸿章为了造就掌握科学知识和实用技术的新兴人才，不仅兴办新式学堂，而且派人出国留学，全面学西方先进科技。1863 年，他在上海设立外国语言文学学馆——广方言堂，1880 年在天津设立水师学堂，1885 年在天津设立武备学堂，1894 年在天津创办医学堂。在新设立的"洋学堂"里面，开设了与传统科举完全

---

① 吴兢：《贞观政要》，齐鲁书社 2000 年版，第 103 页。
② 司马光：《资治通鉴》，中华书局 1956 年版，第 14 页。
③ 司马光：《温国文正公文集》，四部丛刊景宋绍兴本卷七十《才德论》。
④ 司马光：《资治通鉴》，中华书局 1956 年版，第 15 页。

不同的课程，包括格致、测算、舆图、火轮、机器、兵法、炮法、化学、电学等门类。自 1872 年起，李鸿章还先后主持挑选幼童 120 名分四批送到美国学习。1887 年，张之洞创办水陆师学堂，聘请外国人任教，传授轮机制造、舰船驾驶、外语、矿学、化学、电学、植物学、公法学等西学西技。与此同时，中国民族资本主义逐渐兴起，社会对各类生产劳动专业技术人才的需求迅速提升，进一步推动了我国对专业科技人才的重视与培养。如著名民族资本家张謇认为，中国缺乏专门人才，主张培养出适应社会发展和实业振兴的专业人才，呼唤"工匠之贤"，赋予墨家贤人观以新的内涵。1912 年，他首创南通纺织专门学校，开全国纺织专业人才由学校系统培养之先例。自洋务派开始，出于国家建设与发展的需要，人们打破为封建统治选拔官员的单一目标与培养、选拔模式，革新了两千多年的传统贤人观，提出了掌握西方先进科学技术的全新人才标准。这既是墨子"博通乎道术"贤人观的继承和发展，又成为中国近现代重视科学技术专业人才的开端。

进入 21 世纪，尚贤作为一种古老而富于生命力的政治学说，不仅在政治生活中扮演着重要角色，而且还在社会发展和国家建设的方方面面都具有指导意义。社会的发展与时代的进步也不断赋予其全新内容，首先，才能的内涵发生变化，衡量是否有才能的标准也更加客观。这既是社会发展进步的必然选择，又与墨子"博通乎道术"的标准遥相呼应。但是，能人是否忠诚，这个古老的问题又以新的形式被提出。今日如何发现、进用忠于国家、忠于事业的能人，显然不能回到"任人唯亲""任人唯圈"的老路上去，而要坚持"任人唯贤"、德才兼备，一定意义上讲，就是坚持墨家的尚贤路线。

第五章　"节用"：资源的节约与分配的公平

"节用"是墨家学说的重要内容，产生过重大社会影响。本章集中讨论墨家"节用"说的特征和它在历史上产生的影响。

第一节　墨家"节用"思想的由来与内容

"节用"是墨子重点论述的政治经济思想，体现了我国传统文化中的"尚俭"精神。

一、"节用"探源

（一）释"节用"

"节用"由"节"和"用"两个字组成，动宾结构。"节"的本义指竹节，形声字。《说文解字·竹部》："节，竹约也。"后来泛指动、植物连接的关节。《庄子·养生主》："彼节者有间而刀刃者无厚。"此处指牛的骨节。又引申指关键的环节。《荀子》："夫齐桓公有天下之大节焉，夫孰能亡之？"《吕氏春秋·察传》："夫乐，天地之精也，得失之节也。"

因竹节有捆束、束缚之状，后引申为制约、节制。《周易·未济》："饮酒濡首，亦不知节也。"《荀子·不苟》："君子大心则敬天而道，小心则畏义而节。"复引申表节约、俭省。《管子·乘马》："知侈俭，则百用节矣。"《荀子·富国》："节其流，开其源。""用"甲骨文作🔲。《说文解字·用部》："用，可施行也。从卜，从中。""用"为会意字，本义为施行。或以"用"为象形字，本义为盛物的器具，后引申为器物、用品。《国语·周语上》："司空除坛于籍，命农大夫咸戒农用。"复引申为施行、使用。《周易·乾》："初九，潜龙勿用。"再引申为财物、费用。《礼记·大学》："有土此有财，有财此有用。""节用"一词表对物资、财货的爱惜、俭省，最早出现在《论语》中。先秦诸子中，倡"节用"最疾者，是墨子。

"俭"是与"节用"紧密相联的重要概念。《说文解字·人部》："俭，约也。从人，佥声。"段玉裁注："约者，缠束也。俭者，不敢放侈之意。"《尔雅义疏·释训》："瞿瞿、休休，俭也。"郝疏："俭者，敛也。《贾子·道术篇》云：'广较自敛谓之俭'。"[①]"俭"是形声字，意同"约"，谓节制、约束。《尚书·太甲上》："慎乃俭德，惟怀永图。"《左传·僖公二十三年》："晋公子广而俭，文而有礼。"后引申为节俭、节省。《国语·周语下》："夫宫室不崇，器无彤镂，俭也。"在先秦典籍中，"俭"的本义与引申义都较为常用，而后来则渐渐以节约、俭省之义为主，成为中国古代重要的伦理道德概念。就节俭之义而言，"俭"与"节用"都表示物资、财货使用的俭省、节约，但"节用"侧重于施政方针和理财策略，"俭"含义更为丰富，侧重于形而上的政治经济理念和道德规范。"节用"为"尚俭"精神的具体体现，"俭"则是对"节用"行为的理论概括和道德升华。古人论修身、齐家、治国，常视语境而分别以"俭"或"节用"来论说。

---

① 郝懿行：《尔雅义疏》，上海古籍出版社1983年版，第550页。

（二）"节用"源流

节用思想源于古代社会落后的经济发展水平和明君贤士对政治兴衰的经验总结，以其强烈的现实意义和政治价值而得到先秦众多思想家的关注与深入探讨，后经历代思想家的反复论述和历代封建王朝的政治实践证明，最终被升华成"俭"德，成为中国古代重要的伦理道德概念之一，被视为修身、齐家、治国的必备品格。

在上古社会，由于生产力低下，物质极度贫乏，所以人类必须要节衣缩食才能维持生存，这是"节用"思想产生的现实基础。另一方面，奴隶主贵族在统治日久之后，日益奢侈荒淫。他们对下层劳动者敲骨吸髓地压榨剥削，以满足自己穷奢极侈的生活，最终身死国灭，走向被推翻、毁灭的末路。后来者对前人覆亡的命运引为深戒，并总结出施政必须节用爱民的历史教训，这便是节用思想的现实政治缘起。夏朝创始人禹"劳身焦思，居外十三年，过家门不敢入。薄衣食，致孝于鬼神。卑宫室，致费于沟减"，勤勉国事，努力治水，方才获得舜禅让帝位，而桀却"作瑶台，罢民力，殚民财，为酒池糟堤，纵靡靡之乐，一鼓而牛饮者三千人"，荒淫无度，引致民怨沸腾，被人民切齿痛恨与唾骂："时日曷丧，予及汝皆亡"，最终亡其国；汤逐死夏桀而立商，商朝最后一位统治者纣却更为荒淫残暴。他"好酒淫乐，嬖于妇人。爱妲己，妲己之言是从。于是使师涓作新淫声，北里之舞，靡靡之乐。厚赋税以实鹿台之钱，而盈巨桥之粟。益收狗马奇物，充仞宫室。益广沙丘苑台，多取野兽蜚鸟置其中。慢于鬼神。人最乐戏于沙丘，以酒为池，悬肉为林，使男女倮相逐其间，为长夜之饮"，最后众叛亲离，被周武王所败，"衣其宝玉衣，赴火而死"。面对夏、商两朝覆亡的前车之鉴，周朝统治者一开始便认识到荒淫逸乐、穷奢极侈对国家统治的危害，因此主张勤勉节欲、勤政爱民。《史记》载："周公归，恐成王壮，治有所淫佚，乃作《多士》，作《毋逸》。"《尚书·无逸》开篇即点明主旨："君子所其无逸。先知稼穑之艰难，乃逸，则知小人之依。"后反复强调商朝贤王"不敢荒宁"，指出后代商王亡国之因在于"生则逸"，"惟耽乐之从"，并告诫周王"无淫于观、于逸、于游、于田"。又《尚书·康诰》："无康好逸豫。"《无逸》和《康诰》是周公分别告诫成王和康叔的文章，均表达了治国理政不能荒淫逸乐的政治思想，其中虽没有明确说出节用、节俭之类的字眼，但在"无逸"的论述中已经包含有统治者要节制欲望、不耽享乐、勤勉爱民的思想，其内涵实质上与后世所论"节用""尚俭"的思想密切相联。《尚书·周官》中，成王则明确教育臣子"位不期骄，禄不期侈。恭俭惟德，无载尔伪"，要求臣子勤修德行，以节俭为尚。由于古代社会生产力低下，人民生活困苦，统治者的穷奢极侈是以掠夺普通劳动者的生存资源为基础的，必然激起、加剧社会矛盾，最终的结果必然是社稷颠覆。正是因为看到了这一层，古代富于政治头脑和远见的统治者、政治家才十分重视节俭的经济、政治功能，因而大力提倡节用，甚至将"俭"上升为治国理政的重要政治原则和道德规范，希望以此来维护统治，实现国家长治久安。

春秋战国之世，一方面，诸侯兼并攻伐，战争频繁，民生艰难。另一方面，诸侯贪得无厌，生活奢侈，横征暴敛，人民生活雪上加霜，更加苦不堪言。如齐景公一生"好治宫室，聚狗马奢侈，厚赋重刑"，厚敛于百姓，纵情挥霍，致使"民参其力。二入于公。而衣食其一。公聚朽蠹。而三老冻馁"，"丈夫耕，女子织，夜以接日，不足以奉上"。晋灵王"厚敛以雕墙。从台上弹人，观其避丸也。宰夫胹熊蹯不熟，灵公怒，杀宰夫，使妇人持其尸出弃之，过朝"，奢侈无度，残暴不仁。晋平公在位时，"庶民罢敝，而宫室滋侈。道殣相望，而女富溢尤。民闻公命，如逃寇雠"。楚平王治下"宫室无量，民人日骇，劳罢死转，忘寝与食"。统治者的穷极奢侈，恣意挥霍，与百姓的饥寒交迫、生死挣扎，对比鲜明，怵目惊心，二者之间的矛盾日益尖锐，政治动荡也随之而来。残酷的现实使人们深刻地认识到节欲俭约在治国理政中的重要作用，他们在前人基础上对节用思想展开了进一步的思考与探讨。如齐国的杰出政治家晏婴，崇尚节俭，名闻当世。他不仅自己十分节俭，"食不重肉，妾不衣帛"，而且认为贤君治国即"其政任贤，其行爱民，其取下节，其自养俭"。将取民有节、自养俭省视为施政的重要原则。《周易·否卦》象辞曰："君子以俭德辟难。"孔颖达《周易正义》："言君子于此否时，以节俭为德，辟其危难，不可荣华其身，以居禄位。……谓节俭为德，辟阴阳厄运之难，不可自重荣贵而骄逸也。"认为节俭可以避难全身。又《左传·庄公》："俭，德之共也；侈，恶之大也。"将"俭"视为所有有德者所共有的德性。至诸子百家，他们面对春秋战国之时复杂动荡的政治局势，在提出自己的政治主张时，针对诸侯乱斗、民生多艰的现实，对节用这一政治思想进行了更加深入的论述。不仅在政治经济领域重视节用，视其为事关国家治乱的重要政治原则，而且将"俭"上升为重要的伦理道德范畴。

二、墨家"节用"内涵

墨家兼爱利人，特重"节用"，《墨子》一书中反映"节用"思想的文章有9篇之多。《史记·太史公自序》："要曰强本节用，则人给家足之道也。此墨子之所长，虽百家弗能废也。"《汉书·艺文志》："墨家者流，盖出于清庙之守，茅屋采椽，是以贵俭。"二书均指出节用、尚俭是墨家思想的重要内容，颇有见地。

（一）"节用"之指归

墨子认为"节用"是事关国家兴废存亡的大事。墨子认为，节用可以兴利富民。《墨子·节用上》："圣人为政一国，一国可倍也；大之为政天下，天下可倍也。其倍之，非外取地也，因其国家去其无用之费，足以倍之。圣王为政，其发令兴事、使民用财也，无不加用而为者，是故用财不费，民德不劳，其兴利多矣。"《墨子·辞过》："其用财节，其自养俭，民富国治。"认为治国理政，无须外求，只要去无用之费，厉行节俭，就可以达到民富国治的效果，并由此得出了"俭节则昌，淫佚则亡"的结论，将节用视为事关存亡的关键因素。

墨子讲节用之法，从生产和消费两个环节展开。就生产环节而言，墨子主张努力扩大生产。劳动是人类区别于动物的本质特征，也是生存的基础，因此墨子讲节用，十分重生产劳动。《墨子·非乐上》："今人固与禽兽麋鹿、蜚鸟、贞虫异者也，今之禽兽麋鹿、蜚鸟、贞虫，因其羽毛以为衣裘，因其蹄蚤以为裤屦，因其水草以为饮食。故唯使雄不耕稼树艺，雌亦不纺绩织纴，衣食之财固已具矣。今人与此异者也，赖其力者生，不赖其力者不生。"[1]墨子将人与动物进行比较，指出动物可以从自然界的固有资源中获得生存资料，而人却必须通过劳动获取衣食。墨子兼爱利民，讲节用，是为了富国足民，人类这种"赖其力者生，不赖其力者不生"的特质决定了要使百姓丰衣足食，首要任务便是勤于劳作，以创造更多的物质财富，所以，墨子的节用之法，在生产环节提倡百官农工各司其职，尽职尽责，努力生产。《墨子·节用中》："是故古者圣王制为节用之法，曰：凡天下群百工，轮、车、鞼、匏、陶、冶、梓、匠，使各从事其所能。"[2]《墨子·非乐》："王公大人蚤朝晏退，听狱治政，此其分事也；士君子竭股肱之力，亶其思虑之智，内治官府，外收敛关市、山林、泽梁之利，以实仓廪府库，此其分事也；农夫蚤出暮

---

[1]　孙诒让：《墨子间诂》，中华书局 2001 年版，第 257 页。

[2]　孙诒让：《墨子间诂》，中华书局 2001 年版，第 163—164 页。

入，耕稼树艺，多聚叔粟，此其分事也；妇人夙兴夜寐，纺绩织纴，多治麻丝葛绪捆布缪，此其分事也。"只有各行各业的人尽忠职守，辛勤工作，才能创造出足够满足全社会成员生存需要的衣食资源，节俭方有所本，所以墨子论述之时，常将生产、生财置于节俭、用财之前。《墨子·七患》："故先民以时生财。固本而用财，则财足。""其力时急，而自养俭也。"能生财，才有财可用，能力作，方有用可俭，所以墨子论节用，以生产为本，强本而节用，方能国给民足。

墨家的节用，在消费环节主张以实用为原则，提出了全社会统一遵循的节俭原则，其总的标准就是"实用"和"利民"。《墨子·节用中》："凡足以奉给民用则止，诸加费不加于民利者，圣王弗为。""民用"是其用财的基本原则，即满足人的基本生理需要，超过这个最低标准就视之为浪费，各种增加的费用，如果对民生无益，就要停止。基于这一原则，墨子从衣、食、住、行等多个方面提出了"节用"的具体标准。对于居室，墨子主张："为宫室之法，曰：室高足以辟润湿，边足以圉风寒，上足以待雪霜雨露，宫墙之高足以别男女之礼。谨此则止。"认为居所只要满足遮风挡雨辟湿别男女即可，不需要富丽堂皇，因为据其节用之法，在国家建设中，"凡费财劳力，不加利者，不为也"，"圣王作为宫室，便于生，不以为观乐也"。对于衣着，墨子主张："为衣服之法：冬则练帛之中，足以为轻且暖；夏则绤绤之中，足以为轻且清。谨此则止。"认为服装只要轻便、应季之需即可，不需要精致华美，因为"圣人为衣服，适身体，和肌肤而足矣，非荣耳目而观愚民也"。对于饮食，墨子主张："其为食也，足以增气充虚，强体适腹而已矣。"饮食只需要果腹强体即可，不追求甘旨珍奇。对于交通工具，墨子主张："圣王作为舟车，以便民之事。其为舟车也，全固轻利，可以任重致远。"认为舟车是方便人民出行的工具，只需要坚固轻便，便于任重致远即可，不追求豪华享乐。对于两性关系，墨子强调蓄私有节："虽上世至圣必蓄私，不以伤行，故民无怨。宫无拘女，故天下无寡夫。内无拘女，外无寡夫，故天下之民众。"认为男女之情源于食色本性，虽难免有妻妾之事，但仍然应该节制欲望，不能纵欲无度。

墨子所处之时代，生产力低下，社会财富积累缓慢，条件艰苦，只有克勤克俭，才能满足全体社会成员的基本生存需要，维持国家的正常运转与进步、发展。统治者的穷奢极侈会浪费大量社会财富，严重阻碍国家的进步和发展，更重要的是，统治者的奢侈浪费是以残酷剥削压榨普通劳动者，剥夺广大劳动人民的生存资源，挤压他们的生存空间为前提的。墨子作为下层劳动人民的代言人，对于统治者以压榨剥削劳动人民、危害他们的生存权利为代价的奢侈行为，天然地反感与憎恶，其"节用"思想体现出维护广大劳动人民正当权利和追求公平正义的鲜明立场。

首先，墨子论节用，一针见血地指出统治者的奢侈享乐就是对下层劳动人民生存资源的剥削与掠夺，并对其进行了严厉批判。墨子指出，现在统治者的一切奢侈挥霍，都是建立在对广劳动人民的奴役和剥削基础上的："厚作敛于百姓，暴夺民衣食之财，以为宫室台榭曲直之望、青黄刻镂之饰"；"厚作敛于百姓，暴夺民衣食之财，以为锦绣文采靡曼之衣，铸金以为钩，珠玉以为佩，女工作文采，男工作刻镂，以为身服"；"厚作敛于百姓，以为美食刍豢，蒸炙鱼鳖，大国累百器，小国累十器，前方丈，目不能遍视，手不能遍操，口不能遍味，冬则冻冰，夏则饰馈"；"厚作敛于百姓，以饰舟车，饰车以文采，饰舟以刻镂。女子废其纺织而脩文采，故民寒，男子离其耕稼而脩刻镂，故民饥"。除了衣食住行，他们还追求各种声色享乐："其蓄私也，大国拘女累千，小国累百，是以天下之男多寡无妻，女多拘无夫，男女失时"；"厚措敛乎万民，以为大钟、鸣鼓、琴瑟、竽笙之声"，"亏夺民衣食之财，以拊乐如此多也"。统治者死后，"必大棺中棺，革阓三操，璧玉即具，戈剑鼎鼓壶滥，文绣素练，大鞅万领，舆马女乐皆具，曰必捶涂差通，垄虽凡山陵。此为辍民之事，靡民之财，不可胜计也"。墨子已经认识到，统治阶层是国家和社会的寄生者，自己并不创造社会财富，他们的一切衣食用度都源于对劳动人民劳动成果的占有与侵夺，因此他们的奢侈享乐，必然给劳动人民带来沉重的负担和苦难。为此，墨子对其进行了严厉的批判，指出"富贵者奢侈，孤寡者冻馁"，"上不厌其乐，下不堪其苦"，并极力主张节俭。由此可见，墨子的节用思想，立足于揭露和反对统治者的剥削和压迫，具有一种朴素的正义感。

其次，墨子提倡节用，主要针对的是统治者，要求从各个方面限制他们的奢侈消费，其根本目的是维护广大劳动人民的利益，让他们安居乐业。正如上文所言，统治者的奢侈浪费具有明显的压榨、剥削他人的阶级性。此外，墨子还认为统治者的言行，对国家的兴衰、社会的治乱、风气的良薄，有着重大的导向作用，正所谓"晋文公好士之恶衣，故文公之臣皆牂羊之裘，韦以带剑，练帛之冠，入以见于君，出以践于朝"；"楚灵王好士细要，故灵王之臣皆以一饭为节，胁息然后带，扶墙然后起。比期年，朝有黧黑之色"。究其根本原因，在于"君说之，故臣能之也"，上有所好，下必从之，因此统治者的奢侈浪费具有极大的破坏性，会直接导致社会风气的败坏、国家的动乱和人民贫困。他们崇宫室，则"左右皆法象之。是以其财不足以待凶饥，振孤寡，故国贫而民难治也"；他们美衣服，则"其民淫僻而难治，其君奢侈而难谏也。夫以奢侈之君御好淫僻之民，欲国无乱不可得也"；他们厚饮食，则"左右象之，是以富贵者奢侈，孤寡者冻馁虽欲无乱，不可得也"；他们饰舟车，则"左右象之，是以其民饥寒并至，故为奸邪。奸邪多则刑罚深，刑罚深则国乱"。墨子认为统治者的奢侈无度会直接带来民贫、国乱的严重后果，墨子兼爱利人，因此，他站在广大劳动人民的立场，出于富国裕民的政治目标，要求严格限制统治者的各项消费。其论节用，无论是论述其兴利富民的重要政治经济作用，还是以古代圣王为典则，从衣食住行、享乐、丧葬等方面提出节俭的主张，主要针对的都是统治者。墨子还明确要求统治阶层在节俭上率先示范："岁馑，则仕者大夫以下皆损禄五分之一。旱，则损五分之二。凶，则损五分之三。馈，则损五分之四。饥，则尽无禄禀食而已矣。故凶饥存乎国，人君彻鼎食五分之五，大夫彻县，士不入学，君朝之衣不革制，诸侯之客，四邻之使，雍食而不盛，彻骖騑，涂不芸，马不食粟，婢妾不衣帛。"遇到饥荒，统治集团要根据具体情况减俸示俭。

最后，墨子节用思想对所有社会成员一视同仁，实行统一的标准。正如上文所言，墨子提倡节用，以"实用""利民"为标准，这一标准适用于全体社会成员，并不依人的身份分出三六九等，他自己也忠实践行。墨子一视事仁的节用标准和思想，在其时等级森严的封建宗法制度下，体现出公平、公正的理想追求和极大的先进性，但也正因为其思想学说对统治者诸多限制，因而并不为封建统治者青睐，以至长期式微。但墨子节用学说中这种崇尚公平的理念，具有超越时代与阶级的进步意义，不仅在当时的社会环境中显得弥足珍贵，随着社会时代的进步和发展，其价值也为日益后人所重视。

（二）"节用"纲目："节葬""非乐"

墨子节用，除衣食住行之节外，还强调"节葬"与"非乐"。"节葬"与"非乐"，是"节用"思想的自然延伸，是节用原则的具体表现。

墨子生活的时期，战乱频仍，人民生活困苦。统治者却荒淫奢侈，他们不仅在活着的时候穷奢极侈，还妄想死后继续保持其奢靡的生活状态，因此，其时盛行厚葬。统治者死后不仅陪葬大量的珍宝器玩，甚至杀人殉葬。这种丧葬方式造成了了社会财富的极大浪费，给下层劳动人民带来了沉重的负担。墨子出身劳动阶层，作为下层劳动人民的代言人，墨家极力反对厚葬久丧的习俗。

墨子反对厚葬久丧，以利国利民为出发点，他认为仁者治国，为天下度，应该"天下贫则从事乎富之，人民寡则从事乎众之，众而乱则从事乎治之"。所以，对于厚葬久丧，墨子主张根据其实际效果来检验其正误："姑尝传而为政乎国家万民而观之。计厚葬久丧，奚当此三利者？我意若使法其言，用其谋，厚葬久丧实可以富贫众寡，定危治乱乎，此仁也，义也，孝子之事也，为人谋者不可不劝也。仁者将兴之天下，谁贾而使民誉之，终勿废也。意亦使法其言，用其谋，厚葬久丧实不可以富贫众寡，定危理乱乎，此非仁非义，非孝子之事也，为人谋者不可不沮也。仁者将求除之天下，相废而使人非之，终身勿为。"据此为准，墨子指出，厚葬久丧为害甚巨。

首先，厚葬久丧会导致国家贫穷。其时厚葬之法："存乎王公大人有丧者，曰棺椁必重，葬埋必厚，衣衾必多，文绣必繁，丘陇必巨；存乎匹夫贱人死者，殆竭家室；乎诸侯死者，虚车府，然后金玉珠玑比乎身，纶组节约，车马藏乎圹，又必多为屋幕。鼎鼓几梴壶滥，戈剑羽旄齿革，挟而埋之，满意。若送从，曰天子杀殉，众者数百，寡者数十。将军大夫杀殉，众者数十，寡者数人。"不仅将大量社会财富用于丧葬，而且还有杀殉之制，奢侈且残暴。其时久丧之法："哭泣不秩声翁，缞绖垂涕，处倚庐，寝苫枕块，又相率强不食而为饥，薄衣而为寒，使面目陷䫊，颜色黧黑耳目不聪明，手足不劲强，不可用也。又曰上士之操丧也，必扶而能起，杖而能行，以此共三年。"这两者都对社会财富的创造与积累有极大破坏。墨子指出："细计厚葬，为多埋赋之财者也。计久丧，为久禁从事者也。财以成者，扶而埋之；后得生者，而久禁之，以此求富，此譬犹禁耕而求获也，富之说无可得焉。"厚葬之俗浪费大量社会财富，久丧之制阻碍劳动生产和各项社会事务的开展，不利于富国裕民，因而遭到墨子的激烈批评。

其次，久丧之法会损害民众健康，乃至减损人口，是弱国之道。"苟其饥约，又若此矣，是故百姓冬不仞寒，夏不仞暑，作疾病死者，不可胜计也。此其为败男女之交多矣。以此求众，譬犹使人负剑，而求其寿也。"古代社会生产力低下，需要大量的劳动力进行生产，诸侯各国频繁征战，也需要大量的人口从军，因此，人口是非常重要的资源，人口众多是发展生产、增强国力的重要条件，各国均将增加人口视为治国要务之一。久丧之制阻碍人口增加，不利于国家富强。

再次，厚葬久丧贫国弱民，必然带来政治上的混乱。"行若道，使为上者行此，则不能听治；使为下者行此，则不能从事。上不听治，刑政必乱；下不从事，衣食之财必不足。若苟不足，为人弟者，求其兄而不得不弟弟必将怨其兄矣；为人子者，求其亲而不得，不孝子必是怨其亲矣；为人臣者，求之君而不得，不忠臣必且乱其上矣。是以僻淫邪行之民，出则无衣也，入则无食也，内续奚吾，并为淫暴，而不可胜禁也。"厚葬久丧使上下无暇勤于本务，政乱财乏，道德沦丧，国家必然陷于混乱。

再次，厚葬久丧易招致外敌侵凌。春秋战国之时"天下失义，诸侯力征"，各国之间战争频繁，弱肉强食，弱国"无积委，城郭不修，上下不调和，是故大国耆攻之"。"今唯无以厚葬久丧者为政。国家必贫，人民必寡，刑政必乱。若苟贫，是无以为积委也；若苟寡，是城郭沟渠者寡也；若苟乱，是出战不克，入守不固。"厚葬久丧会导致国家贫穷，军备不修，上下混乱，战斗力衰弱，其时强敌虎伺，十分危险。

最后，厚葬久丧会影响正常祭祀，为鬼神所弃。"今唯无以厚葬久丧者为政，国家必贫，人民必寡，刑政必乱。若苟贫，是粢盛酒醴不净洁也；若苟寡，是事上帝鬼神者寡也；若苟乱，是祭祀不时度也。"认为厚葬久丧带来的贫弱混乱，会导致对鬼神的供奉简薄不洁，祭礼不时，最终"上帝鬼神降之罪厉之祸罚而弃之"。墨子尊奉天志，崇信鬼神，以为上天鬼神掌世间赏罚之权，一国为鬼神降罚遗弃，亡国可期了。

在墨子看来，厚葬久丧为祸甚巨，因此主张应该"节用"，并提出"薄葬""心丧"之法。其埋葬之制取法于圣王："棺三寸，足以朽骨；衣三领，足以朽肉；掘地之深，下无菹漏，气无发洩于上，垄足以期其所，则止矣。"薄棺俭装，浅穴小坟，从俭而葬。其"心丧"之法要求"以哀为本"，认为对死者的尊敬、爱戴、孝敬，不在于繁复的礼节和排场，不在于守丧时间长短，不在于久哭致祭，而在于发自内心的哀悼。送葬之时，"哭往哭来，反从事乎衣食之财，侔乎祭祀，以致孝于亲"。"死则既以葬矣，生者必无久哭，而疾而从事，人为其所能，以交相利也。"要求葬礼尽哀，哭往哭来，但不必久哭，丧期无须过长，葬礼后即要努力从事生产劳动，创造更多的社会财富，孝敬亲人，祭奠亡灵，造福他人。

墨家"节用"思想的另一个组成部分是"非乐"，其"非乐"的指导思想也是实用、利民的原则。墨子"非乐"，"非以大钟、鸣鼓、琴瑟、竽笙之声，以为不乐也"，但"仁之事者，必务求兴天下之利，除天下之害，将以为法乎天下。利人乎，即为；不利人乎，即止"。从实用利民的角度来看，墨子认为"为乐"弊大于利。首先，为乐占用大量社会财富。统治者为了享乐，"将必厚措敛乎万民，以为大钟、鸣鼓、琴瑟、竽笙之声"。为乐之人"食必粱肉，衣必文绣"，也会消耗大量社会财富。其次，为乐无助于解决足民强国等实际问题。黑子认为无论是针对"饥者不得食，寒者不得衣，劳者不得息"的物质困境，还是"大家即伐小家，强劫弱，众暴寡，诈欺愚，贵傲贱，寇乱盗贼并兴"的社会问题，"厚措敛乎万民，以为大钟、鸣鼓、琴瑟、竽笙之声，以求兴天下之利，除天下之害而无补也"，即为乐对于实际问题的解决没有任何帮助，这与墨子实用、利民的节用原则背道而驰，因而遭到墨子的强烈反对。最后，为乐阻碍社会生产和政务的正常开展。《墨子·非乐》："其说将必撞击之，惟勿撞击……将必使当年，因其耳目之聪明，股肱之毕强，声之和调，眉之转朴。"演奏音乐占用大量青壮年劳动力，致使"废丈夫耕稼树艺之时"，"废妇人纺绩织纴之事"，影响了社会生产。欣赏音乐也会耽误各阶层正常履职，从而对国家的生产、治理产生负面作用："今惟毋在乎王公大人说乐而听之，即必不能蚤朝晏退，听狱治政，是故国家乱而社稷危矣。今惟毋在乎士君子说乐而听之，即必不能竭股肱之力，亶其思虑之智，内治官府，外收敛关市、山林、泽梁之利，以实仓廪府库，是故仓廪府库不实。今惟毋在乎农夫说乐而听之，即必不能蚤出暮入，耕稼树艺，多聚叔粟，是故叔粟不足。今惟毋在乎妇人说乐而听之，即不必能夙兴夜寐，纺绩织纴，多治麻丝葛绪捆布缪，是故布缪不兴。"墨子认为，上至王公大人、士君子，下至农夫、妇人，如果耽于欣赏音乐，会疏于本职工作，带来衣食不足、国家混乱的严重后果。正是基于种种弊端，墨子认为为乐"亏夺民衣食之财，以拊乐如此多也"，"上考之不中圣王之事，下度之不中万民之利"，所以"非乐"。

第二节　诸家节用思想之比较

一、先秦诸子之节用观

春秋战国，诸子百家大多力倡节俭。

（一）儒家论节用

儒家与墨家并称显学，也十分重视节俭。孔子十分注重个人的道德修养，强调对道的追求与坚守，反对贪图享乐，奢侈浪费，主张生活节俭，安贫乐道。如孔子认为"士志于道"，鄙薄孜孜追求享乐而"耻恶衣恶食者"。颜回"一箪食、一瓢饮,在陋巷,人不堪其忧,回也不改其乐",子路"衣敝缊袍,与衣狐貉者立,而不耻",二人这种俭朴的作风和安贫乐道的精神均得到了孔子的赞扬。由此,孔子还进一步将节俭与人的品格养成联系起来。《论语·述而》:"奢则不孙,俭则固。与其不孙也,宁固。"将奢俭与德性联系起来。孔子十分重礼,但即使遇到与"礼"相违背的情况,孔子有时也会舍礼而从俭,可见其对节俭的重视。《论语·子罕》:"麻冕,礼也;今也纯,俭。吾从众。"以为将符合传统礼仪的麻冕换成黑色的丝,更加俭省,二者之间孔子选择从俭。又《论语·八佾》:"礼,与其奢也,宁俭;丧,与其易也,宁戚。"在面对礼的问题时,在奢俭之间,孔子也选择弃奢从俭。孔子还将节用视为治国理政的重要政治经济方略。《论语·学而》:"道千乘之国,敬事而信,节用而爱人,使民以时。"认为节用爱人是治国的重要原则之一。

孟子论节用较简略,但也主张节俭,反对奢侈浪费。《孟子·尽心下》:"堂高数仞,榱题数尺,我得志弗为也;食前方丈,侍妾数百人,我得志弗为也;般乐饮酒,驱骋田猎,后车千乘,我得志弗为也。"对人君华屋、美食、般乐的生活不以为然,表现出对节俭精神的推崇。关于节用的标准,孟子提出以"礼"为准。《孟子·尽心上》:"食之以时,用之以礼,财不可胜用也。"认为饮食以时,用财以礼,就无乏财之忧。孟子也将"俭"视作君子培养德行的重要途径。《孟子·尽心下》:"养心莫善于寡欲。"认为从俭寡欲是养心修德的关键。

荀子对节用思想有更全面深入的论述。荀子根据其人性观,深入分析了节用的现实需要与意义。荀子认为人天生具有各种欲望,而且追求物质享受,"夫人之情,目欲綦色,耳欲綦声,口欲綦味,鼻欲綦臭,心欲綦佚。——此五綦者,人情之所必不免也","人之情,食欲有刍豢,衣欲有文绣,行欲有舆马,又欲夫余财蓄积之富也;然而穷年累世不知不足,是人之情也"。众人皆有享乐的欲望,但天下的财物是有限的，如果人人任纵欲望而行，则必然天下大乱，"从人之欲，则埶不能容，物不能赡也"，"欲多而物寡，寡则必争矣"。针对这种情况，荀子提出"节用御欲"的主张，要求人们节制欲望，讲求节俭。《荀子·荣辱》："今人之生也，方知畜鸡狗猪彘，又蓄牛羊，然而食不敢有酒肉；余刀布，有困窌，然而衣不敢有丝帛；约者有筐箧之藏，然而行不敢有舆马。是何也？非不欲也，几不长虑顾后，而恐无以继之故也？于是又节用御欲，收敛蓄藏以继之也。是于己长虑顾后，几不甚善矣哉！今夫偷生浅知之属，曾此而不知也，粮食大侈，不顾其后，俄则屈安穷矣。是其所以不免于冻饿，操瓢囊为沟壑中瘠者也。"认为从长远来考虑，想要免除后顾之忧，一定要御欲节欲。反之，如果不从长计议，任意挥霍，不为将来打算，则必定会陷于困顿，甚至于转死沟壑。

荀子论节用，重点论述其在治国理政方面的重要作用，认为节用是富国裕民的重要手段。《荀子·富国篇》："足国之道，节用裕民，而善臧其余。节用以礼，裕民以政。彼裕民，故多余。裕民则民富，民富则田肥以易，田肥以易则出实百倍。上以法取焉，而下以礼节用之，余若丘山，不时焚烧，无所臧之。夫君子奚患乎无余？故知节用裕民，则必有仁圣贤良之名，而且有富厚丘山之积矣。此无他故焉，生于节用裕民也。不知节用裕民则民贫，民贫则田瘠以秽，田瘠以秽则出实不半；上虽好取侵夺，犹将寡获也。"指出只有"节用以礼，裕民以政"，才能国富民强，反之则民贫国寡。因此，荀子把节俭视为统治阶级的根本德行，要求"天子诸侯无靡费之用，士大夫无流淫之行"。

荀子论节用，也十分重视社会生产和社会财富的创造，在强调节俭用度的同时，也主张要"强本"和"开源"。《荀子·富国篇》："田野县鄙者，财之本也；垣窌仓廪者，财之末也。百姓时和，事业得叙者，货之源也；等赋府库者，货之流也。"认为农业生产、各行各业有序生产是财货之本和源，而聚敛、存储是财货之末和流，因此荀子主张将强本和节用、开源和节流有机统一，一方面加强社会生产，创造财富，另一方面则力行节俭，节约、积累财富。《荀子·天论》："强本而节用，则天不能贫。……本荒而用侈，则天不能使之富。"《荀子·富国》："故明主必谨养其和，节其流，开其源，而时斟酌焉。潢然使天下必有余，而上不忧不足。如是，则上下俱富，交无所藏之。是知国计之极也。"认为强本和节用、开源和节流相辅相成，二者结合，就能富国裕民，并以大禹和商汤为例说明这一番道理："故禹十年水，汤七年旱，而天下无菜色者，十年之后，年谷复熟，而陈积有余。是无它故焉，知本末源流之谓也。"大禹和商汤虽遇水旱，却因为"知本末源流"而国给民足，正是节用之功。反之，"伐其本，竭其源，而并之其末，然而主相不知恶也，则其倾覆灭亡可立而待也"。

荀子还进一步明确了节用的标准，那就是"礼"。《荀子·富国篇》："节用以礼，裕民以政。"强调用财以礼为标准和依据，即不同阶层的人要根据自己的身份和地位来决定消费的层次，其消费达到本阶层的等级标准即可，过高则视为奢侈。依据这一标准，荀子还对统治阶级的各项消费提出了具体要求："故为之雕琢、刻镂、黼黻、文章，使足以辨贵贱而已，不求其观；为之钟鼓、管磬、琴瑟、竽笙，使足以辨吉凶，合欢定和而已，不求其余；为之宫室台榭，使足以避燥湿，养德辨轻重而已，不求其外。"认为其服饰、音乐、居所足以辨贵贱、辨吉凶、避燥湿即可。

（二）道家论节用

道家思想消极避世，对政治议题关注较少，而偏于探讨人的精神世界，因此，道家对节用的论述相对较少。但道家崇尚自然，主张清静无为，因而也推崇节俭，反对铺张奢华。《老子》："我有三宝，持而保之；一曰慈；二曰俭；三曰不敢为天下先。"将"俭"视若珍宝，其"俭"意谓节制，虽不明指节用之"俭"，但道家讲究清心寡欲，不为物累，其中也包含着节制欲望、生活俭朴之义。老子论治国养生，也推重节俭，特重精神、欲望的节制、俭约。《老子》："治人事天，莫若啬。"《韩非子·解老》："众人之用神也躁，躁则多费，多费之谓侈。圣人之用神也静，静则少费，少费之谓啬。"啬即俭省意，则老子认为治国以节俭为上，包含了爱惜、节约财物和节省精神两层含义。老子之论节俭，更侧重于个人的"修身养德"，他指出"五色令人目盲；五音令人耳聋；五味令人口爽；驰骋田猎，令人心发狂；难得之货，令人行妨。是以圣人为腹不为目。故去彼取此"。认为五色、五音、五味等过度享受会伤身乱智，使人迷失自我，误入歧途，因此主张人应当在满足温饱等基本生理需求之外，自我克制，舍弃其他一切欲望及奢侈享受，"去甚、去奢、去泰"。老子的目的虽为节欲养生，但其极度节俭、反对奢侈享乐的主张却与墨子节用思想颇为接近。有鉴于此，老子还进一步敬告世人"祸莫大于不知足，咎莫大于欲得"，认为多欲不节是招祸得咎之由，将节欲崇俭视为保全身家性命要素。

庄子继承、发扬老子思想，进一步发展了老子的节俭思想。庄子之世，儒墨思想影响广泛，对于墨子的节用思想，庄子给予了很高的评价，表现其对节俭的推崇。《庄子·天下》："不侈于后世，不靡于万物，不晖于数度，以绳墨自矫，而备世之急。古之道术有在于是者。……使后世之墨者，多以裘褐为衣，以跂蹻为服，日夜不休，以自苦为极……将使后世之墨者，必以自苦腓无胈、胫无毛相进而已矣。乱之上也，治之下也。虽然，墨子真天下之好也。将求之不得也，虽枯槁不舍也，才士也夫！"[①]庄子虽对墨家思想亦有微辞，但却称赞墨家推崇节用并身体力行的精神。庄子从个人养生方面，明确地反对纵欲奢靡，提倡节欲从

---

① 郭庆藩：《庄子集释》，中华书局 1961 年版，第 1972—1075 页。

俭。《庄子·徐无鬼》："君独为万乘之主，以苦一国之民，以养耳目鼻口，夫神者不自许也。夫神者，好和而恶奸。夫奸，病也，故劳之。"认为统治者聚敛百姓，以满足个人的纵欲享乐，会导致心神混乱而生病。庄子还从人的本质需求角度说明了节用的必然。《庄子·逍遥游》中尧要将天下让给许由，许由拒绝说："鹪鹩巢于深林，不过一枝；偃鼠饮河，不过满腹。归休乎君，予无所用天下为。"认为人的生存需求实际上是很少的，天下对他毫无用处。许由这种超然物外的出世精神反映出一种节欲崇俭的精神，人只需要满足最基本的生存需求即可，其他一切身外之物都是无用的，应该摒弃。

（三）法家论节用

法家重法治，以富国强兵为目的，对节用思想也颇有论述。商鞅从理财的角度分析了节用在富国裕民方面的重要性，他说："所谓富者，入多而出寡。衣食有制，饮食有节，则出寡矣。女事尽于内，男事尽于外，则入多矣。"认为要致富，必须将努力生产与节约消费结合起来，"入多出寡"，即开源节流。因此，商鞅主张明君治国，必须"去无用，止畜学事淫之民，壹之农，然后国家可富，而民力可抟也"，并提出了"贫治"的治国方略。《商君书·去强》："国富而贫治，曰重富，重富者强。国贫而富治，曰重贫，重贫者弱。""贫治"就是用治理贫国的方法来治国，鼓励生产，提倡节俭，反对奢侈浪费，"富治"则与之相反。由此可见，商鞅认为节俭是国家富强的关键因素，并将崇俭抑奢当作一项重要的治国方略。

韩非子虽然指墨家为"愚诬之学、杂反之辞争"，但对墨子的强本节用的思想却十分赞同。《韩非子·显学》："今夫与人相若也，无丰年旁入之利而独以完给者，非力则俭也。与人相若也，无饥馑疾疚祸罪之殃独以贫穷者，非侈则惰也。侈而惰者贫，而力而俭者富。"又《韩非子·六反》:"今家人之治产也,相忍以饥寒,相强以劳苦,虽犯军旅之难,饥馑之患,温衣美食者,必是家也;相怜以衣食,相惠以佚乐,天饥岁荒,嫁妻卖子者,必是家也。"认为无论是个人,还是家庭,只要勤劳节俭,即使没有丰年和额外收入,或遇灾荒祸乱,也可以自给富足。如果奢侈懒惰,即使没有碰到饥荒疾病灾祸,也会身陷贫穷,一旦遇到天灾人祸,便可能卖儿卖女。因此,韩非子最终得出"侈而惰者贫,而力而俭者富"的结论,将节俭与富足、奢侈与贫穷联系起来,肯定了强本节用在经济活动中的决定性作用。正是因为看到了节用的重要作用,韩非子十分推崇节俭,他称赞"圣人不引五色,不淫于声乐,明君贱玩好而去淫丽。……故圣人衣足以犯寒,食足以充虚,则不忧矣",认为圣人明君均不耽于声色,衣食俭朴,温饱即止,并指出治国理政的重要原则是节用。《韩非子·十过》:

　　昔者戎王使由余聘于秦,穆公问之曰:"寡人尝闻道而未得目见之也,愿闻古之明主得国失国何常以?"由余对曰:"臣尝得闻之矣,常以俭得之,以奢失之。"穆公曰:"寡人不辱而问道于子,子以俭对寡人何也?"由余对曰:"臣闻昔者尧有天下,饭于土簋,饮于土铏,其地南至交趾,北至幽都,东西至日月之所出入者,莫不宾服。尧禅天下,虞舜受之,作为食器,斩山木而财之,削锯修之迹,流漆墨其上,输之于宫以为食器,诸侯以为益侈,国之不服者十三。舜禅天下而传之于禹,禹作为祭器,墨染其外,而朱画其内,缦帛为茵,蒋席颇缘,觞酌有采,而樽俎有饰,此弥侈矣,而国之不服者三十三。夏后氏没,殷人受之,作为大路,而建九旒,食器雕琢,觞酌刻镂,四壁垩墀,茵席雕文,此弥侈矣,而国之不服者五十三。君子皆知文章矣,而欲服者弥少,臣故曰俭其道也。"

借由余之口，以尧、舜、禹、殷商治天下之故实，说明得国以俭、失国以奢的道理。

另一方面，韩非子激烈批判了奢靡享乐的巨大危害。就个人而言，韩非子认为贪图享乐、奢侈铺张不仅导致贫穷，甚至还会招致祸患。《韩非子·六反》："财货足用则轻用，轻用则侈泰；亲爱之则不忍，不忍则骄恣；侈泰则家贫，骄恣则行暴，此虽财用足而爱厚，轻利之患也。"《韩非子·解老》："人有福则富贵至，富贵至则衣食美，衣食美则骄心生，骄心生则行邪僻而动弃理，行邪僻则身死夭，动弃理则无成功。夫内有死夭之难，而外无成功之名者，大祸也。"在政治方面，韩非子将穷奢极侈、荒淫逸乐视为弱国亡身的罪魁祸首。如《韩非子·亡徵》："好宫室台榭陂池，事车服器玩好，罢露百姓，煎靡货财者，可亡也。""父兄大臣禄秩过功，章服侵等，宫室供养太侈，而人主弗禁，则臣心无穷，臣心无穷者，可亡也。"指出了两种亡国的征兆，均属奢侈不节之类。又《韩非子·十过》分析了十种严重的过错，其中两种都与奢靡逸乐有关："十过：……四曰、不务听治而好五音，则穷身之事也。……六曰、耽于女乐，不顾国政，则亡国之祸也。"认为沉湎声色、不治国听政是自取灭亡。总之，韩非从多个角度分析了铺张奢侈的严重后果，表现出尚俭节用的鲜明立场。

韩非子节用的标准，有似于儒家，要求人们根据其身份、地位的等级来决定其消费水平，认为背离身份等级的过俭或过奢均是错误的，因为"爵禄旂章，所以异功伐别贤不肖也"，"臣以卑俭为行，则爵不足以观赏"。因此，韩非子虽然主张节用，却既反对不合身份的奢侈浪费，也反对不符合其身份等级的过度节俭。如"管仲父，出、朱盖青衣，置鼓而归，庭有陈鼎，家有三归"，孔子认为其"泰侈偪上"，反对超越其身份地位的奢侈用度。"孟献伯相鲁，堂下生藿藜，门外长荆棘，食不二味，坐不重席，晋无衣帛之妾，居不粟马，出不从车"，"门有御，马不食禾",苗贲皇却认为其用度不合晋国之法度,斥其"乱晋国之政,乏不虞之备,以成节,以絜私名"。又"孙叔敖相楚,栈车牝马,粝饼菜羹,枯鱼之膳,冬羔裘,夏葛衣,面有饥色"。孙叔敖十分节俭,消费水平远低于其身份等级规定的标准,其下级的消费按等级依次递减,便会十分艰苦,所以被认为"其俭偪下"。可见,韩非子认为人们的消费和用度应根据其身份、等级,按照法律和制度来施行,过俭与过奢均不可取。在具体的消费行为中,韩非子还提出了量入为出的观点。《韩非子·南面》:"人主欲为事,不通其端末,而以明其欲,有为之者,其为不得利,必以害反,知此者,任理去欲。举事有道,计其入多,其出少者,可为也。惑主不然,计其入不计其出,出虽倍其入,不知其害,则是名得而实亡,如是者功小而害大矣。"认为人主行事,应当节制欲望,据理而行,入多出少,则可为。反之,昏君行事入少出多,不利反害,功小害大。

二、儒墨之辨

儒、墨二家,均大力提倡节用,且一度并称显学,其节用思想对中华民族尚俭的传统美德和后世的政治均产生了较深远的影响,但二者在节用这一学说上,却又有着明显的不同,甚至有针锋相对的矛盾之处。就墨子而言,他提倡节用,故反对儒家的繁文缛节,非乐、节葬,而儒家也对于墨家的无差别、极度节俭颇有微词。细致分析,两家的节用学说,在两个方面有比较明显的差异。

(一)节用的标准不同:儒家节俭以礼,墨家自苦为俭

儒家与墨家虽然都主张节用,并且将节俭视为治国理政的重要方略,但二者在节用的标准上却有着明显的不同。概括地讲,儒家的"节

用"以"礼"为标准，而墨家则确立了一套全社会一致遵守的以实用为原则的节用标准。

儒家思想重"礼"。孔子说"为国以礼"，又说"不学礼，无以立"，将礼视为国家的纲纪和个人的立身之本。荀子也十分重视"礼"，在其作品中反复强调"隆礼"，认为"礼者，人道之极也"，"人之命在天，国之命在礼"，"国无礼则不正，礼之所以正国也"，"人无礼不生，事无礼不成，国家无礼不宁"，并从其人性论出发，论证"礼"在社会生活和国家政治中的核心作用。《荀子·礼论》说："礼起于何也？曰：人生而有欲，欲而不得，则不能无求。求而无度量分界，则不能不争；争则乱，乱则穷。先王恶其乱也，故制礼义以分之，以养人之欲，给人之求。"认为人生而有欲有求，如不加以限制，整个社会就会因为争斗而陷于混乱，而礼义则是先王制定以维护社会秩序的一整套规范。《荀子·王制》也再次强调："埶位齐，而欲恶同，物不能澹则必争；争则必乱，乱则穷矣。先王恶其乱也，故制礼义以分之，使有贫富贵贱之等，足以相兼临者，是养天下之本也。""礼"在儒家思想体系中具有如此重要的地位，因此，儒家节用、尚俭，均以"礼"为其判断标准和依据。

所谓"礼"就是一整套维护宗法血缘关系的等级制度和道德规范。"礼"讲究"贵贱有等，长幼有差，贫富轻重皆有称者也"，具有很强的等级特点，贯穿在当时社会生活的方方面面。政治上，每一个阶层皆有自己相应的政治权力，等级分明，"天子建国，诸侯立家，卿置侧室，大夫有贰宗，士有隶子弟，庶人工商各有分亲，皆有等衰。是以民服事其上，而下无觊觎"。经济上，每个阶层也有相应的经济地位，"公食贡，大夫食邑，士食田，庶人食力，工商食官，皂隶食职，官宰食加"。与此相关，不同阶层在衣食住行、婚丧嫁娶等个人行为和日常生活中也均有不同标准和要求。《荀子·礼论》："礼者，以财物为用，以贵贱为文，以多少为异，以隆杀为要。"所谓礼，就是从人们拥有的财物、礼仪、得到的享受等方面来区别贵贱，根据具体情况或隆重或简省，简而言之，就是要求人们从各个方面来区别身份和地位，要求人们"衣服有制，宫室有度，人徒有数，丧祭械用皆有等宜"。

儒家崇尚节俭，但同时强调"礼"的规范性，而"礼"则规定社会各阶层的人享有不同的权利和消费水平，因此，儒家的节用具有较强的等级性，要求各个阶层的人按照自己的身份和地位来安排自己的衣食住行和各项用度，人们的消费用度是否节俭，其判断的标准便是"礼"，即其身份和地位对应的消费水准。儒家论节用，从孔子到荀子，均以维护封建血缘宗法等级制度的"礼"为标准。

孔子在自己的日常吃穿用度、一言一行上，十分注意遵守"礼"的规范，如他对衣食都十分讲究，严格地按照"礼"的要求来做：

> 君子不以绀緅饰。红紫不以为亵服。当暑，袗絺绤，必表而出之。缁衣羔裘，素衣麑裘，黄衣狐裘。亵裘长。短右袂。狐貉之厚以居。去丧，无所不佩。非帷裳，必杀之。羔裘玄冠不以吊。吉月，必朝服而朝。
>
> 齐，必有明衣，布。必有寝衣，长一身有半。齐，必变食，居必迁坐。食不厌精，脍不厌细。食饐而餲，鱼馁而肉败，不食。色恶，不食。臭恶，不食。失饪，不食。不时，不食。割不正，不食。不得其酱，不食。肉虽多，不使胜食气。惟酒无量，不及乱。沽酒市脯不食。不撤姜食。不多食。祭于公，不宿肉。祭肉不出三日。出三日，不食之矣。食不语，寝不言。虽疏食菜羹，瓜祭，必齐如也。

孔子对衣服的颜色、材质、形制、穿戴的场合都十分注意，饮食也十分讲究，多有禁忌，这一切均源于孔子对于"礼"的重视与遵守。

孔子对于超越其身份地位的用度，即奢而越礼的行为深恶痛绝。《论语·八佾》："孔子谓季氏：'八佾舞于庭，是可忍也，孰不可忍也？'"《论语注疏》："佾，列也。天子八佾，诸侯六，卿大夫四，士二。八人为列，八八六十四人。鲁以周公故受王者礼乐，有八佾之舞。季桓子僭于其家庙舞之，故孔子讥之。"又《论语·八佾》："三家者以雍彻。子曰：'相维辟公，天子穆穆，奚取于三家之堂？'"《论语注疏》："三家，谓仲孙、叔孙、季孙。《雍》，《周颂·臣工》篇名。天子祭于宗庙，歌之以彻祭。今三家亦作此乐以彻祭，故夫子讥之。"对于季氏和仲孙、叔孙、季孙等僭越礼制、擅用礼乐的奢靡、享乐行为，孔子进行了激烈的批判。孔子不仅激烈反对统治者的越礼奢靡行为，对身边亲近者的越礼行为，也绝不纵容。颜渊死后，门人想要厚葬他，孔子却加以反对。门人厚葬颜渊之后，孔子十分痛心。《论语·先进》："颜渊死，门人欲厚葬之，子曰：'不可。'门人厚葬之。子曰：'回也视予犹父也，予不得视犹子也。非我也，夫二三子也。'"颜渊是孔子最爱的弟子，对于他的去世，孔子非常伤心，但却反对厚葬他，其根本原因，便是因为其厚葬不合于礼，因为"礼，贫富有宜。颜渊贫，而门人欲厚葬，故不听之，曰不可也"。

孔子虽然提倡节俭，但对于不合于"礼"的节俭，也是十分反对的。其节俭是有规则和限度的，这个限度便是"礼"。当节俭与"礼"发生冲突的时候，孔子往往倾向选择遵从"礼"的规范。《论语·八佾》："子贡欲去告朔之饩羊。子曰：'赐也，尔爱其羊，我爱其礼。'"《论语注疏》："郑曰：'牲生曰饩。礼，人君每月告朔，于庙有祭，谓之朝事。鲁自文公始不视朔。子贡见其礼废，故欲去其羊。'……此章言孔子不欲废礼也。……此孔子不许子贡之欲去羊，故呼其名而谓之曰：'赐也！尔以为既废其礼，虚费其羊，故欲去之，是爱其羊也。我以为羊存犹以识其礼，羊亡礼遂废，所以不去其羊，欲使后世见此告朔之羊，知有告朔之礼，庶或复行之，是爱其礼也。'"在存礼与省羊之间，孔子选择了存礼，可见其在节俭与"礼"之间的权衡与取舍。

孟子也推重节俭，但其奉行节俭标准也是"礼"。《孟子·公孙丑下》：

> 孟子自齐葬于鲁，反于齐，止于赢。充虞请曰："前日不知虞之不肖，使虞敦匠事。严，虞不敢请。今愿窃有请也，木若以美然。"
>
> 曰："古者棺椁无度，中古棺七寸，椁称之。自天子达于庶人。非直为观美也，然后尽于人心。不得，不可以为悦；无财，不可以为悦。得之为有财，古之人皆用之，吾何为独不然？且比化者，无使土亲肤，于人心独无恔乎？吾闻之君子：不以天下俭其亲。"

孟子厚葬母亲，遭到弟子质疑棺木过于奢侈，孟子提出了"君子不以天下俭其亲"的观点，认为只要合于礼制，经济条件允许，即便棺木比较精良，也不为过，因为厚葬父母是重于孝，合于礼的，可以不拘泥于节俭的要求。

荀子是儒家学派后期的代表人物，他既"隆礼"，又重"节用"，在二者关系上，他更加明确地提出了"节用以礼"的主张。从"礼"的要求出发，《荀子·大略篇》要求人们的衣食用度都严守各自的身份和地位：

> 天子袾裷衣冕，诸侯玄裷衣冕，大夫裨冕，士皮弁服。
> 天子山冕，诸侯玄冠，大夫裨冕，士韦弁，礼也。
> 天子御珽，诸侯御荼，大夫服笏，礼也。
> 天子雕弓，诸侯彤弓，大夫黑弓，礼也。

对这些服饰，荀子不论其奢俭，而唯重其是否合"礼"。

对于统治阶层的华服美食，荀子并不以为奢，因为这合乎"礼"的要求，具有重要的政治意义，对此，《荀子·富国篇论述》曰：

> 为人主上者，不美不饰之不足以一民也，不富不厚之不足以管下也，不威不强之不足以禁暴胜悍也，故必将撞大钟，击鸣鼓，吹笙竽，弹琴瑟，以塞其耳；必将錭琢刻镂，黼黻文章，以塞其目；必将刍豢稻粱，五味芬芳，以塞其口。然后众人徒，备官职，渐庆赏，严刑罚，以戒其心。

君主美饰厚味，礼乐盛隆，能使天下人都知其所欲、知所畏惧，从而使君主的赏罚令行禁止，从而达到"万物得宜，事变得应，上得天时，下得地利，中得人和，则财货浑浑如泉源，汸汸如河海，暴暴如丘山"的治理效果。相反的，如果不合于"礼"，即使是节俭，荀子也是反对的，"以无礼节用之，则必有贪利纠诉之名，而且有空虚穷乏之实矣"，认为其不合于礼的节用，不仅无益，反而有害。正是基于"俭不违礼"的思想观念，虽然同样提倡节用，但荀子却对墨家之节用学说进行了严厉批判：

> 墨子大有天下，小有一国，将蹙然衣粗食恶，忧戚而非乐。若是则瘠，瘠则不足欲；不足欲则赏不行。墨子大有天下，小有一国，将少人徒，省官职，上功劳苦，与百姓均事业，齐功劳。若是则不威；不威则罚不行。

荀子批判墨家节用，其根本原因便在于墨家之节用完全打破了"礼"的等级秩序。荀子认为墨家粗衣恶食的节用，不仅不能富国裕民，反而会导致国家人民贫瘠，赏罚不行，最终导致"万物失宜，事变失应，上失天时，下失地利，中失人和，天下敖然，若烧若焦"的恶果。

综上可知，儒家的"节用"以"礼"为标准，是以封建血缘宗法等级制度为基础，以维护统治阶级的利益为指归的，具有鲜明的等级制特点。而从上文的论述可以看出，墨家的"节用"主要从下层劳动者的立场出发，提出了全社会统一的节用标准，以"实用"为原则，要求社会的全体成员共同遵守，不分高低贵贱。墨家的"节用"期望用统一的节俭标准来约束全体社会成员，尤其是限制统治阶级的奢侈浪费行为，实现财富的节约与公平分配，从而实现国家的富强与人民生活的富裕，具有突出的平民性特征。

（二）儒家重礼乐、厚葬，墨家节葬、非乐

儒、墨二家均重视节用，视其为重要的政治、经济活动原则，但针对某些具体的消费活动，两家却有着截然相反的态度，这就是对乐和丧葬的态度。对这两种行为，儒家从其"隆礼"的观点出发，重视乐的社会作用，主张厚葬，而墨家则从实用的原则出发，严厉反对厚葬和奏乐，主张节葬、非乐。

"乐"字本义指音乐，《说文解字》："乐，五声八音总名。"但在儒家的思想体系中，"乐"绝不仅仅是音乐，诚如孔子所说"乐云乐云，钟鼓云乎哉"？自周公制礼作乐开始，"乐"便与"礼"相辅相成，成为维护封建宗法统治的礼乐制度的重要组成部分，并最终形成了中华传统文化的重要内涵之一——礼乐文化。儒家推崇周礼，力主恢复周王朝的礼乐制度，故在其思想体系中，"乐"不仅是必不可少的，而且占据重要地位，常与"礼"并称为"礼乐"。

孔子十分重视"乐"的作用。他不仅认为个人人格的养成离不开乐，还认为在国家政治活动中，乐也具有重要作用。《论语·泰伯》："子曰：

兴于诗，立于礼。成于乐。"子路向孔子问为政之道，孔子认为礼乐是其中重要的一环，"礼乐不兴，则刑罚不中"。孟子也十分重"乐"，他称赞孔子"见其礼而知其政，闻其乐而知其德"，认为礼乐事关国政和德行。同时，孟子论"礼乐"时还融入了较多的"民本"思想，他认为国君如果能"好乐甚，则齐国其庶几乎"，共根本原因是"王与百姓同乐，则王矣"。《荀子》论"乐"更为详尽。在其《乐论》一篇中，荀子从人的天性出发，论证了"乐"的必要性，"夫乐者，乐也，人情之所必不免也"，并指出不同的音乐，对人具有不同的影响和效果，"齐衰之服，哭泣之声，使人之心悲。带甲婴胄，歌于行伍，使人之心伤；姚冶之容，郑卫之音，使人之心淫；绅、端、章甫，舞韶歌武，使人之心庄"。在社会生活中，为避免混乱，故先王"制雅颂之声以道之，使其声足以乐而不流，使其文足以辨而不谔，使其曲直繁省廉肉节奏，足以感动人之善心，使夫邪污之气无由得接焉"。因此，"乐"具有配合"礼"教化人心的强大作用，"乐合同，礼别异，礼乐之统，管乎人心矣"，"声乐之入人也深，其化人也速"，"可以善民心，其感人深，其移风易俗"。在荀子看来，"乐"在国家政治和社会生活的方方面面都具有不可替代的作用"，"乐"能和敬君臣、和亲亲族、和顺乡里，调和社会各阶层的关系，"故乐者审一以定和者也，比物以饰节者也，合奏以成文者也；足以率一道，足以治万变"；"乐"能广志意、庄容貌、齐进退，所以无论内外交涉，皆得顺服，"出所以征诛，则莫不听从；入所以揖让，则莫不从服"。所以，荀子强调说"乐行而民乡方矣。故乐也者，治人之盛者也"，认为以"乐"化民是治埋国家的最高境界。

儒家尊"礼"重孝，因此，推崇复杂繁缛的厚葬久丧之制。关于丧葬，孔子认为应该按照"礼"的要求来执行，"死，葬之以礼，祭之以礼"。除了安葬，孔子坚持按照"礼"的要求，遵守三年的守丧制度。宰我认为守丧三年时间太长，会导致礼坏乐崩，主张守丧一年就可以了，被孔子斥为"不仁"，孔子认为"子生三年，然后免于父母之怀。夫三年之丧，天下之通丧也"。孟子也十分重视丧葬礼仪，他不仅以"棺椁衣衾之美"厚葬自己的母亲，而且多次主张"三年之丧"。齐宣王想要短丧，公孙丑想以一年之丧代替三年之前，孟子指责他"是犹或绗其兄之臂，子谓之姑徐徐云尔"。滕定公死后，世子派人向孟子请教丧礼之事，孟子指出"三年之丧，齐疏之服，馆粥之食，自天子达于庶人，三代共之"，强调粗服粥食守丧三年的丧葬制度。孟子还从人类的亲情和天性推测丧葬的起源，《孟子·滕文公上》说："盖上世尝有不葬其亲者。其亲死，则举而委之于壑。他日过之，狐狸食之，蝇蚋姑嘬之。其颡有泚，睨而不视。夫泚也，非为人泚，中心达于面目。盖归反蘽梩而掩之"，指出上世之人亲死不葬埋，但后来见到亲人尸身被兽咬虫食，心中不安，遂归葬逝者。由此，孟子认为，丧葬不是小事，"孝子仁人之掩其亲，亦必有道矣"，其中体现出了人伦之道。

荀子更讲究"隆礼"，因此其对丧葬制度有更加深入的探讨。荀子从儒家的"礼"和"孝"的要求，细致说明了厚葬久丧的必要性。荀子认为"礼者，谨于治生死者也。生、人之始也，死、人之终也，终始俱善，人道毕矣"。认为"礼"重于处理人的生死大事，死是与生一样重要的大事，只有处理好人的死丧之事，才算尽到了最后的人道，为此，荀子主张"事死如生，事亡如存，终始一也"，要求人们事死如生。认为只有这样，才"终始具，而孝子之事毕，圣人之道备矣"，"使死生终始莫不称宜而好善，是礼义之法式也"。因此，荀子虽然推崇节用，但对于葬礼，却十分追求隆重。其殡期，"天子七月，诸侯五月，大夫三月，皆使其须足以容事，事足以容成，成足以容文，文足以容备"；其随葬，"天子棺椁七重，诸侯五重，大夫三重，士再重。然后皆有衣衾多少厚薄之数，皆有翣菨文章之等，以敬饰之，使生死终始若一"；其丧礼，"天子之丧动四海，属诸侯；诸侯之丧动通国，属大夫；大夫之丧动一国，属脩士；脩士之丧动一乡，属朋友；庶人之丧合族党，动州里"；其拜祭，"卜筮视日、斋戒、脩涂、几筵、馈荐、告祝，如或飨之。物取而皆祭之，如或尝之。毋利举爵，主人有尊，如或觞之。宾出，主人拜送，反易服，即位而哭，如或去之"。强调不仅要根据身份地位停灵出殡、安排棺椁衣饰下葬，而且要广泛举丧、恭敬悼祭，极尽哀荣。荀子认为这样才是"先王之道，忠臣孝子之极也"。在厚葬的同时，荀子还主张按礼制守丧，他认为三年之丧，"称情而立文，因以饰群，别亲疏贵贱之节，而不可益损也"，"三年之丧，人道之至文者也，夫是之谓至隆。是百王之所同也，古今之所一也"。对于薄葬短丧，荀子极力反对，认为这是"厚其生而薄其死，是敬其有知，而慢其无知也，是奸人之道而倍叛之心也"，只有罪人，才薄葬短丧，"刑余罪人之丧，不得合族党，独属妻子，棺椁三寸，衣衾三领，不得饰棺，不得昼行，以昏殣，凡缘而往埋之，反无哭泣之节，无衰麻之服，无亲疏月数之等，各反其平，各复其始，已葬埋，若无丧者而止，夫是之谓至辱"。

儒家学者从尊"礼"的原则出发，十分重视"乐"的规范社会秩序、教化民众作用，主张厚葬久丧，而墨家正好与此相反，从实用的角度出发，认为欣赏音乐和厚葬久丧都会浪费大量的人力物力，是社会财富与资源的极大浪费，因而极力反对，主张非乐、节葬。二者在这两点上的观点可谓截然相反，针锋相对。因此，荀子指责"墨子之非乐也，则使天下乱"，认为"墨子之于道也，犹瞽之于白黑也，犹聋之于清浊也，犹欲之楚而北求之也"，"愚者学之，危其身也"。墨子也极力批判儒家的这两种学说，指责儒家"繁饰礼乐以淫人，久丧伪哀以谩亲"，甚至将儒家的繁饰礼乐和厚葬久丧斥为丧天下之恶行，《墨子·公孟》："子墨子谓程子曰：'儒之道足以丧天下者，四政焉。儒以天为不明，以鬼为不神，天鬼不说，此足以丧天下。又厚葬久丧，重为椁，多为衣衾，送死若徙，三年哭泣，扶后起，杖后行耳无闻，目无见，此足以丧天下，又弦歌鼓舞，习为声乐，此足以丧天下。又以命为有，富寿夭、治乱安危有极矣，不可益也。为上者行之，必不听治矣；为下者行之，必不从事矣，此足以丧天下。'"

儒家之重乐和厚葬，主要源于对"礼"的遵从，侧重维护统治者的利益和已有的封建宗法秩序，而墨子的非乐与节葬以下层劳动者的利益为出发点，遵循实用利民的原则，坚决反对当时的厚葬之风和统治者的耽于声色，荒淫逸乐。墨子的这些主张虽然未能为统治者所接受，亦略有偏重物质，忽略精神需求之弊，但其主张限制、削减统治者的过度享乐和无益的浪费，用于促进生产和改善民生，是真正的为底层人民谋利益，具有明显的进步意义，有纠正儒家礼乐制度过于繁缛之效。《淮南子·要略》说："墨子学儒者之业，受孔子之术，以为其礼烦扰而不说，厚葬靡财而贫民，[久]服伤生而害事。故背周道而用夏政。"[1]认为墨子的学说源于对儒家学说的不满与纠偏，其说虽无确证，但却指出了墨家在非乐、节葬学说上与儒家学说的深刻矛盾和儒家学说存在的烦扰贫民的问题。

第三节　历代崇俭节用与墨家思想的关联

一、汉之节俭

汉朝立国之初，久经战火，民生凋弊，为恢复民生，汉初统治者推崇黄老之学，轻徭薄赋，与民休息。黄老之学形成于战国时期，以道家思想为基础，同时吸收儒家、法家墨家等诸家学说，是源于道家而融合

---

① 何宁：《淮南子集释》，中华书局 1998 年版，第 1459—1460 页。

众多学派思想于一炉而形成的思想学说。司马谈在《论六家要旨》中谈道："道家使人精神专一、动合无形，赡足万物。其为术也，因阴阳之大顺，采儒墨之善，撮名法之要，与时迁移，应物变化，立俗施事，无所不宜，指约而易操，事少而功多。"其所言道家，实即黄老学说，其思想融汇各家。黄老学说在政治上强调"无为而治"，主张清静无为，与民休息。王充说："黄者，黄帝也；老者，老子也。黄、老之操，身中恬澹，其治无为，正身共己而阴阳自和，无心于为而物自化，无意于生而物自成。"①西汉建国之后，面对百废待兴、民不聊生的局面，迫切需要恢复生产，发展经济，黄老之学"无为而治"的政治主张十分符合其现实需求，因而受到统治阶层的青睐。西汉初年，多位统治者信奉黄老之学，并遵照其政治理念治国。《风俗通义·正失》："文帝本修黄老之言，不甚好儒术，其治尚清静无为。"又《史记·外戚世家》："窦太后好黄帝、老子言。（景）帝及太子、诸窦不得不读《黄帝》《老子》，尊其术。"文帝和窦太后都好黄老学，引致皇室宗亲、亲贵大臣皆尊奉黄老，并以黄老之法治国。曹参任齐相时厚币礼请善黄老之学的盖公言治国之道，"盖公言治道贵清静而民自定，推此类具言之"。曹参听后，"其治要用黄老术，故相齐九年，齐国安集"。后曹参任国相，仍用黄老思想治理国家。"参代何为汉相国，举事无所变更，一遵萧何约束。"又如陈平，"少时，本好黄帝、老子之术"，任国相之后，汉国也取法"无为而治"，"非治事，日饮醇酒，戏妇女"。可见其时，君臣皆推崇黄老之学，崇尚无为而治，并付诸政治实践。

黄老之学尚无为，要求与民休息，因而反对统治者的穷奢极侈，苛政扰民，要求统治者节欲俭用，宽政裕民。《黄老帛书》："黄金之玉之积，乱之本也。女乐玩好蠹财，乱之基也。守乱之本，养乱之基，虽

①　王充：《论衡》，四部丛刊景通津草堂本卷十八。

有圣人，不能为谋。"认为聚敛金玉、放纵玩好是祸乱之根。又《黄老制书·称》："宫室过度，上帝所亚，为者弗居，唯居必路。减衣衾，泊棺椁，禁也。"反对过度豪华的居所和厚葬，其思想与墨家节用思想近似。西汉统治者崇尚黄老，也受到其尚俭思想的影响。另一方面，西汉统治者崛起于秦末天下大乱，亲眼目睹强秦的土崩瓦解，惩于秦朝滥用民力、挥霍无度的历史教训，最初几代统治者都十分警惕亡秦覆辙。加之其时社会长期战乱，社会生产遭到严重破坏，满目疮痍。《汉书》："汉兴，接秦之敝，诸侯并起，民失作业，而大饥馑。凡米石五千，人相食，死者过半。高祖乃令民得卖子，就食蜀汉。天下既定，民亡盖臧，自天子不能具醇驷，而将相或乘牛车。"其时天子不能找到纯色马驾车，将相坐牛车，百姓更是人相食，如此恶劣的现实条件也决定了统治者必须节用裕民。面对长期战乱之后严峻的经济环境和秦亡的前车之鉴，加之黄老学说无为尚俭思想的直接影响，汉初的统治者，均比较重视节省有度，爱惜民力。

刘邦虽然"好酒及色"，但其统一国家之后，却颇能节制自己的欲望与用度。《汉书·高帝纪》载："二月，至长安。萧何治未央宫，立东阙、北阙、前殿、武库、大仓。上见其壮丽，甚怒，谓何曰：'天下匈匈，劳苦数岁，成败未可知，是何治宫室过度也！'"[1]萧何为刘邦修治宫室，却遭到刘邦怒斥，刘邦认为天下劳苦，而萧何却不知节俭，大兴土木，花费过度。汉文帝出身低微，继位前颇历艰辛，故其继帝位后，更加励行节俭。《汉书·食货志》："文帝即位，躬修俭节，思安百姓。"[2]又《史记·孝文本纪》："孝文帝从代来，即位二十三年，宫室、苑囿、狗马、服御无所增益，有不便辄弛以利民。尝欲作露台，召匠计之，直百

---

① 班固：《汉书》，中华书局 1962 年版，第 64 页。

② 班固：《汉书》，中华书局 1962 年版，第 1127 页。

金。上曰：'百金，中民十家之产。吾奉先帝宫室，常恐羞之，何以台为！'上常衣绨衣，所幸慎夫人，令衣不得曳地，帏帐不得文绣，以示敦朴，为天下先。治霸陵皆以瓦器，不得以金银铜锡为饰，不治坟，欲为省，毋烦民。"文帝十分节俭，生前对自己及近幸的衣食住行等各种用度，均极尽俭省，其陵寝建设也一切从俭。文帝死前还下遗诏，明确反对厚葬，认为"死者天地之理，物之自然者"，反对当时人们"嘉生而恶死"的态度和"厚葬以破业，重服以伤生"的做法，并对自己的葬礼做出"令天下吏民，令到出临三日，皆释服"，"毋禁取妇嫁女祠祀饮酒食肉者"等节葬、短丧的要求。景帝承文帝之余绪，也推崇节俭，反对奢侈浪费。《汉书·孝景本纪》："夏四月，诏曰：'雕文刻镂，伤农事者也；锦绣纂组，害女红者也。农事伤则饥之本也，女红害则寒之原也。夫饥寒并至，而能亡为非者寡矣。朕亲耕，后亲桑，以奉宗庙粢盛祭服，为天下先；不受献，减太官，省繇赋，欲天下务农蚕，素有畜积，以备灾害。'"认为雕镂文饰有害生产，主张轻徭薄赋、躬耕节用以安天下，反映出景帝崇尚节俭的思想倾向。汉初统治者躬行节俭，轻徭薄赋，与民休息几十年，使汉代的经济得到恢复，国力趋于强盛，形成了闻名后世的"文景之治"，因而受到世人的高度赞誉。尤其是汉文帝，其躬俭谦恭，开创文景之治，历代备受称道，成为后世帝王学习的典范。汉代后来的统治者，也多有提倡节俭者。如成帝下诏，斥责其时公卿列侯等达官贵人"奢侈逸豫，务广第宅，治园池，多畜奴婢，被服绮谷，设钟鼓，备女乐，车服嫁娶葬埋过制"，并"申敕有司，以渐禁之"，反对奢靡之风，下诏禁止。汉安帝也曾"诏三公明申旧令，禁奢侈，无作浮巧之物，殚财厚葬"。又如东汉光武帝主张薄葬，他颁诏令，批评世俗厚葬之风，"布告天下，令知忠臣、孝子、慈兄、悌弟薄葬送终之义"。对自己的后事，他推崇"古者帝王之葬，皆陶人瓦器，木车茅马，使后世之人不知其处"的做法，并要求薄葬，"今所制地不过二三顷，无为山陵，陂池裁令流水而已"。这些诏令和行为表现了汉代统治者崇俭抑奢的政治倾向。

受统治者推崇节俭的影响，加之诸家学说对"节用"思想的深入论述和儒、墨思想的广泛传播，至汉代，"节用"不仅成为统治者和士大夫阶层广泛认同的一个治国原则，尚"俭"也被视为一种基本的道德规范，得到广泛的推崇与讨论。如《淮南子》是成书于西汉中期杂取百家的重要哲学著作，书中便极力批判统治者的奢侈行为。《淮南子·主术训》："人主好高台深池，雕琢刻镂，黼黻文章，绨绤绮绣，宝玩珠玉，则赋敛无度，而万民力竭矣。""一日而有天下之富，处人主之势，则竭百姓之力，以奉耳目之欲，志专在宫室台榭，陂池苑囿，猛兽熊罴，玩好珍怪。是故贫民糟糠不接于口，而虎狼熊罴厌刍豢；百姓短褐不完，而宫室衣锦绣。人主急兹无用之功，百姓黎民，憔悴于天下。是故使天下不安其性。"指出君主纵欲享乐，必然厚敛百姓，危害天下。又如《盐铁论》，书中"贤良文学"反复宣扬节用裕民的思想："故理民之道，在于节用尚本，分土井田而已。""故利在自惜，不在势居街衢；富在俭力趣时，不在岁司羽鸠也。""寡功节用，则民自富。如是，则水旱不能忧，凶年不能累也。"认为尚俭节用是富民之道。与此同时《盐铁论》还对奢侈淫逸进行了严厉批判。《散不足》一篇，从衣、食、住、行、丧葬等多个方面将汉代社会生活与古代社会进行了细致的对比，批判了其时种种奢靡现象，并对奢侈浪费之风进行了严厉批判：

　　宫室奢侈，林木之蠹也；器械雕琢，财用之蠹也；衣服靡丽，布帛之蠹也；

　　狗马食人之食，五谷之蠹也；口腹纵恣，鱼肉之蠹也；用费不节，府库之蠹也；

　　漏积不禁，田野之蠹也；丧祭无度，伤生之蠹也。

认为服用无度、奢侈淫佚是败坏国家政治、社会生产之"蠹"。《盐铁论》是其时"御史大夫"与"贤良文学"大辩论的实录对话体散文，其崇俭抑奢的政治倾向反映了当时人们普遍的价值取向，并对后世产生了深远的影响。除了这两部著作，反对奢侈、主张节俭的人还很多，如陆贾认为统治者的"高台百仞，金城文画，所以疲百姓之力者也"，东方朔《非有先生论》希望君主"躬节俭，减后宫之费，损车马之用；放郑声，远佞人，省庖厨，去侈靡；卑宫馆，坏苑囿，填池堑，以予贫民无产业者"，扬雄《长杨赋》歌咏汉文帝"躬服节俭，绨衣不敝，革鞜不穿，大厦不居，木器无文"，王符批判各种华美衣饰"费缯百缣，用功十倍。此等之俦，既不助长农工女，无有益于世，而坐食嘉谷，消费白日"。这些言辞或褒或贬，但均表现鲜明崇俭抑奢倾向。此外，汉代文人士大夫还广泛地反对厚葬，主张节葬。如王充《论衡》不仅宣扬节葬的观念，认为"圣贤之业，皆以薄葬省用为务"，还以无神论思想为武器，提出"死人无知，厚葬无益"的观点，并"著论死及死伪之篇，明〔人〕死无知，不能为鬼，冀观览者将一晓解约葬，更为节俭"，釜底抽薪，以人死不为鬼、无知为依据，破除了厚葬的思想基础。

两汉社会对节用的广泛讨论中，不乏对前人理论的深化与延伸。《淮南子》力主"节用"，并将"节用"和"清静无为"结合了起来。《淮南子·主术训》："清静无为，则天与之时；廉俭守节，则地生之财；处愚称德，则圣人为之谋：是故下者万物归之，虚者天下遗之。""君人之道，处静以修身，俭约以率下。静则下不扰矣，俭则民不怨矣。"强调人君要节用生财，清静无为，表现了较浓厚的道家色彩。又贾谊不仅主张节俭，还对节俭与侈靡的标准给出了进一步的定义。他说："广较自敛谓之俭，反俭为侈。费弗过适谓之节，反节为靡。"认为个人消费与社会的一般消费水平相比，比较收敛，没有超过适当的限度，就是节俭，反之就是奢靡。在这里，贾谊是以社会上大多数人的消费水平作为奢俭的标准，是对节俭内涵的进一步细化。

经过两汉统治者的提倡和文人学者的普遍推崇、论述，节用尚俭思想在全社会得到广泛传播与认同，成为国家政治和个人德行的重要内容之一。特别是东汉以后，"尚俭"成为十分普遍的社会风气，并逐渐成为中华传统伦理道德的重要范畴之一。

二、魏晋节俭

汉末天下大乱，豪强并起，社会生产遭到严重破坏，同时受汉代尚俭思想影响，魏晋之初，颇有推崇节俭的统治者，与此同时人们对节俭的思想认识进一步深化。

曹操起于寒门庶族，志大才雄，击败众多豪强武装集团，一统北方，一路披荆斩棘，血战拼杀，颇知民生疾苦，因而十分注重选贤任能，也十分推崇节俭。曹操在《度关山》中说："侈恶之大，俭为共德。"认为奢侈为大恶，而节俭则是公认的美德。在日常生活中，曹操十分节俭。他在《内戒令》中说自己"不好鲜饰严具，所用杂新皮韦笥，以黄韦缘中。遇乱无韦笥，乃作方竹严具，以帛衣粗布作裹"，"衣被皆十岁也，岁解浣补纳之耳"，不用装饰华丽的妆具，仅以粗皮箱或粗布包裹的竹具充任，其衣被皆屡经浣洗行用多年，其节俭可见一斑。明帝时大臣上书，以曹操之节俭劝诫当朝："武皇帝之时，后宫食不过一肉，衣不用锦绣，茵蓐不缘饰，器物无丹漆，用能平定天下，遗福子孙。"《魏书》也称赞曹操"雅性节俭，不好华丽，后宫衣不锦绣，侍御履不二采，帷帐屏风，坏则补纳，茵蓐取温，无有缘饰。攻城拔邑，得靡丽之物，则悉以赐有功"。可证曹操之节俭为世人公认，而非自美的虚言。曹操不仅自己多年来励行节俭，还严格要求亲近之人。《内戒令》："昔天下初定，吾便禁家内不得熏香。后诸女配国家，因此得烧香。吾不烧

香，恨不遂初禁，令复禁不得烧香。其所藏衣，香著身亦不得。"禁止
熏香和以香藏衣着身这种上流社会的流行做法。曹操不满当时嫁娶的奢
靡之习，因此自己嫁女儿的时候，"皆以皂帐，从婢不过十人"。曹植的
妻子因为违反了曹操节俭的禁令，也被处死："植妻衣绣，太祖登台见
之，以违制命，还家赐死。"曹操还反对厚葬，"常以送终之制，袭称之
数，繁而无益，俗又过之"。建安十年，他"令民不得复私仇，禁厚葬，
皆一之于法"，建安二十三年，曹操下令为自己选墓址，推崇薄葬："古
之葬者，必居瘠薄之地。其规西门豹祠西原上为寿陵，因高为基，不封
不树。"临死前，曹操对自己的葬礼留下遗令，说："天下尚未安定，未
得遵古也。葬毕，皆除服。其将兵屯戍者，皆不得离屯部。有司各率
乃职。敛以时服，无藏金玉珍宝。"要求薄葬短丧。因为曹操推崇节俭，
并严厉推行，因此当时举朝上下、公私内外，都形成了比较浓厚的节俭
风气。据史载，曹操的卞后"性约俭，不尚华丽，无文绣珠玉，器皆黑
漆"，"左右，菜食粟饭，无鱼肉"，非常节俭，而且还常常告诫自己的
近亲"居处当务节俭，不当望赏赐，念自佚也"；曹丕的郭后"性俭约，
不好音乐，常慕汉明德马后之为人"；曹衮"尚约俭，教敕妃妾纺绩织
纴，习为家人之事"。

　　曹操之节俭不仅对亲近宗室影响很大，而且也影响了当时的社会
风气。《三国志》："太祖为司空、丞相，玠尝为东曹掾，与崔琰并典选
举。其所举用，皆清正之士，虽于时有盛名而行不由本者，终莫得进。
务以俭率人，由是天下之士莫不以廉节自励，虽贵宠之臣，舆服不敢过
度。"曹操尚俭，故所用之人亦尚节俭，在举用官员之时，也以俭为要，
因此，使得天下士人皆以俭为尚。又《三国志》："太祖定荆州，辟为丞
相掾属。时毛玠、崔琰并以忠清干事，其选用先尚俭节。……今朝廷之
议，吏有著新衣、乘好车者，谓之不清；长吏过营，形容不饰，衣裳敝
坏者，谓之廉洁。至令士大夫故污辱其衣，藏其舆服；朝府大吏，或自

挈壶飨以入官寺。"可见,曹操不仅从个人的生活上推崇节俭,而且还将节俭之理念用于政治实践,以俭取人,从而对整个士林和政坛,乃至对整个社会风气产生了重要影响,推动了节俭风气的流行。

与曹操身体力行推重节俭的同时,诸葛亮作为一个具有远见卓识的政治家,也同样十分重视节俭。他持身廉洁,曾上书自言"成都有桑八百株,薄田十五顷,子弟衣食,自有余饶。至于臣在外任,无别调整度,随身衣食,悉仰于官,不别治生,以长尺寸。若臣死之日,不使内有余帛,外有赢财",后"如其所言"。可见其为人廉洁奉公,勤于国事,不经营个人资财,生活节俭。更为重要的是,诸葛亮还进一步深入指明了节俭的深层道德和教育价值。诸葛亮在《戒子书》中说:"夫君子之德,静以养身,俭以养德,非淡泊无以明志,非宁静无以致远。"不仅将节俭视为一种高尚德行,而且认为节俭是培养个人德行的手段和途径,指出节俭有育人养德之功,进一步阐明了"俭"与"德"的关系,这是对前人尚俭思想的深化,将尚俭的价值提升到了一个新的境界。自此之后,"节俭"与美德的这种深层关系得到世人公认,并由此而不断拓展出节俭与众多个人品格和道德范畴的广泛联系,如"俭以养廉""俭以养性"等。

两晋南北朝之世,世族门阀制度兴起,高门大族的生活日趋豪奢,奢侈之风日盛。与此同时,也颇有有识之士推崇节俭,其中最著名的是颜之推。颜之推身历数朝,持身谨严,十分重视节俭,不仅自己身体力行,而且将自己的体会与认识写入家训,以教育子孙后代。《颜氏家训》:"人生衣趣以覆寒露,食趣以塞饥乏耳","堂室才蔽风雨,车马仅代杖策"。主张衣以避寒,食以塞饥,室蔽风雨,车马代步,人的衣食住行都应该以满足自己的基本需要为准,可谓节俭之至,与墨家学说颇为一致。因此,颜之推称赞北方相对节俭的风俗,"率能躬俭节用,以赡衣食",批评南朝"江南奢侈,多不逮焉"。颜之推也主张薄葬,《颜氏家训》："吾当松棺二寸，衣帽已外，一不得自随，床上唯施七星板；至如蜡弩牙、玉豚、锡人之属，并须停省，粮罂明器，故不得营，碑志旒旐，弥在言外。载以鳖甲车，衬土而下，平地无坟……朔望祥禫，唯下白粥清水乾枣，不得有酒肉饼果之祭。亲友来馈酹者，一皆拒之。"从棺椁、衣物、随葬器物，到封土、墓地，到祭品、亲友拜祭，都提出了十分具体的要求，十分节俭。此外，颜之推还深入辨析了节俭与吝啬的关系，"然则可俭而不可吝已。俭者，省约为礼之谓也；吝者，穷急不恤之谓也。今有施则奢，俭则吝；如能施而不奢，俭而不吝，可矣"。认为节俭不等于吝啬，节俭是根据礼的要求俭省用度，而吝啬则是对他人的困难疾苦不体恤周济，一个是节制自己的不必要欲望和用度，另一个则是对他人的困苦无动于衷，前者是美德，后者则是恶行，因此，颜之推主张要节俭但不吝啬，要乐施而不奢侈。颜之推的此番论述，将节俭与吝啬作了严格区分，是对尚俭思想的进一步推进。颜之推的家训作为中国古代第一本家训，得到后人的一致认可、重视，产生了深远的影响，其中的尚俭思想也得到了广泛传播，节俭成为人们治家和教育子孙的一个重要内容，并逐渐成为历代家训思想内涵的重要组成部分之一。

三、唐之节俭

　　李唐王室乘隋末天下大乱之机兴起，遂有天下。隋炀帝骄奢淫佚而亡天下的史实给他们们上了生动的一课，故其前期统治者颇能励精图治，其中最富有代表性的是唐太宗李世民。为了稳固统治，更好地治理国家，统治者虚心学习诸家学说，兼容并包，广泛地从众多古代思想家的政治学说中寻求治国理政的良方，如魏徵等人编纂的《群书治要》，不仅大量收录儒家经史著作，还广泛地收录了诸子百家之言，其中便收录了《墨子》的诸多篇章。墨家的"尚贤"和"节用"思想对李唐统治者产生了明显的影响，如李世民便十分注重选贤任能和崇尚节俭。

李世民亲历隋亡唐兴之历史巨变，一统天下的隋王朝在此起彼伏、风起云涌的农民起义中土崩瓦解的历程给他留下了深刻的印象，这使他认识到人民群众身上蕴含的巨大能量，故能时刻警醒自身，勤政爱民。李世民在平定天下之时，"初平京师，宫中美女珍玩无院不满。炀帝意犹不足，征求无已，兼东西征讨，穷兵黩武，百姓不堪，遂致亡灭。此皆朕所目见，故夙夜孜孜，惟欲清净，使天下无事"。见隋王室美女珍玩之富，深刻认识到统治者奢靡无度、征求无已必将使天下疲敝、百姓沸反、身死国灭。鉴于隋炀帝奢靡亡国的前车之鉴，李世民十分注意节制自身欲望，推崇节俭。他与大臣论治民，指出："民之所以为盗者，由赋繁役重，官吏贪求，饥寒切身……朕当去奢省费，轻徭薄赋，选用廉吏，使民衣食有余，则自不为盗，安用重法邪。"认为繁役重赋是逼民为盗的根源，去奢崇俭是安民的重要手段。其称帝之初，即向臣子明确指出："至如雕镂器物，珠玉服玩，若恣其骄奢，则危亡之期可立待也。自王公以下，第宅、车服、婚嫁、丧葬，准品秩不合服用者，宜一切禁断。"强调骄奢亡国之理，并要求禁断王公大臣违制奢侈之服用礼仪。李世民为教导太子，专门编纂《帝范》一书，其中专列《崇俭篇》，详为论述节用崇俭之义："夫圣世之君，存乎节俭。富贵广大，守之以约；睿智聪明，守之以愚。不以身尊而骄人，不以德厚而矜物。茅茨不剪，采椽不斫，舟车不饰，衣服无文，土阶不崇，大羹不和非憎荣而恶味，乃处薄而行俭。故风淳俗朴，比屋可封。斯二者，荣辱之端。奢俭由人，安危在己。五关近闭，则嘉命远盈；千欲内攻，则凶源外发。是以丹桂抱囊，终摧荣耀之芳；朱火含烟，遂郁凌云之焰。以是知骄出于志，不节则志倾；欲生于心，不遏则身丧，故桀纣肆情而祸结，尧舜约己而福延，可不务乎？"李世民将节俭视为圣君应有之美德，并从衣食住行等方面歌颂了圣人极致节俭的作风，以古代贤君和暴君为例，指出节俭事关个人的荣辱与国家的存亡。其对节俭的推崇和节俭标准的论述与墨子的观点高度契合，可见其对节俭的推崇与墨家学说的影响。

李世民在位多年，十分重视节俭，身体力行，以俭为尚。他在任皇太子主政之初，便"纵禁苑所养鹰犬，并停诸方所进珍异，政尚简肃"，弃绝个人嗜欲玩好之物，表现出鲜明的俭朴作风。贞观二年，"公卿奏曰：'依礼，季夏之月，可以居台榭。今隆暑未退，秋霖方始，宫中卑湿，请营一阁以居之。'帝曰：'朕有气病，岂宜下湿。若遂来请，糜费良多。昔汉文帝将起露台，而惜十家之产。朕德不逮于汉帝，而所费过之，岂谓为民父母之道也。'竟不许。"大臣依礼奏请营建宫殿，李世民却以汉文帝为榜样，拒绝营造。贞观四年，唐太宗"诏发卒修洛阳之乾元殿以备巡狩"，张玄素劝谏他"惟当弘俭约，薄赋敛，慎终始，可以永固"，唐太宗接受了张玄素的忠谏，下令"所有作役，宜即停之"。贞观五年，唐太宗曾命将作大匠窦进修洛阳宫。后因"琏凿池筑山，雕饰华丽。上怒，遽命毁之，免琏官"。贞观二十二年，唐太宗"营玉华宫，务令俭约，惟所居殿覆以瓦，余皆茅茨"。唐太宗不仅不慕奢华宫观，以俭自约，慎于营造，而且对于嗜好玩乐之事，也十分节俭谨慎。唐太宗起于乱世，少年英武，早年戎马纵横，武功卓著，因而"颇好田猎"，但尽管如此，他对于自己的这一玩好也颇能守约自律。《贞观政要》："贞观十四年，冬十月，太宗将幸栎阳游畋，县丞刘仁轨以收获未毕，非人君顺动之时，诣行所，上表切谏。太宗遂罢猎，擢拜仁轨新安令。"作为封建帝王，唐太宗对自己的偏好也能虚心纳谏，强加节制，一方面表现出其善于纳谏的胸怀，另一方面表现出其节欲尚俭的作风。

对于葬礼，李世民也以俭为尚，主张节葬。《贞观政要》："贞观十一年，诏曰：'朕闻死者终也，欲物之反真也；葬者藏也，欲令人之不得见也。上古垂风，未闻于封树；后世贻则，乃备于棺椁。讥僭侈者，非爱其厚费；美俭薄者，实贵其无危。……由此观之，奢侈者可以为戒，节俭者可以为师矣。朕居四海之尊，承百王之弊，未明思化，中宵战惕。虽送往之典详诸仪制，失礼之禁着在刑书，而勋戚之家多流遁于习俗，间阎之内或侈靡而伤风，以厚葬为奉终，以高坟为行孝，遂使衣衾棺椁极雕刻之华，灵輀冥器穷金玉之饰。富者越法度以相尚，贫者破资产而不逮，徒伤教义，无益泉壤，为害既深，宜为惩革。其王公以下，爰及黎庶，自今以后，送葬之具有不依令式者，仰州府县官明加检察，随状科罪。在京五品以上及勋戚家，仍录奏闻。'"李世民下诏批判当时的厚葬习俗越礼奢侈、有害无益，追根溯源，以古人之薄葬为例，主张节葬，并制定相应的标准供全民遵行，规定严惩违礼厚葬者。对于自己的丧葬，李世民则以身垂范，主张一切从俭。贞观十一年，李世民在诏书中说："犹恐身后之日，子子孙孙，习于流俗，犹循常礼，加四重之梓，伐百祀之木，劳扰百姓，崇厚陵。今预为此制，务从俭约，于九嵕之山，足容棺而已。积以岁月，渐而备之。木马涂车，土桴苇篚，事合古典，不为时用。"为避免子孙对自己厚葬扰民，先期定下节葬之规制。

李世民不仅自己一生崇尚节俭，节欲从俭，而且还以节俭之义对自己的子孙谆谆告诫。贞观七年，唐太宗为使子孙明白骄逸亡身之义，命魏徵"录古来帝王子弟成败事，名为《自古诸侯王善恶录》，以赐诸王"。后来对于太子，李世民更是"遇物必有诲谕。见其临食将饭，谓曰：'汝知饭乎？'对曰：'不知。'曰：'凡稼穑艰难，皆出人力，不夺其时，常有此饭。'见其乘马，又谓曰：'汝知马乎？'对曰：'不知。'曰：'能代人劳苦者也，以时消息，不尽其力，则可以常有马也。'"不拘饮食服用，见缝插针，教导太子爱民惜物。

在唐太宗崇尚节俭言行的影响下，其时朝廷内外，均以节俭相尚，节用之习蔚然成风。李世民之长孙皇后"性尤俭约，凡所服御，取给而已"，其临死前，也要葬己以俭："今死不可厚费。且葬者藏也，欲人之不见。自古圣贤，皆崇俭薄，惟无道之世，大起山陵，劳费天下，为有识者笑。但请因山而葬，不须起坟，无用棺椁，所须器服，皆以木瓦，俭薄送终。"① 褚遂良与太宗对答时指出"雕琢害农事，纂组伤女工。首创奢淫，危亡之渐"，于志宁谏太子承乾时强调"克俭节用，实弘道之源；崇侈恣情，乃败德之本"，马周上疏也说"自古明王圣主虽因人设教，宽猛随时，而大要以节俭于身、恩加于人二者是务"，均以节用尚俭为修身治国之要旨。当时权贵近臣，也多廉洁节俭之人："岑文本为中书令，宅卑湿，无帷帐之饰"；"户部尚书戴胄卒，太宗以其居宅弊陋，祭享无所，令有司特为之造庙"；"温彦博为尚书右仆射，家贫无正寝，及薨，殡于旁室"；"魏徵宅内，先无正堂。及遇疾，太宗时欲造小殿，而辍其材为征营构，五日而就。遣中使赍素褥布被而赐之，以遂其所尚"。

李世民亲历隋末大乱，故常怀敬畏，其治国颇能从前代兴亡和前人思想学说中吸取经验教训，受亡隋覆辙所警和墨家思想影响，节用尚俭成为其甚为重视的主要治国方略之一。李世民在位数十年，推崇节俭，躬俭自省，亲贵遵行，遂使一时政治清明、民俗淳朴、国富民强，史称"二十年间，风俗简朴，衣无锦绣，财帛富饶，无饥寒之弊"。李世民躬行节俭，创造了历史上著名的"贞观之治"，不仅成就了一世明君圣主的功业与声名，更使得节用尚俭作为一条重要的政治原则而得到世人的普遍推崇。

四、宋之尚俭

宋朝立国承五代之乱亡，立国之初，强敌环伺，征战频仍，民生疲敝，君臣颇有勤谨之心，比较重视节俭。太祖赵匡胤"躬履俭约，常衣

---

① 刘昫：《旧唐书》卷五十一《后妃传上》，清乾隆武英殿刻本。

浣濯之衣，乘舆服用皆尚质素，寝殿设青布缘苇帘，宫闱帘幕无文采之饰"。太宗赵光义时常以五代君主速亡的历史教训警诫自己："朕见五代以来，帝王始则勤俭，终仍忘其艰难，覆亡之速，皆目睹也。在人上者，当以为戒。"其执政期间也颇为勤勉克俭，"持俭素，外绝游田之乐，内鄙声色之娱"，并告诫王子皇孙"每著一衣，则悯蚕妇；每餐一食，则念耕夫"。仁宗赵祯史称"恭俭仁恕，出于天性"。"有司请以玉清旧地为御苑，帝曰：'吾奉先帝苑囿，犹以为广，何以是为？'燕私常服浣濯，帷帘衾褥，多用缯缣"。不贪图享受，拒绝大臣为自己营造宫殿，服饰也十分朴素节俭。受最高统治者言行影响，其时整个社会也比较崇尚节俭，如王旦临死前即告诫子弟："我家盛名清德，当务俭素，保守门风，不得事于泰侈。勿为厚葬以金宝置柩中。"可见其时，崇尚节俭为一时风尚，故史称"祖宗立国之初，崇尚俭素，金银为服用者鲜，士大夫罕以侈靡相胜，故公卿以清节为高，而金银之价甚贱"。

宋朝是我国古代社会商品经济比较发达的时期，随着生产力的发展，生产率提高，商业发达，城市繁荣，频繁的商业活动对人们的经济生活和社会地位产生了较大的冲击，贫富易位屡见不鲜。另一方面，宋代科举制度大规模改革、完善，使得中下层士人完全依靠自己的才华进入统治阶层成为普遍现象，破除了高门大族垄断政治权力的制度基础，社会的流动性加强。在宋代，社会各阶层的社会地位处于不稳定的状态之中，人们可以通过科举由平民变成官僚集团的一员，凭借勤俭持家、善于经营而发家致富，但也可能因为触刑辟而沦为阶下囚，因子孙奢侈挥霍而家财散尽，总之，荣华富贵、权势地位父传子受、代际稳定传承的难度增大，家族兴衰起伏随着代际更替而剧烈变动。在这种社会背景之下，个人的荣辱很大程度上取决于自身的能力与才华，家族的兴衰则取决于后继者的德行与才干，而穷奢极侈、挥霍无度不仅是一种公认的恶行，更是导致家族败落的主要因素之一。有鉴于奢靡风气的消极影响和对阶层变动的清醒认识，宋代的众多知识分子都十分推崇节俭，尤其十分重视以崇俭抑奢之旨教导子孙，以培养子弟俭朴的品质，以避免家族的败落，保持家族的持续兴旺。

宋代知识分子十分重视节俭的意义，认为节俭是事关个人道德修养、家族兴衰和国家兴亡的大事。如邵雍说："侈不可极，奢不可穷。极则有祸，穷则有凶。"告诫人们穷奢极侈必然会招灾惹祸，规劝人们崇俭去奢。陆游说："天下之事，常成于困约，而败于奢靡。"认为奢俭是事关成败的关键，天下之事皆成于约而败于奢。倪思也指出："俭则足用，俭则寡求，俭则可以成家，俭则可以立身，俭则可以传子孙。奢则不给，奢则贪求，奢则掩身，奢则败家，奢则不可以训子孙。"认为节俭不仅是立身之德、成就家业的重要手段，还是传之子孙的美德。叶梦得也说："夫俭者，守家第一法也。"将节俭视为持家守业的第一要务。除了推崇节俭，宋人还从理论上阐明了尚俭之所以能够修身养德的道理，论之最详者是司马光。《训俭示康》："有德者皆由俭来也，俭则寡欲。君子寡欲则不役于物，可以直道而行；小人寡欲则能谨身节用，远罪丰家。故曰：俭，德之共。侈则多欲。君子多欲则贪慕富贵，枉道速祸；小人多欲则多求妄用，败家丧身。是以居官必贿，居乡必盗。故曰：侈，恶之大也。"司马光指出：节俭之人能够克制自己的欲望，因此能够不为物累，正道直行，远祸丰家；而奢侈之人不能节制欲望，利欲熏心，贪得无厌，为物所驱，最终招祸败家。司马光指出了节俭与养德修身之间的重要纽带——欲望，深入说明了节俭与养德之间的深层关系，将俭以修身、养德的道理讲得非常透彻，是对诸葛亮"俭以养德"论断的深化与发展。

基于社会阶层变动的剧烈，宋人对世道无常、家道无常有着深刻的体认，因此他们十分注重从现实经济的角度来把握节俭，在消费观方面，宋人全面系统地阐发了"量入为出"的节用标准和消费原则。"量入为出"的标准意谓根据收入水平来决定支出，消费符合收入水平为俭，消费高于收入水平为奢。"量入为出"的标准最早见于《礼记·王制》，用于指导国家的财政收支政策："冢宰制国用，必于岁之杪，五谷皆入，然后制国用。用地小大，视年之丰耗，以三十年之通，制国用，量入以为出。""量入为出"的原则不仅有助于国家制定合理的财政收支政策，对于普通家庭而言，更是十分重要的消费原则。在封建社会，社会生产力较为低下，普通人的经济能力较薄弱，一旦入不敷出，其结果必然是家庭经济破产，因此这就要求人们必须严格控制消费，量入为出，甚至是极力节俭，蓄积盈余，以备不虞。出于保持家族长久兴旺的目的，宋人多从个人、家庭消费的角度，对"量入为出"原则进行了反复强调和充分阐述。如司马光在《居家杂仪》开篇规定家长职责时即指出："制财用之节，量入以为出。称家之有无，以给上下之衣食，及凶吉之费，皆有品节，而莫不均一。""裁省冗费，禁止奢华，常须稍存赢余，以备不虞。"又《袁氏世范》："丰俭随其财力，则不谓之费，不量财力而为之，或虽财力可办，而过于侈靡，近于不急，皆妄费也。"倪思在《经锄堂杂志》中也说："富家有富家计，贫家有贫家计，量入为出，则不至乏用矣。"均强调要量入为出，根据家庭的收入情况来安排支出，只有这样，才能保证家庭财政的稳定，避免家庭破产。陆九韶在《陆氏家制》中不仅指明"今考古经国之制，为居家之法，随赀产之多寡，制用度之丰俭"，主张"凡家有田畴，足以赡给者，亦当量入以为出"，还根据不同家庭的经济状况，对量入为出的具体操作方法作了详细说明：

今以田畴所收，除租税，及种盖粪治之外，所有若干，以十分均之。留三分为水旱不测之备，一分为祭祀之用，六分分十二月之用。取一月合用之数，约为三十分，日用其一。可余而不可尽用……

其田畴不多，日用不能有余，则一味节啬。裘葛取诸蚕绩，墙屋取诸蓄养，杂种蔬果，皆以助用，不可侵过次日之物。

其有田少而用广者，但当清心俭素，经营足食之路。于接待宾客、吊丧、问疾、时节馈送、聚会饮食之事，一切不讲，加意减省，不求美观也。

田产收入丰裕的家庭要有计划地安排各项支出，留出一定的结余以备不时之需；田产收入没有多余的家庭，要讲求节俭，勤于耕种纺绩以贴补家用，力避超支挪用；田少而用多、略有不敷者，则要刻意节欲行俭，力行经营以足食，对于迎来送往、庆吊会饮之额外消费，一概减省，不求美观。"量入为出"除了根据不同家境来安排消费支出，还要求根据家庭财力的变化，随时调整消费水平。如陆游《放翁家训》："家资厚薄不常，方当盛时虽可办，贫则必废。"主张根据家境盛衰调整消费，不可一成不变。宋人立足社会现实，侧重于家庭经济活动，对"量入为出"的内涵和具体操作方案作出了详尽的阐释，更为科学合理，且具有很强的现实经济意义和可操作性，可以有效地帮助人们积累财富，维持家庭经济的持续稳定发展，因而不仅在当时得到广泛认同，而且在后世也得到了广泛推崇与效仿，正所谓"居家简要可久之道，则有陆梭山量入为出之法在"。"尔辈以后居家，须学陆梭山之法。"

宋人推崇节俭，除了强调"量入为出"的原则，还提倡"节用有常"。《袁氏世范》："然有甚严而有失者，盖百日之严，无一日之疏，则无失；百日严而一日不严，则一日之失与百日不严同也。有甚节而终至于匮乏者，盖百事节而无一事之费，则不至于匮乏，百事节而一事不节，则一事之费与百事不节同也。所谓百事者，自饮食、衣服、屋宅、园馆、舆马、仆御、器用、玩好，盖非一端。"认为节俭要日日无失，事事节俭，只有这样持之以恒，才能避免财用匮乏。

结合商品经济发达的社会背景和社会阶层变动剧烈的现实，宋人在崇俭去奢传统思想的基础上，侧重现实经济和家族兴亡，对尚俭思想作出了进一步的深入讨论，丰富了节用尚俭思想的内涵，对后代产生了深远影响。

五、明之尚俭

明太祖朱元璋出身贫苦家庭，元末的黑暗统治与百姓的悲惨境遇给他留下了深刻印象，加之元末天下大乱之后，生产力遭到严重破坏，民生凋敝，朱元璋立国之后，十分注意恢复生产。他重视发展农业生产，与民休息，崇尚节俭，认为"珠玉非宝，节俭是宝"。朱元璋在治理国家时十分推崇节用，他认为"不节用则民财竭，不省役则民力困"，并反复强调节用与否事关国家兴亡。洪武元年他对宋濂说："自古圣哲之君，知天下之难保也，故远声色，去奢靡，以图天下之安，是以天命眷顾，久而不厌。后世中材之主，当天下无事，侈心纵欲，鲜克有终。"洪武九年又说："淡泊可以养心，俭素可以养德。纵欲败度，奢侈移性，故技巧哇淫、游幸畋猎，皆役心损德之具。是以高台深池，庸主攸亡；卑宫陋室，圣主攸兴。"洪武十六年，朱元璋又再次强调说："自古王者之兴，未有不由于勤俭。其败亡，未有不由于奢侈。前代得失，可为明鉴。后世昏庸之主，纵欲败度，不知警戒，卒濒于危亡。此深可慨叹。大抵处心清净则无欲，无欲则无奢纵之患。欲心一生，则骄奢淫佚无所不至，不旋踵而败亡随之矣。朕每思念至此，未尝不惕然于心。故必身先节俭，以训于下。"朱元璋反复以圣君明主和昏君庸主的历史经验教训为例，说明节用爱民则国兴、纵欲奢侈则国亡的道理。朱元璋指出，节欲从俭可涵养德性，远声色、去奢靡，上得天佑，下得民心，所以国家安宁兴旺；放纵欲望，奢侈无度，就会导致法度败坏，道德沦丧，最终身死国灭。因此，朱元璋特别强调君主要身先士卒，躬行节俭，以导风化俗。

朱元璋推崇节俭，注意从自己做起，从各个方面严格要求自己。其生活的节俭朴素，在历代君主里面，都是较为少见的。朱元璋自己说其"宫室器用，一从朴素，饮食衣服皆有常供，惟恐过奢伤财害民也"，纯以节用爱民为出发点，生活日用，一切从俭。朱元璋十分体恤民间疾苦，对自己的口腹之欲，十分节制，绝不为满足个人享受而劳民伤财。《明史》载："明初，上供简省，郡县贡香米，人参，葡萄酒，太祖以为劳民，却之。"为免劳民，朱元璋对各地上供之特产，一概拒绝。不仅如此，朱元璋还在皇宫中种稻、种菜，以供食用，其节俭之程度，世所罕见。朱元璋的衣饰器用，也十分节俭。洪武元年，"有司奏造乘舆服御诸物，应用金者，命皆以铜代之，有司言费小不足靳。太祖曰：'朕富有四海，岂吝于此？然所谓俭约者，非身先之，何以率下？小用不节，大费必至。开奢泰之原，启华靡之渐，未必不由于小而至大也。'"要求以铜易金来制造自己的日用器物，并强调推行节俭，君主应以身作则，从小事做起，防微杜渐。又《明史》："太祖尝视事东阁，天暑，汗沾衣。左右更以衣进，皆数经浣濯者。"可见朱元璋已经习俭为常。作为开国之君，灭元之后，明室新立，大规模修造宫室是不可避免的，但朱元璋在居室宫殿方面也是以俭为尚。《典故纪闻》："洪武八年，改建大内宫殿，太祖谓廷臣曰：'唐虞之时，宫室朴素，后世穷极侈丽，习尚华美，去古远矣。朕今所作，但求安固，不事华丽，凡雕饰奇巧，一切不用。'"朱元璋主张宫室应以安固为旨，不求华丽，并追慕尧舜之朴素作风，颇合墨子节用之旨。朱元璋还主张节葬。他在遗诏中说："丧祭仪物，毋用金玉。孝陵山川因其故，毋改作。天下臣民，哭临三日，皆释服，毋妨嫁娶。诸王临国中，毋至京师。"要求薄葬短丧，一切从俭。

朱元璋不但自己躬行节俭，而且还对皇室宗亲、亲贵大臣严格要求。《明太祖宝训》记载他出观圜丘之后，要求世子"遍历农家，观其居处、饮食、器用还"，并教导他要知道百姓疾苦，"凡一居处服用之间，必念农之劳，取之有制，用之有节，使之不至于饥寒"。朱元璋因为担心自己的子孙"惟见富贵，习于奢侈，不知祖宗积累之难"，故"命画古孝行及身所经历艰难起家战伐之事为图，以示子孙"，"使朝夕观览，庶有所警也"。有一次，朱元璋退朝，指着宫中的菜地教育自己的儿子说："昔商纣崇饰宫室，不恤人民，天下怨之，身死国亡；汉文帝欲作露台，而惜百金之费，当时民安国富。夫奢俭不同，治乱悬异，尔等当记吾言，常存警戒。"让他们以商纣王和汉文帝奢俭异途的史实为鉴，明白"奢俭不同，治乱悬异"的道理，警钟长鸣，引以为戒。朱元璋见缝插针地教育子孙崇俭去奢，可谓用心良苦、苦口婆心，可见其对节俭的推崇。朱元璋还教导京城的卫戍将士"勤俭为治身之本，奢侈为丧家之源"，教导侍臣"节俭二字，非徒治天下者当守，治家者亦宜守之"。正是因为朱元璋极力推崇节俭，并且率先示范，言传身教，因此当时一国风气颇尚俭朴。如其皇后"俭以率下，躬服浣濯之衣"，其大臣济宁知府方克勤自奉简朴，"一布袍十年不易，日不再肉食"。在朱元璋的影响下，明朝前期的皇帝，也颇有能节用尚俭者。如明成祖"即位以后，躬行节俭，水旱朝告夕振，无有壅蔽"；明孝宗"独能恭俭有制，勤政爱民，兢兢于保泰持盈之道，用使朝序清宁，民物康阜"。

自汉以后，墨学沉寂多年，有明一朝，墨学虽未如清后期复兴之盛，但也开始回到文人学士们的视野，如宋濂的《诸子辨》便对墨学颇为推崇，他尤其推重墨子的节用学说："墨者，强本节用之术也。予尝爱其'圣王作为宫室，便于主，不以为观乐'之言，又尝爱其'圣人为衣服，适身体，和肌肤，非荣耳目而观愚民'之言，又尝爱其'饮食增气充虚，强体适腹'之言。墨子其甚俭者哉！'卑宫室，菲饮食，恶衣服'，大禹之薄于自奉者。"认为墨家最有价值的思想便是"强本节用"之说，歌颂墨子的节俭作风。其后研究墨家的学者虽然很少，但明代许多官员学者却都很推崇墨子的"节用"思想。如方孝孺作《崇俭》一文，推崇节俭说："大地生财以养庶民，宰制之柄在乎人君，节己厚人不专其利，崇俭黜欲邦国乃裕，苟恃富侈奢泰是夸，既损令德民用咨。"李贽也曾盛赞墨家"节用"思想："禹之学，后传而为墨翟，则与夫子同时。于时天下并重之，故其称曰孔、墨。孔子称禹，而于墨翟之俭，不敢辟以为非，盖信其传之有自也。今《墨子》之书具在，有能取其书读之，而得其所以非乐之意，则经纶之术备焉。断断乎可平天下而均四海也。虽作用手段，各各不同然，但可以致太平，亦何必拘一律哉？"李贽对墨家学说评价甚高，认为墨子之节用思想源于大禹，是与儒家并驾齐驱的学说，在平天下而均四海致太平的政治作用上，与儒家殊途同归。又如王廷相认为奢俭关乎整个社会的风气，因此主张"崇俭禁奢"："风俗莫善于俭约，莫不善于奢侈。居官者奢侈则必贪，为士者奢侈则必淫；富者以奢侈而遂贪，贫者以奢侈而为盗。故风俗之弊，惟奢侈为甚。"至于官员，则多有从节财裕民的角度来推崇节用者，如高拱说："盖国以财为命，若不节用，岂能常给乎？"又张居正在《陈六事疏》中称赞霍光"节俭省用，与民休息，行之数年，百姓阜安，国用遂足"，认为节俭才是足用之道，"与其设法征求索之于有限之数以病民，孰若加意省俭取之于自足之中以厚下乎"，请求皇帝厉行节俭，"于凡不急工程、无益徵办，一切停免，敦尚俭素以为天下先"。

明代是古代商品经济高度发达的时期，甚至出现了资本主义生产关系的萌芽，因此其节用学说又出现新的内容。正如上文所言，墨子的节用思想主要要求人们克己从俭，以节约社会财富，促进社会生产，保障国民基本生活需求，这对封建社会前期较为低下的生产力水平而言，是切中肯綮、行之有效的治国方略。但随着社会生产力水平的提高，商品经济的发展，一方面社会财富的丰富为人们提高生活质量提供了物质保障，另一方面，更重要的是，商品经济的持续发展，有赖于消费市场的扩大和人们消费需求、消费水平的不断提高，因此，一味强调节俭便不利于提升消费，进而会限制社会再生产的发展。明代中后期以后，随着商品经济的高度繁荣，文人学者便对墨家的节用学说进行了局部改造。一方面，人们依然重视消费的节俭，另一方面，他们也强调在生产领域创造、积累财富。如李贽说："且《大学》之教，明言生财有大道矣，又言生之众而为之疾，不专以节用言也。"认为不能专言节用，要重视生财。关于生财之道，明人除了依然重视传统的农业生产之外，还十分重视商业，这与明代商品经济不断发展的现实密不可分。如张居正说："欲物力不屈，则莫若省征发以厚农而资商；欲民用不困，则莫若轻关市以厚商而利农。"认为想财富民裕，必须厚农资商。

综上可知，明人自开国之君朱元璋始，便形成了推崇节用尚俭思想的共识，但随着明代社会生产力和商品经济的发展，明人对节用思想的内涵又有所突破和创新，这是传统思想适应新的社会和经济形势的必然结果，在当时有着重要的现实意义，对后世节用思想内涵的发展和丰富也产生了一定影响。

六、清之尚俭

清朝起于边外苦寒之地，以弓马得天下，素性俭朴，在入关之后，又十分重视对中原文化的学习，吸取明朝奢靡昏乱亡国的教训，故君主多崇尚节俭。康熙从明朝灭亡的历史中吸取教训，十分重视节俭。他批评"明代宫闱之中，食御浩繁。披庭宫人，几至数千。小有营建，动费数万"的奢侈做法，并教育子孙说："祖宗相传家法，勤俭敦朴为风。"

《康熙政要》卷十五专门论"奢纵"，指出治理国家的首要任务是"维持风化，崇尚节俭，禁止奢侈"。雍正也十分重视节俭，常常晓谕臣下要崇俭去奢："治天下之道，莫要于厚风俗，而厚风俗之道必当崇俭而去奢。"认为崇俭去奢是治国的要道。

清朝中期，承平日久，统治阶层和整个社会风气趋于奢靡，贪腐横行，奢侈享乐之习成风，社会财富大量耗费，国家财政渐渐出现危机。清朝后期，由于统治腐朽，社会矛盾尖锐，人民蜂起抗争，加之外敌入侵，内忧外患，耗费繁多，而国库空虚，整个王朝面临着巨大的经济压力。面对困境，嘉、道二帝力行节俭，以图挽救危局。嘉庆皇帝亲眼目睹乾隆一朝的奢侈之风，颇为忧心，亲政之后，十分推崇节俭，他说："圣帝明王，必尚俭德。故尧舜茅茨土阶，禹卑宫室，不以君位为尊崇，罔怫百姓以从己之欲，故成上治，能怀永图，皆本于君心尚俭也；暴君昏主，必纵奢侈，竭民脂膏，聚敛财货，驯至于满盈倾覆。但知耽一身之逸乐，不恤万姓之艰辛；纵一时之情欲，不为长久之谋猷。尚俭政日兴，损上益下之效也；纵欲国日蹙，损下益上所致也。奢侈之源。皆起于心。不可不谨。俭约之德。不可不修。"又说："所谓俭者，宫室必期其卑也，饮食必期其菲也，不欲以一己之奉累天下，以天下之利还之天下。"嘉庆从正反两个方面说明奢与俭事关国家的兴亡，并盛赞尧舜禹卑宫室、菲饮食的极俭作风，其节俭精神与墨子节用思想一脉相承。道光皇帝是清代另一位极为节俭的皇帝。他十分推崇节俭思想，认为"厚生之道，首在崇俭"，并亲自撰写《节用而爱人论》《崇俭去奢论》《节以制度论》等文章论述、倡导尚俭节用思想。他说："大凡人君之治一国也，必先以节用爱人为贵。节用者，节所当节，不可奢汰也。"指出君主以节用爱人为贵。道光皇帝自己的生活也十分节俭，史书记载其节俭事迹颇多。如《郎潜纪闻》载："宣宗中年，尤崇节俭，尝有御用黑狐端罩，衬缎稍阔，令内侍将出四周添皮。内府呈册需银千两，乃谕勿添。"道光遗诏自言:"自御极至今……旰食宵衣,三十年如一日。不敢自暇自逸,并躬行节俭为天下先。嗣位之初,即颁手谕,首戒声色货利,一切游观玩好稍涉侈靡之事,禁绝勿为。"其言不虚。

清代的知识分子,承前人传统,也十分推重节俭,其中倡俭尤力,对后人影响最大的是曾国藩。明代开始,《墨子》一书渐渐为知识分子所了解,清人对《墨子》展开了更加深入的研究,晚清时期,墨学大兴,甚至被部分知识分子视为救国危亡的希望。身当其时,曾国藩深受墨子影响,十分赞赏墨子"摩顶放踵以利天下""极俭以奉身""极勤以救民"的精神,因此,他十分推崇墨子的节用思想和作风。咸丰十一年正月初一日曾国藩在日记中说:"是日细思立身之道,以禹、墨之'勤俭',兼老庄之'静虚',庶于修己、治久之术,两得之矣。"认为墨子的勤俭作风是修己治人两得的立身之道。曾国藩提倡"勤、俭、刚、明、忠、恕、谦、浑""八德","俭"居其一。曾国藩论"俭",常与"勤"并称,认为上至治国,下至居家,均具有事关兴衰的关键作用:"历览有国有家之兴,皆由克勤克俭所致。其衰也,则反是。"他指出,无论家、国,只有克勤克俭,方能兴旺昌盛。反之,则难逃败亡。曾国藩自己以"俭"为人生准则,生活十分朴素,不事铺张,他在家书中曾自述"余服官二十年,不敢稍染官宦气习,饮食起居,尚守寒素家风,极俭也可,略丰也可,太丰则吾不敢也",可证其平生尚俭自守之志。不仅如此,他"生平亦好以俭字教人",反复告诫自己的家人亲友要节俭。同治六年五月初五日他在家书中叮嘱自己的夫人说:"居官不过偶然之事,居家乃是长久之计,能从勤俭耕读上做出好规模,虽一旦罢官,尚不失为兴旺气象。"认为居官非长久之计,只有勤俭耕读,才能保持家庭兴旺。同治三年八月二十四日他在家书中告诫弟弟说:"吾家子侄,人人须以勤俭二字自勉,庶几长保盛美。观《汉书·霍光传》,而知大家所以速败之故。观金日磾、张安世二传,解示后辈可也。"以历史上权臣家族的兴衰为戒，要求家人子侄以勤俭为本。他对自己的子侄，更是反复以勤俭之道谆谆教诲。咸丰六年九月二十九日他在给儿子的家书中说："勤俭自持，习劳习苦，可以处乐，可以赴约。此君子也。""无论大家小家、士农工商，勤苦俭约，未有不兴，骄奢倦怠，未有不败。"同治二年十二月十四日给侄子的家书中说："吾家累世以来，孝悌勤俭。""俭字工夫，第一莫着华丽衣服，第二莫多用仆婢雇工。"反复强调勤俭之道对家庭兴衰的关键作用，并严格要求子弟从衣饰、仆佣等方面厉行俭约。曾国藩也常向自己的部属和朋友提倡节俭。同治七年四月初五日他在给友人的信中说："阁下初次入都，总以俭约为本……守俭则用财有节，无世家骄奢气象，有寒士拘谨风味，自可敛抑寡过。"认为节俭不仅可以足用，而且可避免骄奢作风，从而远过全身，因此要求朋友行事以俭约为本。

曾国藩是晚清名臣、近代湖湘文化的开创者，一生功勋卓著、德高望重，开晚清士人力行之风，其后文人学者乃至革命家多有受其影响者。梁启超推尊曾国藩是"有史以来不一二之大人也"，是"全世界不一二之大人也"，青年毛泽东"独服曾文正"，《曾文正公家书》盛传至今，可见其影响之深广。曾国藩大力倡导、践行墨家的节俭思想，对于墨学和节俭思想的广泛传播，功不可没。

第四节 节用思想的新变

一、中国共产党勤俭节约、艰苦奋斗的优良传统

节俭思想自先秦萌生，经诸家学者鼓吹，成为重要的政治理念和个人品德修养。在中国古代社会，开明的封建统治者和知识分子不断强调

节俭在治国、理家、修身等多个层面的积极意义和重要地位，并亲身实践，千古垂范，遂使节俭成为中华民族重要的传统美德和伦理道德概念之一。中国共产党自产生之日起，便以为人民谋幸福、为国家谋富强为己任，在国民党的血腥屠杀、严厉封锁围剿中发展壮大，始终坚持与广大穷苦劳动人民休戚与共，形成了勤俭节约、艰苦奋斗的优良传统。无论是在艰苦卓绝的革命年代，还是在中国特色社会主义国家建设的新时期，中国共产党一贯倡导并奉行厉行节约、反对浪费的艰苦奋斗精神。

革命时期，国民党的残酷镇压、围剿，侵华日军的疯狂进攻、封锁，使中国共产党领导的革命军民一直面临着极为恶劣的生存环境。面对物质的极度匮乏，中国共产党人不惧艰难困苦，以坚定的革命信念克服种种困难，厉行节俭，节衣缩食，与敌人展开了长期、不屈不挠的斗争。在漫长的艰苦斗争中，中国共产党及其领导的革命军民，始终坚持勤俭节约、艰苦奋斗的精神。土地革命时期，国民党对革命根据地持续围剿、严密封锁，中国共产党中央十分重视节约财政支出，毛泽东同志指出："财政的支出应当根据节约的方针。应该使一切政府工作人员明白，贪污和浪费是极大的犯罪。"[1] 并要求"政府中一切可以节省的开支，如客饭，办公费，灯油杂费，都必须尽量减少，尤其纸张信套，更可以节省使用"。[2] 抗日战争时期，日军对根据地疯狂扫荡，抗日军民生活异常艰苦，中国共产党中央号召广大军民发扬艰苦奋斗的精神，与日寇展开了旷日持久的斗争。不仅如此，中国共产党还领导抗日军民开展大生产运动。根据地全体党员干部和军民发扬艰苦奋头的精神，开荒种地，纺纱织布，省吃俭用，突破了敌人对我们的经济封锁，实现了"自己动手，丰衣足食"的目标，为抗日斗争的持续开展和抗战的胜利，提

---

① 毛泽东：《毛泽东选集》第 1 卷，人民出版社 1991 年版，第 134 页。

② 中共中央文献研究室：《毛泽东著作专题摘编》（下），中央文献出版社 2003 年版，第 2139 页。

供了经济基础和物质保障。解放战争时期，中国共产党仍然十分注重发扬艰苦奋斗的作风。毛泽东同志强调："严禁破坏任何公私生产资料和浪费生活资料，禁止大吃大喝，注意节约。"[①] 在革命胜利的前夜，周恩来同志指出："我们现在虽然生活在城市里，但旧衣裳还是要穿，不要向剥削阶级造成的奢侈腐化的生活看齐，要向我们历来的艰苦朴素的生活看齐。"[②] 毛泽同志更明确向全党提出了"两个务必"的政治要求："中国的革命是伟大的，但革命以后的路程更长，工作更伟大，更艰苦。这一点现在就必须向党内讲明白，务必使同志们继续地保持谦虚、谨慎、不骄、不躁的作风，务必使同志们继续地保持艰苦奋斗的作风。"[③] 不管是在土地革命时期，还是在抗日战争、解放战争时期，中国共产党始终与广大人民群众同呼吸、共进退，时刻保持了勤俭节约、艰苦奋斗的作风，正是靠着对理想信念的坚持和艰苦奋斗的作风，中国共产党克服重重难关、历经生死考验，最终取得了革命斗争的最后胜利。

1949 年新中国成立了，但整个国家却千疮百孔、一穷二白，中国共产党又承担起建设社会主义新中国的使命，勤俭节约、艰苦奋斗成为 1957 年，毛泽东同志强调："勤俭办工厂，勤俭办商店，勤俭办一切国营和合作事业，勤俭办一切其他事业，什么事情都应当执行勤俭的原则。这就是节约的原则，节约是社会主义经济的基本原则之一。"[④] 将节约视为社会主义经济的基本原则，要求将勤俭节约的原则贯彻到一切工作中去。刘少奇同志也指出："浪费在任何时候都是妨碍生产的发展

---

①　周振国：《西北坡精神学习读本》，社会科学文献出版社 2005 年版，第 183 页。

②　周恩来：《建国以来周恩来文摘》第 1 册，中央文献出版社 2008 年版，第 360 页。

③　毛泽东：《毛泽东选集》第 4 卷，人民出版社 1991 年版，第 1438—1439 页。

④　中共中央办公厅：《中国农村的社会主义高潮》上册，人民出版社 1956 年版，第 16 页。

和生活的改善的。"① 建国后短短二十多年，顶着西方敌对势力的军事打压、外交孤立和经济封锁，中国共产党领导全国人民同甘共苦，艰苦奋斗，将积贫积弱、一穷二白的旧中国建设成了具备较完整工业体系和国民经济体系的社会主义国家。

1978 年，中国开始实行改革开放，全力开展经济建设。四十年来，中国的社会主义现代化建设取得了举世瞩目的成就，整个国家发生了翻天覆地的变化，中国共产党却始终坚守勤俭节约、艰苦奋斗的优良传统，无论是哪一代领导人，均十分重视勤俭节约在党的作风建设和国家经济建设方面的重要作用。作为老一辈的革命家，邓小平同志一贯重视艰苦奋斗的精神，他说："艰苦奋斗是我们的传统，艰苦朴素的教育今后要抓紧，一直要抓六十年至七十年。我们的国家越发展，越要抓艰苦创业。提倡艰苦创业精神，也有助于克服腐败现象。"② 指出国家发展了，但艰苦奋斗的精神不能丢，这不仅有助于社会主义建设事业的发展，也有助于克服腐败。江泽民同志继承老一辈革命家的革命事业和优良传统，多次强调勤俭节约、艰苦奋斗在国家发展中的重要意义，倡导党员干部和全国人民大力发扬勤俭节约、艰苦奋斗的优良作风。他说："一个国家，一个民族，如果不提倡艰苦奋斗、勤俭建国，人们只想在前人创造的物质文明成果上坐享其成，贪图享乐，不图进取，那末，这样的国家，这样的民族，是毫无希望的，没有不走向衰落的。……即使以后我们国家富强起来了，仍然不能丢掉艰苦奋斗的好传统……我们的民族历来有勤俭节约的好风尚、好传统，我们要坚持勤俭建国，我们所有的领导机关和领导干部、所有的部门和单位，都要坚持勤俭办一切事业。""艰苦奋斗，事业必成；贪图享受，自毁前程。要发扬党的优良传

---

① 刘少奇：《刘少奇选集》下卷，人民出版社 1985 年版，第 277 页。
② 邓小平：《邓小平文选》第 3 卷，人民出版社 1993 年版，第 306 页。

统，使勤俭建国、勤俭办一切事业在全党全社会蔚然成风。"① 从国家、民族的兴衰和中华民族的优良传统来说明艰苦奋斗精神的重大意义，指出即使国家富强，也必须坚持艰苦奋斗的精神。他还指出："艰苦奋斗，是中国共产党的光荣传统，是我们党保持同人民群众密切联系的一个法宝，也是一个干部特别是领导干部必须具备的基本政治素质。我们党正是靠艰苦奋斗不断发展壮大起来的。过去干革命需要艰苦奋斗，今天搞社会主义现代化建设，同样要靠艰苦奋斗。"② 胡锦涛同志也将勤俭节约、艰苦奋斗视为治党治国的重要思想原则，他指出："一个没有艰苦奋斗精神作为支撑的民族，是难以自立自强的；一个没有艰苦奋斗精神作为支撑的国家，是难以发展进步的；一个没有艰苦奋斗精神作为支撑的政党，是难以兴旺发达的。""艰苦奋斗作为我们党的优良传统和作风，作为我们马克思主义政党的政治本色，是凝聚党心民心、激励全党和全体人民为实现国家富强、民族振兴共同奋斗的强大精神力量，是我们党保持同人民群众血肉联系的一个重要法宝。"③ 习近平同志就任中共中央总书记后，狠抓党风廉政建设，特别强调继续发扬中国共产党勤俭节约、艰苦奋斗的优良传统，他要求各级领导干部"要坚持勤俭办一切事业，坚决反对讲排场比阔气，坚决抵制享乐主义和奢靡之风"④。在其就任后不久，就通过了《中共中央政治局关于改进工作作风、密切联系

① 中共中央文献研究室：《十四大以来重要文献选编》（中），中央文献出版社2011年版，第215—216页。

② 江泽民：《加强思想政治建设，提高干部和党员队伍素质》，《十四大以来重要文献选编》（中），中央文献出版社2011年版，第215页。

③ 中共中央文献研究室：《十七大以来重要文献选编》（上），中央文献出版社2009年版，第856页。

④ 习近平：《在第十八届中央纪律检查委员会第二次全体会议上的讲话》（2013年1月22日）。转引自茶溪：《习近平强调"坚决反对讲排场比阔气"寓意深》，来源于中国共产党新闻网2013年1月23日。

群众的八项规定》，明确要求党员干部要"厉行勤俭节约，严格遵守廉洁从政有关规定，严格执行住房、车辆配备等有关工作和生活待遇的规定"，将勤俭节约、艰苦朴素的作风落到实处。改革开放以来，中国的社会主义建设大踏步前进，国家强盛，人民富足，社会面貌日新月异，中国共产党一如既往地强调坚持勤俭节约、艰苦奋斗的作风，不仅有利于全党全国在经济发展的情况下筑牢思想防线，推动反腐倡廉工作，而且有利于节约社会财富，促进社会经济的进一步发展。

节俭是中华民族的传统美德，中国共产党继承和发扬先辈传统，形成了勤俭节约、艰苦奋斗的优良作风。纵观近百年的历史，勤俭节约、艰苦奋斗像一条红线贯穿于中国共产党革命斗争事业的每一个阶段。中国共产党凭借这一优良作风，白手起家，顽强进取，百折不挠，最终发展壮大，取得了革命和社会主义建设的伟大成功。宇宙无边界，发展无止境，中国的前进道路依然漫长，在今后的发展中，要进一步将中国特色社会主义伟大事业全面推向新高度，实现中华民族的伟大复兴，全党、全国人民就必须继续发扬勤俭节约、艰苦奋斗的精神，再创辉煌。

二、现代转化：追求效益观念下的资源节约

改革开放以来，我国的经济建设取得突飞猛进的进步，人民的生活水平大幅度提高。但随着经济的快速发展，各种问题和矛盾也日渐显露。我国人口众多，人均资源占有量低，而以往的工农业生产高能耗、高污染、低产出，因此多年以来，我国虽然保持了经济总量的高速增长，但这种粗放式的发展方式不仅浪费了大量资源，还带来了严重的环境污染，这使我国今后的发展一方面面临更加严峻的资源短缺问题，另一方面环保压力日趋沉重。在全球资源短缺、经济放缓的大

背景下和我国基本国情的制约下，原来这种粗放式的发展模式不仅会进一步加剧我国的环境危机，而且在今后的发展中也是难以为继的。面对资源缺乏、环境恶化的严峻形势，要保证我国经济社会的可持续发展，继续提高我国的经济发展水平，把我国建设成世界经济强国，全面建设小康社会，实现中华民族的伟大复兴，就必须改变原来的发展方式。基于当前国际国内的复杂形势，针对中国经济发展新阶段的现实需要，中国共产党提出了建设"节约型社会"的重大决策。

1992年，中国科学院国情分析研究小组发表的《开源与节约》中最早提出有关节约型社会的理念。报告指出了我国人口与资源之间的矛盾及由此而引发的各种问题，并提出了建立节约型国民经济体系与大力开发人力资源相结合的思想。2002年11月，中国共产党的十六大报告将实施"可持续发展战略"列入我国全面建设小康社会奋斗目标的重要任务中，强调我国实现工业化和现代化要"走出一条科技含量高、经济效益好、资源消耗低、环境污染少、人力资源优势得到充分发挥的新型工业化道路"，表现出建设节约型社会的初步思路。2004年3月，胡锦涛在中央人口资源环境工作座谈会上指出"要牢固树立节约资源的观念"，"建立资源节约型国民经济体系和资源节约型社会"。2004年10月，中国共产党的十六届四中全会决议再次明确提出"大力发展循环经济，建设节约型社会"。2005年10月、2006年10月，中国共产党的十六届五中全会、十六届六中全会连续强调要"建设资源节约型、环境友好型社会"。2007年10月，中国共产党的第十七次全国代表大会上，再一次强调"建设资源节约型、环境友好型社会"。2012年、2017年，中国共产党的十八大、十九大工作报告均反复强调要坚持节约资源的基本方针。由此可见，我国在长期的经济发展实践中，从具体国情出发，逐渐形成了建设节约型社会的决策，并在全党全国形成共识。

节约型社会的内涵丰富，主要指在生产、流通、消费等领域，通过采取经济、技术、管理等多方面措施，建立新的经济增长方式和健康文明的消费模式，提高资源的利用效率，以最低的资源消耗换取最大的经济和社会收益，实现经济社会可持续发展。建设节约型社会涉及社会生产生活的方方面面，但其核心内涵是节约资源，节约是其关键词。建设节约型社会的决策既是我国社会主义经济建设新阶段解决资源短缺和环境污染问题、不断促进经济增长的必然途径，又与我国传统的尚俭节用思想一脉相承，是中华民族传统节俭思想在新时代、新形势下的丰富与发展。

与传统尚俭思想一样，建设节约型社会要求人们在日常生活消费中厉行节约、合理消费、理性消费，反对浪费，这是从消费方面节约资源的必然要求。经过多年的发展，我国的社会主义建设取得了长足的进步，经济繁荣，人民富裕。但随着经济条件的改善和生活水平的提高，奢侈浪费的不良风气也开始死灰复燃，贪图享乐，随意挥霍浪费，相互攀比，追求奢侈生活等现象屡见不鲜。日常生活消费的奢侈挥霍不仅会浪费大量社会财富，更严重的是，这会浪费大量的自然资源，乃至对自然环境造成污染和破坏。人类社会的生存与发展必须依赖于种种资源，众所周知，很多自然资源是不可再生的，当下的挥霍浪费实质上是对后代生存资源的侵占与透支。因此，要给后人留下更多的生存资源，保证经济社会的可持续发展，就要求人们从生活消费做起，节约每一度电、每一滴水、每一张纸、每一粒粮食。当然，由于社会的发展，经济水平的提高，现代社会的节俭不同于传统的节衣缩食，而是限制无必要的高消费、奢侈消费，提倡科学、理性、适度的消费，以满足生存消费为基础，允许一定程度的享受消费，量入为出，既满足人的物质需要与精神需求，促进人的全面发展，又兼顾资源节约，保护环境，促进经济社会的可持续发展。

节约型社会的"节约"，除了主张在消费领域提倡节俭，反对浪费，更强调在生产领域对资源的节约，其内涵远比传统节俭思想更为丰富、广阔，是面对自然环境明显恶化、自然资源日益贫乏的现实，以节约资源为主要内涵的当代节俭观。现代科技使人类拥有了更强的利用、改造自然的能力，现代工农业也拥有更高的生产能力，但现代生产对自然资源的消耗远高于传统生产方式，对自然环境也造成了更大的污染和破坏。中国作为一个人口众多、人均资源欠缺的发展中大国，几十年的粗放式经济增长方式已经耗费了大量资源，对环境也造成了较明显的破坏，今后的发展面临着更加艰难的局面。因此，在建设节约型社会的过程中，在生产领域节约资源比限制消费有着更为重大的意义。这不仅事关我国克服资源与环境难题，持续推动经济社会进一步发展的可持续发展大计，更事关子孙后代的福祉。就我国而言，建设节约型社会，就是要在生产领域节约资源，除了大力提倡节俭，杜绝浪费，还需要多管齐下，转变经济增长方式，淘汰高消耗、高污染、低效率的落后生产方式，通过调整产业结构、加强管理、创新技术等方式提高资源的利用效率，开发新能源，尤其是可替代、可再生的清洁能源，大力发展循环经济，实现生产领域对资源的节约和对环境的保护，扭转资源紧缺、环境污染的不良局面，确保经济社会的可持续发展。

崇俭抑奢是中华民族的传统美德，是公认的修身、持家、治国的重要原则。20世纪以来，科技发展，生产扩大，人们在创造巨大财富的同时，也产生了对自然资源的无度索取，对生态环境的破坏。我国自改革开放以来，经济快速发展，人民逐渐实现小康，生活条件不断改善，但随之而来的资源浪费、环境污染等问题也日益严重，而且由于人口状况、资源存量和环境容量等现实局限，使我国今后的经济发展和国家建设困难重重。面临资源枯竭、环境保护与扩大生产的尖锐矛盾，古老的

"尚俭""节用"思想启示我们在生产生活中要杜绝浪费，节约能源，合理利用资源，以形成良性循环，保证国家和社会的可持续发展，为此，我国确立了建设节约型社会的发展策略。建设节约型社会的决策是传统节俭思想与我国社会主义建设现实需求相结合的产物，它既是传统思想的理性回归，又是新时代的思想变革，以传统节俭思想为历史渊源和文化基础，又赋予传统思想以新的时代内涵和新的生机、活力。我国建设节约型社会的道路艰巨而漫长，我们必须不断加强对节俭思想的教育、宣传、实施力度，在全社会重塑尚俭美德，古老的尚俭节用思想将不断得到阐释与丰富，与时俱进，历久弥新。

第六章　墨家"名实"、推类与"三表"思想

第一节　墨家"名实"、推类思想

一、墨家的"以名举实"与先秦的正名思潮

先秦一直就存在"正名"的思潮。周朝是个宗法社会，涉及等级的官职和爵级以及君臣、昭穆、大宗小宗的名分和与其相对应的权利义务乃至举止行为的规范，是不允许搞混淆的。所以，儒家特别重视正名，见载于《论语·子路》中孔子的话，将其重要性说得很清楚：

> 子路曰："卫君待子而为政，子将奚先？"子曰："必也正名乎！"子路曰："有是哉，子之迂也！奚其正？"子曰："野哉由也！君子于其所不知，盖阙如也。名不正，则言不顺；言不顺，则事不成；事不成，则礼乐不兴；礼乐不兴，则刑罚不中；刑罚不中，则民无所措手足。故君子名之必可言也，言之必可行也。君子于其言，无所苟而已矣。"

孔子的正名，首先是正名分，强调人们的言行要与其身份相称，所

谓"君君""臣臣""父父""子子"是也。而后，推及与社会、政治、伦理相关的一些名称上，要求人们在这些名称上也要名实相符，如《论语·颜渊》篇载季康子问政于孔子，孔子对曰："政者，正也。子帅以正，孰敢不正？"孔子特别讨厌别人欺世盗名，所以，对那些看似君子之行而实际不是的现象，一定要别为之名，说了许多"君子泰而不骄""威而不猛""信而不谅"等许多话。①《墨子》中也有这样的做法，如其在论证"非攻"学说时，区分了"攻"与"诛"两个"名"。但墨子没有停留在这个所谓的名分是否相称这个层面，而是深入到了逻辑和哲学的层面讨论一般的名实关系。

在名实关系问题上，墨子有一个著名的做法，就是凡是可以成立的"名"，都应给它一个恰切的定义，这就是逻辑上的定义法。墨家有一个著名的观点，就是"以名举实"，见《墨子·小取》：

> 夫辩者，将以明是非之分，审治乱之纪，明同异之处，察名实之理，处利害，决嫌疑。焉摹略万物之然，论求群言之比，以名举实，以辞抒意，以说出故，以类取，以类予。有诸己不非诸人，无诸己不求诸人。

从这段中，我们不难发现，"以名举实"是墨辩（墨家逻辑）的最基本的出发点。首先要保证"名"是有"实"跟它对应的，"名"不是空名，所以，墨家特别重视"实"，认为"实"才是根本。《墨辩》中有对于"实"的具体解说，如《经上》："实，荣也。"荣，本义是指花开了，这里引申为"见于外"，而见于外的东西就是"名"。《经说上》对这一

---

① 参见罗积勇：《论先秦"同义词区别使用"的理据》，《武汉大学学报》1992年第 4 期。

条的解释是："实，其志气之见也，使人如己，不若金声玉服。"杨俊光认为："有其实，才有其荣（名）；荣（名）生于实，实为荣（名）之本。"外在的表现要以"实"为根据，否则就如"金声玉服"徒有其表。在现实中，口头上能说出"名"，但实际上不知所云的情况是存在的，不过墨子有办法检验一个人到底知不知晓他口中所说的"名"的真正所指，《贵义》篇曰：

> 今瞽曰："钜者白也，黔者黑也。"虽明目者无以易之。兼白黑，使瞽取焉，不能知也。故我曰瞽不知白黑者，非以其名也，以其取也。今天下之君子之名仁也，虽禹、汤无以易之。兼仁与不仁，而使天下之君子取焉，不能知也。故我曰天下之君子不知仁者，非以其名也，亦以其取也。

墨子认为盲人虽知黑白的概念，但不能区别放在一起的黑和白的东西，因此，盲人不知白黑，不是因为他不能称说白黑的名称，而是因为他无法择取。同样，天下的君子给仁下定义，却不能区分仁与不仁的事情，所以天下的君子不能区别仁与不仁的事情，并不是因为他们不知道仁的概念。可见，墨子是强调只有实践才可以获得"名"所反映的"实"的认识，仅仅口头上知道"名"的概念并不等于真的知道"名"。在这里我们已经可以看到墨子的实践检验真理这一思想的萌芽了。

只有真正了解了实际的客观对象，那这个客观对象的"名"才对使用者来说具备了意义。所以，《墨子》另一个著名的论断是见于《小取》篇中的"以名举实"。换句话说，"名"是否正当，是否使用准确，不在于"名"本身，而在于是否有对应的客观实在。我们看看《墨子·公孟》中墨、儒家代表人物的一段争论，就可明白这个道理：

子墨子谓程子曰："儒之道足以丧天下者，四政焉。儒以天为不明，以鬼为不神，天鬼不说，此足以丧天下。又厚葬久丧，重为棺椁，多为衣衾，送死若徙，三年哭泣，扶后起，杖后行，耳无闻，目无见，此足以丧天下。又弦歌鼓舞，习为声乐，此足以丧天下。又以命为有，贫富寿夭，治乱安危有极矣，不可损益也，为上者行之，必不听治矣；为下者行之，必不从事矣，此足以丧天下。"程子曰："甚矣！先生之毁儒也。"子墨子曰："儒固无此若四政者，而我言之，则是毁也。今儒固有此四政者，而我言之，则非毁也，告闻也。"程子无辞而出。

到底有无"毁儒"，就要看儒家到底存不存在"四政"，客观存在，那就不是"毁儒"，而是告闻，是"以名举实"。这就是墨家的"正名"的核心内容，它比孔子的泛伦理化的"正名"更符合唯物辩证法。

先秦名学，还有一个重要的议题，就是事物与属性的关系问题，著名的例子就是"坚白论"。对这个问题的讨论，导致公孙龙子名家学派的出现，也凸显了少正卯、邓析、惠施等一大批先秦人物。这些人所持之说和所操之学，在理论上好像都能自圆其说，具有极大的迷惑性，在如何对待这类扰乱伦常的人这个问题上，儒家拿"礼"压制和抵制他们，孔子呵斥这些人为"佞人"，为"巧言令色"，后来荀子采取的也是能与之辩则辩而胜之，不能与之辩则隆礼法而防之，法家对这类人则直接绳之以法。墨家的态度迥然不同，他们有满满的自信，对之采取辩而胜之的办法，比如，在"坚""白"问题上，墨子自由主张"盈坚白"，与后来公孙龙主张"离坚白"不同，墨家主张盈坚白。栾调甫说"坚白之辩有离盈二宗。……盈宗为墨子所立……大抵辩者之离，乃离物而成之意。墨子主张物意和合，以为于石坚白同体，既不可偏去而异处，则于意亦当不相外。"

上面我们说过，墨子对于实与荣（名）关系的界定和认识，不应局限在哪一个或哪一类事物当中，可以看作是对更为广泛的事物关系的概括"实"所蕴含的充实意义（存在于属性与对象之间），也具有普遍意义。这一点在《墨子》书中也有相关的论述。墨子将这种关系称为"盈"。《墨子·经上》："盈，莫不有也。"《墨子·经说上》："盈，无盈无厚。"《墨子》讨论坚、白时有自己的独到见解。《墨子·经上》："坚白，不相外也。"《经说上》解释说："[坚]于（尺）[石]无所往而不得，得二。（坚）异处不相盈，相非，是相外也。"这里的《经》文和《经说》文共同说明实本身所蕴含的意义，即属性与对象间的关系，这种关系具有普遍意义。

这两条均包括这样的意思：对象是一个占有空间的实体，认识对象就是认识其包含的属性，这属性在对象中无处不在，这就是"盈"；实体以"盈"这种方式而存在。墨子认为世界上万有不齐之物是实存，又在这两条《经》文和《经说》文中更为具体和明晰地说明了"实"的存在，以"盈"的方式存在。

应该补充的是，"盈"不仅仅说明了空间上的充实，说明了属性与对象的紧密相连，就"坚白石"来看，"坚"必得石而存在，"白"也必得石而存在，否则就是相非、相外。"坚石"包括白，"白石"包括坚，正是在这一意义上可以理解。"坚石"虽可分为"坚"与"白"，但此时的"坚石"是一实体，是一占有空间的实存，所以能被"白"所充盈；同样，"白石"也是如此。墨子不认为属性能脱离对象而存在，它们是紧密相连的，之所以要分而言之，是为了阐述思想的需要。墨子对"实"的解释始终具有唯物性质，也带有其一贯的经验性质。正是这一贯的思想立场使墨家在先秦诸子中保持了鲜明的学派风格：一种科学思想的学派风格。

从《公孙龙子》一书自成体系来看，诡辩的现象应该早在公孙龙子之前就存在了。墨子对于诡辩和异端邪说，是采用以辩服人的办法。《墨子·小取》云："夫辩者，将以明是非之分，审治乱之纪，明同异之处，察名实之理，处利害，决嫌疑焉。"《经说下》曰："辩也者，或谓之是，或谓之非，当者胜也。"如果众心皆能服膺科学与逻辑，那么，墨子以辩服人的办法就是实现他的"尚同"主张的最好途径了。事实上，是以理驳倒诡辩、异端，还是以"礼""法"压制诡辩、异端，这两者如何选择，对中国社会的发展走向一直产生着深刻的影响。而儒家是采取与墨家相反的做法的，《荀子·非相》："凡言不合先王，不顺礼义，谓之奸言，虽辩，君子不听。"《荀子·非十二子》又说："辩说譬谕、齐给便利而不顺礼义谓之奸说。……言无用而辩，辩不惠而察，治之大殃也。行辟而坚，饰非而好，玩奸而泽，言辩而逆，古之大禁也。知而无法，勇而无惮，察辩而操僻淫，大而用之，好奸而与众，利足而迷，负石而坠，是天下之所弃也。"不但不听，而且还要禁止、压制，这导致的结果往往是使人口服心不服。

二、墨家的推类思想

《墨子·大取》认为："夫辞以故生，以理长，以类行者也。立辞而不明于其所生，妄也。今人非道无所行，唯有强股肱而不明于道，其困也，可立而待也。夫辞以类行者也，立辞而不明于其类，则必困矣。"墨子认为"辞立"与"故""理""类"是密不可分的。"辞"相对应着命题的结论，"故"对应命题的前提，而"理"当为辞所阐发的"道"，即对应命题的论据的可靠性。而"辞以类行"的"类"乃是墨家最为推崇的，认为"立辞而不明于其类，则必困"。后期墨家提出"异类不比"的观点，知墨家的"推类"是以"类同"为前提。吴毓江在注释《大取》

“夫辞以类行，立辞而不明于其类，则必困矣”时说：“如人窒息必死，窒息即为死之故，是谓‘辞以故生’。依生理学上可得窒息必死之理由，是谓‘辞以理长’。再以人窒息必死，推知他种恃呼吸为生之动物窒息亦必死，是谓‘辞以类行’。”①

又据《墨子·小取》“以类取，以类予”，《墨辩·经上》“法同则观其同”，可知墨家的“推类”其实是“同类相推”下的推理。“推类”的本质其实是将前提与结论所述对象的基本属性在类同的前提下进行的一种推断。“古代运用推类的逻辑形式，非常灵活、广泛。它的方法是为‘名理通变’的思维形式服务的。一方面表现为类比推理与所谓同异推论式的形式；另方面既有常理以推证各事例的演绎法，亦有由个别事变的观察以论一般公例的归纳法。”②换句话说，推类是在类同原则的制约下的推理，而“这种推理可以具体化为演绎、归纳、类比等形式各异的推理类型，其逻辑本质不可归于任何单一的推理类型”③。而“以类取，以类予”或“类同原则”在推类中的作用，即“引导推理者对具有类同关系的对象进行推断，或者诉诸同类之理，或者贯通其类，或者援引同类之例。其中，诉诸同类之理主要与从一般到个别的演绎相关联，贯通其类更多地和个别到一般的归纳相联系，而援引同类之例则关联着个别到个别的类比”④。

“推类”一词最早见于《墨子·经下》“推类之难，说在之大小”。可见，“推类”乃建立在“说”的基础上。又《墨子·经说下》“方

① 吴毓江：《墨子校注》，中华书局1993年版，第639—640页。
② 汪奠基：《略谈中国古代“推类”与“连珠式”》，载《中国逻辑思想论文选》(1949—1979)，生活·读书·新知三联书店1981年版，第89页。
③ 晋荣东：《推类理论与中国古代逻辑特殊性的证成》，《社会科学》2014年第4期，第131页。
④ 晋荣东：《推类等于类比推理吗?》，《逻辑学研究》2013年第4期，第74页。

不廧，说也"，又知"说"其实是以"类"为基础，是一种"见者可以论未发"式的概括。也就是说，"推类"的本质是针对前提与结论所述对象的基本属性在类同的前提下进行的一种推断。早在《论语·八佾》中就有"推类"的实例，如"子夏问曰：'巧笑倩兮，美目盼兮，素以为绚兮。'何谓也？子曰：'绘事后素。'曰：'礼后乎？'子曰：'起予者商也！始可与言诗已矣'"。并且孔子对"举一反三"也十分强调，《论语·述而》："子曰：'举一隅不以三隅反，则不复也。'"然而孔子并没有就此深究方法和构建理论体系，这个工作最终由墨子完成。《墨子》一书中也有许多推类的实践。

不管是早期墨家思想，还是后期墨家思想，都对"以往知来"深信不疑，早期思想，如《鲁问》篇记载：

> 彭轻生子曰："往者可知，来者不可知。"子墨子曰："籍设而亲在百里之外，则遇难焉，期以一日也，及之则生，不及则死。今有固车良马于此，又有奴马四隅之轮于此，使子择焉，子将何乘？"对曰："乘良马固车，可以速至。"子墨子曰："焉在矣来！"

后期墨家更加注重推类，甚至整理出了九种推论的法式，见《墨子·小取》：

> 或也者，不尽也。假者，今不然也。效者，为之法也；所效者，所以为之法也。故中效，则是也；不中效，则非也，此效也。辟也者，举也物而以明之也。侔也者，比辞而俱行也。援也者，曰子然，我奚独不可以然也？推也者，以其所不取之，同于其所取者，予之也。是犹谓也者同也，吾岂谓也者异也。夫物有以同而不率遂同。辞之侔也，有所至而止。其

然也，有所以然也。其然也同，其所以然不必同。其取之也，有所以取之。其取之也同，其所以取之不必同。是故辟、侔、援、推之辞，行而异，转而诡，远而失，流而离本，则不可不审也，不可常用也。故言多方，殊类异故，则不可偏观也。

可见，墨子在这里提出的"或"是选言推论式；"假"是假言推理模式，包含着"归谬法"；"效"属于演绎推理；"辟"即譬喻，属于类比推理；"侔"与传统逻辑的附性法相似；"援"是一种类推方法；"推"包含的内容比较复杂，它不但包括《经说下》的闻知、亲知和说知的三段推论，而且包括归纳法。所以，伍非百在《墨辩解故》中说："《小取》之所谓推者，其含义甚广，包演绎、归纳及其他类推法之原理原则而言，非仅指狭义的'比类推理法'也。"①

有了这九种推论的法式，"以往知来"是完全不成问题的。《经下》篇说："闻所不知，若所知，则两知之，说在告。"《经说下》解释说：

> 闻，在外者，所不知也。或曰"在室者之色若是其色"。是所不智若所智也。犹白若黑也，谁胜？是若其色也。若白者必白。今也智其色之若白也，故智其白也。夫名以所明正所不智，不以所不智疑所明。若以尺度所不智长。外，亲智也；室中，说智也。

如此详细地给出推类的法式，就能够让人们有所遵循，才能够对后来的政见和学术论辩、自然科学研究等等提供一个可以遵循的范式。

---

① 转引自栾调甫：《读伍非百〈墨辩解故〉》，见《墨子研究论文集》，附伍，人民出版社 1957 年版，第 200—208 页。

第二节　墨家推类思想对后世的影响

墨辩大部分内容反映的是墨家的推类思想，而墨家的推类思想某种程度上在后世论辩体文学体裁发展中得到继承和发展。其次，墨家推类思想也对后世算学研究、中医的发展等科技发展方面产生了重要的影响，即使今天看来仍具有重要的借鉴和指导价值。

一、墨家推类思想对后世论辩体文章的影响

学界常依据汉武帝"罢黜百家，独尊儒术"，得出墨家逻辑在汉武帝之后渐渐衰微。其实不然，墨家之后的一些论辩体文章以及某些名臣奏章，多遵循墨家逻辑。一篇好的论辩体文章和带论辩性质的奏章，一是要有文采，二是要讲逻辑，只有当严密的逻辑通过绚烂的文采表现出来后，方称上乘之作。

先秦的例子，如李斯的《谏逐客书》，该文很好地运用了类比推理，同时又举了大量的客（来秦国做官的）不负秦的例子，因而很具有说服力。

魏晋南北朝争论的问题有"命运"的有无问题、"神"灭不灭的问题，前一个问题的争论，举例比较多，分析较少（参看本书论"非命"的部分），而后一个问题，范缜的《神灭论》运用墨子的定义法，将"神"看作"形"的属性、"心"的功能，推出"形"之不生，则"神"随之灭的结论。相形之下，沈约的《神不灭论》则偷换概念，玩弄诡辩，影响远不及范缜的《神灭论》。

唐代是一个思想比较多元化的时代，除了儒家经典外，人们还修习道家经典，也接触《墨子》一类的诸子书。唐代古文运动领袖韩愈、柳

宗元就研读过《墨子》，韩愈在早期甚至提出了"儒墨相用"的主张，他在《读墨子》中写道：

> 儒讥墨以上同、兼爱、上贤、明鬼，而孔子畏大人、居是邦不非其大夫，《春秋》讥专臣，不"上同"哉？孔子泛爱亲仁，以博施济众为圣，不"兼爱"哉？孔子贤贤，以四科进褒弟子，疾殁世而名不称，不"上贤"哉？孔子祭如在，讥祭如不祭者，曰我祭则受福，不"明鬼"哉？儒墨同是尧舜，同非桀纣，同修身正心以治天下国家，奚不相悦如是哉？余以为辩生于末学，各务售其师之说，非二师之道本然也。孔子必用墨子，墨子必用孔子；不相用，不足为孔墨。

尽管后来韩愈为了继承儒家的道统，改变了对墨家的态度，但有两个方面他已然受到墨家学说的浸染，一是他的"博爱之谓仁"的理论，另一个则是他所写的论辩类文章，深受墨家逻辑的影响。关于第二点，试以他的《师说》和《论佛骨表》为例说明之。

在《师说》中，开篇即写道："师者，所以传道受业解惑也。"然后，坚守这个定义，能"传道受业解惑"的就是"师"，就可"师"，不论对方的年龄大小、地位高低，"吾师道也，夫庸知其年之先后生于吾乎？是故无贵无贱，无长无少，道之所存，师之所存也"。不难看出，在这里，韩愈很好地运用了墨家的定义法。然后运用类比推理，句读不明，人们拜师；欲学技艺，人们拜师。独独有昧于道时，耻于拜师，从而指出这种现象的不合逻辑，不合常理，应该抛弃。

詹剑锋认为在墨家逻辑式"推"有一种别异法，即察同事而观其所异。其遵循的原则是"法异则观其宜"（《墨子·经上》），换句话讲，即两个或几个事例中，有一例结果与其他例不同，而这一例其他条件都相同，只有一条件不同，那么此不同的条件可能就是导致其特别结果的原因。① 而韩愈的《论佛骨表》就用到这种由墨子揭示的推理寻因方法：

> 臣某言：伏以佛者，夷狄之一法耳，自后汉时流入中国，上古未尝有也。昔者黄帝在位百年，年百一十岁；少昊在位八十年，年百岁；颛顼在位七十九年，年九十八岁；帝喾在位七十年，年百五岁；帝尧在位九十八年，年百一十八岁；帝舜及禹，年皆百岁。此时天下太平，百姓安乐寿考，然而中国未有佛也。其后殷汤亦年百岁；汤孙太戊，在位七十五年，武丁在位五十九年，书史不言其年寿所极，推其年数，盖亦俱不减百岁；周文王年九十七岁，武王年九十三岁，穆王在位百年。此时佛法亦未入中国，非因事佛而致然也。
>
> 汉明帝时，始有佛法，明帝在位，才十八年耳。其后乱亡相继，运祚不长。宋、齐、梁、陈、元魏已下，事佛渐谨，年代尤促。……事佛求福，乃更得祸。由此观之，佛不足事，亦可知矣。

柳宗元在其《封建论》中也很好地运用了墨子的这种"法异则观其宜"的推因法，对此我们在讨论"三表法"时再分析。柳宗元的《桐叶封弟辨》一文，熟练地运用了墨辩中的归谬法：

> 古之传者有言：成王以桐叶与小弱弟戏，曰："以封汝。"周公入贺。王曰："戏也。"周公曰："天子不可戏。"乃封小弱弟于唐。吾意不然。……设有不幸，王以桐叶戏妇寺，亦将举

---

① 参见詹剑锋：《墨家的形式逻辑》，湖北人民出版社 1979 年版，第 144 页。

而从之乎？凡王者之德，在行之何若。设未得其当，虽十易之
不为病；要于其当，不可使易也，而况以其戏乎！若戏而必行
之，是周公教王遂过也。

　　所以说，韩愈、柳宗元是最善于将墨家逻辑运用到自己的论辩类文
体的写作的人。韩愈甚至还在自己的文章中提到曾经设计社会实验，并
从中观其同，观其异，如《原毁》：

　　　　古之君子，其责己也重以周，其待人也轻以约。重以
　　周，故不怠；轻以约，故人乐为善。……今之君子则不然。其
　　责人也详，其待己也廉。详，故人难于为善；廉，故自取也
　　少。……虽然，为是者，有本有原，怠与忌之谓也。怠者不
　　能修，而忌者畏人修。吾尝试之矣，尝试语于众曰："某良士，
　　某良士。"其应者，必其人之与也；不然，则其所疏远不与同
　　其利者也；不然，则其畏也。不若是，强者必怒于言，懦者必
　　怒于色矣。又尝语于众曰："某非良士，某非良士。"其不应者，
　　必其人之与也，不然，则其所疏远不与同其利者也，不然，则
　　其畏也。不若是，强者必说于言，懦者必说于色矣。是故事修
　　而谤兴，德高而毁来。呜呼！士之处此世，而望名誉之光，道
　　德之行，难已！

　　宋代的欧阳修也善用墨家逻辑，如他写的《朋党论》，逻辑性就很
强。苏轼写论辩类文章，逻辑性也是很强的，如他的《留侯论》，就善
于从陈平的充满诡谲的生平事迹中，发现一个共同的、本质的事实：陈
平一生奉行一个"忍"字。这也是墨子倡导的求同法，即《经上》所说
的"法同，则观其同"的方法。苏轼还善于运用墨家的"辟"式推理，

即比喻性的类比推理，如他在《教战守策》中写道：

> 夫当今生民之患，果安在哉？在于知安而不知危，能逸而不能劳。此其患不见于今，而将见于他日。今不为之计，其后将有所不可救者。……盖尝试论之：天下之势，譬如一身。王公贵人所以养其身者，岂不至哉？而其平居常苦于多疾。至于农夫小民，终岁勤苦，而未尝告病。此其故何也？夫风雨、霜露、寒暑之变，此疾之所由生也。农夫小民，盛夏力作，而穷冬暴露，其筋骸之所冲犯，肌肤之所浸渍，轻霜露而狎风雨，是故寒暑不能为之毒。今王公贵人，处于重屋之下，出则乘舆，风则袭裘，雨则御盖。凡所以虑患之具，莫不备至。畏之太甚，而养之太过，小不如意，则寒暑入之矣。是以善养身者，使之能逸而能劳；步趋动作，使其四体狃于寒暑之变；然后可以刚健强力，涉险而不伤。夫民亦然。今者治平之日久，天下之人骄惰脆弱，如妇人孺子，不出于闺门。论战斗之事，则缩颈而股栗；闻盗贼之名，则掩耳而不愿听。而士大夫亦未尝言兵，以为生事扰民，渐不可长。此不亦畏之太甚，而养之太过欤？且夫天下固有意外之患也。……天下苟不免于用兵，而用之不以渐，使民于安乐无事之中，一旦出身而蹈死地，则其为患必有不测。故曰：天下之民，知安而不知危，能逸而不能劳，此臣所谓大患也。

以上的比喻性类比推理用得非常贴切。一般说来，唐宋古文运动倡导者在作文时，是非常注意运用墨家逻辑推理，并将它与巧妙的结构和变化的句式结合起来的。这也是他们的文章百读不厌的原因。

二、墨家推类思想与连珠体

墨家的推类思想在先秦就很有影响，先秦时已为法家所吸取创造出《内外储说》的连珠雏形，在汉代文豪扬雄笔下将其体式发展成一种短小式样的文体，即连珠体。这种连珠体蕴含多种逻辑论式，经过分析可以看出它们与墨辩的联系。晋人傅玄《连珠序》云："所谓连珠者，兴于汉章帝之世，班固贾逵傅毅三子受诏作之，而蔡邕张华之徒又广焉。其文体辞丽而言约，不指说事情，必假喻以达其旨，而令贤者微悟，合于古诗讽兴之义，欲使历历如贯珠，易观而可悦，故谓之连珠也。班固喻美辞壮，文章弘丽最得其体，蔡邕似论言质而辞碎，然旨笃矣。贾逵儒而不艳。傅毅有文而不典。"鉴于墨家后期内部有分裂，其中一派（墨家后学）重视认识论、逻辑学等学科研究，另一派转化为秦汉社会的游侠。可知，墨家后学在汉章帝之时还有所兴，并没有衰微，至汉武帝时期，墨家思想渐渐融入儒法道的统治思想中去，其中墨家的逻辑形式仍被儒法道学者广泛应用，不过他们更加偏重于类比推理。至魏晋盛行玄学之风，论辩又重启动，此时期代表人物陆机、葛洪更是吸收了墨辩的逻辑思想，将连珠体进一步发展成熟，奠定其推论的形式。因此可以说连珠体的发展史也是一部墨家逻辑思想的发展史。

"连珠"是我国古代一种特殊的文体，其特殊性不仅因它集文学性与逻辑性相统一，还因它是一种综合性推论形式。随着汉代扬雄肇名其体，之后文人争相模仿，标新立异，渐融文学性于其中。至魏晋时期，连珠体发展到一个融文学性与逻辑性相统一的成熟阶段，较之其他文体，此时期成熟连珠体多"不指说事情"而采用"假喻以达其旨"，从而获取"令贤者微悟"的语用效果。比如陆机《演连珠》"臣闻春风朝煦，萧艾蒙其温；秋霜宵坠，芝蕙被其凉。是故威以齐物为肃，德以普济为弘。"通过分别描述"萧艾""芝蕙"在春天与秋天感受的气温的变化，归纳得出"威力要平等，恩德要普及"，暗示君主当罚不遗贵，赏不遗贱。以"春风""秋霜"类比"君王"，以"萧艾""芝蕙"类比"群臣"，前后形成类比推理。通过分析可见，连珠的"假喻"是一种综合的推论形式，这种推论形式并不局限于类比，而是一种融合归纳、演绎和类比于一体的综合推论形式，具有丰富的逻辑内涵。[①]换句话讲，"假喻"也就是"推类"的变形。[②]

近代学者严复曾在翻译《穆勒名学》时，将西方三段论翻译为"连珠"，钱锺书认为连珠体是一种"推类之譬拟"，又逻辑学家汪奠基从逻辑学史的角度上认为陆机的"演连珠"又叫"连珠式"，是一种逻辑推类的形式，以上都揭示了连珠体的逻辑意义。晋人傅玄《连珠序》云："辞丽而言约，不知说事情，必假喻以达其旨，而令贤者微悟，合于古诗讽兴之义"，可见连珠体虽富含归纳、演绎，重点却是在"比喻"，借古讽今，以物比理志，托事寓情。《艺文类聚》载沈约《注旨制连珠表》："连珠者，谓辞句连续，互相发明，若珠之排结也。"结合沈剑英先生的观点[③]，"辞句连续"指命题之间的逻辑关系，即指向连珠体的外部语言形式。"互相发明"是指连珠式推论的前提与前提，前提与结论之间的逻辑关系，即指向连珠体的内在逻辑关系。可见连珠体的前提往往"假喻"，其结论"达旨"，虽有归纳、演绎，却统一于推类之下。由此亦可认为"连珠体"除文体身份外，还是一种推类形式在文学上的表达，是对墨家推类思想的继承与发展。

---

① 参见孙波：《连珠范式的演变及其逻辑解析》，《甘肃社会科学》2008 年第 5 期，第 46—49 页。

② 参见汪奠基：《略谈中国古代"推类"与"连珠式"》，载《中国逻辑思想论文选》(1949—1979)，生活·读书·新知三联书店 1981 年版，第 89 页。

③ 参见沈剑英：《论连珠体》，载《中国逻辑史研究》，中国社会科学出版社 1982 年版，第 252 页。

《墨子·经上》将人获取知识的依据划分为三类:"知:传受之,闻也。方不彰,说也。身观焉,亲也。"即"闻知""说知""亲知",三者之间相互联系,相互统一。"闻知"是通过传授得来的知识;"说知"是一种从已知到未知逻辑推理过程获得知识,如同"以往知来,以见知隐"的推理;"亲知"是"通过自己的亲力亲为,繁杂的社会现象或实验中概括总结出的新知"[①]。可见"亲知"其实是包含自身的观念。纵观历代连珠体的形式,大体有两类:一类为两段式连珠,即"臣闻……,……""臣闻……是以……""臣闻……故……";一类为三段式连珠"臣闻……是以(故)……故(是以)……""臣闻……何则?……是以……"。从形式上看,连珠体开头常以"臣闻"起,类似于墨家所述的"闻知";在二段式连珠中常采用"是以""故"等连词表达结论或论据,类似于墨家所述的"说知",在三段式连珠中,"是以""何则"之后说述更偏向于墨家所述的"亲知",在"故""是以"之后则是墨家所述的"说知",具体分析如下:

其一,二段式连珠:

臣闻:明君取士,贵拔众之所遗;忠臣荐善,不废格之所排。(前提)是以岩穴无隐,而侧陋章显也。(扬雄《连珠》)

扬雄通过"闻知"即"明君取士""忠臣荐善"两个行为所指向结果的类同关系,即"人才不会被埋没";基于此他得出"说知",即"岩穴无隐,而侧陋章显"的逻辑推导。墨家类同原则在推类中表现:推理者以类同关系为基础,将前提中行为结果的某种属性贯通其类,推断该类的全部对象都具有这种属性。此首连珠的推类本质是一个不完全归纳

---

① 张永祥、肖霞:《墨子译注》,上海古籍出版社 2015 年版,第 313 页。

推理，其前提与结论之间是一种或然联系。

> 臣闻：公输爱其斧，故能妙其巧；明主贵其士，故能成其治。（班固《拟连珠》）

"公输爱其斧""明主贵其士"二者在行为及行为指向结果上具有类同关系，即"爱其物，成其治"。班固通过"闻知"即"公输爱其斧，故能妙其巧"，来"说知"即"明主贵其士，故能成其治"，前后形成类比推理，其前提与结论之间也是一种或然联系。

> 盖闻：廉将军之客馆，翟廷尉之高门。盈虚倏忽，贵贱何论？是以平生故人，灌夫不去；门下宾客，任安独存。（庾信《拟连珠》）

庾信借助"听闻"先列举事例，即"廉颇将军和翟廷尉显贵的家里，当有权势时，常常宾客满堂，当失权势时，常常空无一人，变换很快"，感慨"人与人交往都是以贵贱来衡量，有何交情可论？"依据廉颇将军和翟廷尉得势与失势的相似性，言人情冷暖、世态炎凉道理，庾信又从反面"说知""平生故人，灌夫不去；门下宾客，任安独存"，表达了知己难寻，忠友难遇的情感。

其二，三段式连珠：

> 臣闻：音以比耳为美，色以悦目为欢。是以众听所倾，非假北里之操；万夫婉娈，非俟西子之颜。故圣人随世以擢佐，明主因时而命官。（陆机《演连珠》）

此类连珠乃陆机首创，常以"臣闻"起头，"是以"为转合，最后以"故"来引申结尾。整首连珠完美融合墨家"三知"理论为一体，具体先以"闻知"表述臣听说："音乐以悦耳为美，女色以悦目为喜"，后以"亲知"认为"众人听感所喜欢的，就无须借用北里古乐的歌曲；许多人所欣赏的美，就不必等待古代西施容颜的再现"。依据"众听所倾""万夫婉娈"行为所指的类同性，即"当顺应时代之有，无空慕古人"，最后通过"说知"推类出"圣人应当顺着时代所拥有的人才来选拔辅佐的大臣；明智的君主当顺应时代的需要来任命官吏"。从"闻知"到"亲知"是一种演绎推理，从"亲知"到"说知"是一种类比推理，从"闻知"到"说知"又表现为一种演绎推理。

> 臣闻：寻烟染芬，熏息犹芳；征音录响，操终则绝。何则？
> 垂于世者可继，止乎身者难结。是以玄晏之风恒存，动神之化
> 已灭。（陆机《演连珠》）

此类连珠也首创于陆机，其基本形式为"臣闻……何则？……是以……"。从推论形式看，以"闻知"述所听来的道理，即"顺着烟气沾染香味，烟气消散后仍有芳香。求歌曲的节奏就记下它的音调，等那歌曲结束时，音调也会没有了"。次以"何则？"为转合引出作者"亲知"的见解，即"用书面文字留在世上的法则可以继续流传，局限于自身抽象的神感应是不可传的"。最后"说知"推类出"礼教的流风常常存在，变动不测的政化却早已泯灭了"。从"闻知"到"亲知"是一种归纳推理，从"亲知"到"说知"是一种演绎推理，从"闻知"到"说知"又表现为一种演绎推理。值得注意的是"亲知"所得到认识也并非全部正确。从今天的物理学中，可知"寻烟染芬，熏息犹芳"其实是空气分子运动的结果，"征音录响，操终则绝"其实是物体振动的结果，并非陆机所

认识。从侧面证明"亲知"是作者通过亲身实践得来的知识，又由于古人认识水平有限，因此此类连珠中"何则?"后"亲知"所得到观点还有可能存在诡辩。

通过对连珠不同形式的分析，可见连珠体创作机制其实是将《墨子·经上》中"闻知""说知""亲知"三者融为一体综合的表达，侧面反映出连珠体当溯源于墨家的推类思想，成形于韩非子，肇名于扬雄。二段式连珠的创作机制常以"闻知"起头，以"说知"推类来结尾，其表现出一种归纳、演绎、类比两两衔接的语用逻辑形式。三段式连珠的创作机制也常以"闻知"为起头，以"亲知"为转合，以"说知"推类来结尾，其表现出一种归纳、演绎、类比两两衔接或三者为一体的语用逻辑形式。

墨家推类思想也借助连珠体的文学体裁得到了强化与实践，某种程度上连珠体的发展史也是一部研究我国推类思想兴衰的发展史。通过梳理历代连珠体语料，发现连珠体的出现绝非偶然，是后人在论辩中继承发展了墨家推类实用性的结果。

先秦两汉时期:

依据早期文献，在先秦至两汉时期，连珠除推类式外，还存有论证式。推类式中可分出类比式、归纳式、归纳演绎式，而此阶段类比式最为丰富，盖类同是古人认知进行推类的一个基础。无论是推类式，还是论证式，皆在类同原则下推理。

A.类比式:

> 臣闻良匠度其材而成大厦，明主器其士而建功业。(班固《拟连珠》)

班固通过描述好的工匠会衡量材料的适宜与否，因而才能建成大厦。班固将"英明的君主"与"良好的工匠"在成其业的行为上作类比，即重视其材。

B.归纳式：

> 臣闻媚上以希利者，臣之常情，主之所患；忘身以忧国者，臣之所难，主之所愿。是以忠臣背利而修所难，明主排患而获所愿。（潘勖《拟连珠》）

潘勖以类同为基础说明两种行为"谄媚君上以布利益""忘身忧国"，从君臣角度点明了君臣利害的相反性，进一步归纳出忠臣能舍己之利，去君之害，做到使君臣利害一致。

C.归纳演绎式：

> 臣闻目润耳鸣，近夫小戒也；狐鸣犬嗥，家人小妖也。犹忌慎动作封镇，书符以防其祸。是故天地示异灾变横起，则人主恒恐惧而修政。（蔡邕《连珠》）

蔡邕通过"目润耳鸣""狐鸣犬嗥"的异常而归纳出"封镇书符"，之后又进一步演绎出天示灾异时，人主需恐惧反省，改善政务。

D.正反对比式：

> 臣闻：天下三乐，有三忧焉。阴阳和调，四时不忒，年丰物遂，无有夭折，灾害不生，兵戎不作，天下之乐也。圣明在上，禄不遗贤，罚不偏罪，君子小人，各处其位，众臣之乐也。吏不苟暴，役赋不重，财力不伤，安土乐业，民之乐也，乱则反焉，故有三忧。（扬雄《拟连珠》）

285

前提中"三乐""三忧"与结论所展开的内容具有"类同关系"。即"天下、朝臣、民生"三方面的乐与忧的描述。扬雄可据此推类"天下、朝臣、民生"的乐与忧。类同原则在推类中表现：推理者以类同原则，将前提中"三乐""三忧"的所指诉诸同类即"天下、朝臣、民生"三方面，展现出以一种演绎推理的形式。与此同时，"三乐""三忧"在内容上也形成正反对比论证。整首连珠以"闻知"起，次以"亲知"论证"闻知"的同时，又为"说知"埋下铺垫，即"君主治国安邦的标准"。

E. 论证式：

> 臣闻鸾凤养六翮以凌云，帝王乘英雄以济民。《易》曰："鸿渐于陆，其羽可用为仪。"（班固《拟连珠》）

此首连珠最后引用《易经》经文来论证"帝王乘英雄以济民"的观点，同时此观点又与"鸾凤养六翮以凌云"形成类比，认为"鸾凤养六翮"的行为指向与"帝王乘英雄"的行为指向具有类同性。

F. 论证与归纳式：

> 观听不参则诚不闻，听有门户则臣壅塞。其说在侏儒之梦见灶，哀公之称"莫众而迷"。故齐人见河伯，与惠子之言"亡其半"也。其患在竖牛之饿叔孙，而江乙之说荆俗也。嗣公欲治不知，故使有敌。是以明主推积铁之类而察一市之患。（韩非子《储说》）

韩非连珠属于草创时期，虽其形式不固定，但从其创作机制来看，吸取《墨经》之精华用于论辩已相当成熟。韩非先提出见解"观听不参则诚不闻，听有门户则臣壅塞"，次以"闻知"来论证，即"侏儒梦见灶""哀公称莫众而迷""其人见河伯"三件事所指类同特征来论证"观听不参则诚不闻",同样以"竖牛饿叔孙""江乙说荆俗""嗣公欲治不知"三事件所指类同性来论证"听有门户则臣壅塞"。以"闻知"论证"亲知",又以"闻知"的类同性归纳"说知",即"君主要明白类推积铁防箭的道理,明察三人成虎的祸患"。整首连珠的推理为:"亲知"与"闻知"是一种论证式,"闻知"到"说知"为归纳式。

魏晋南北朝时期:

此时期连珠在形式上继承秦汉的同时,又有所创新。主要体现在形式与内容上,在形式上,连珠发展出更为成熟的三段式;其次,由于连珠受到帝王欣赏与创作,"闻知"的表现形式打破"臣闻"形式,开始出现"盖闻""常闻""吾闻""妾闻"等形式,这也预示着连珠的功用开始由讽兴劝谏转向抒情化的线路。在内容上,此时期连珠的推理逻辑更加丰富,出现了演绎归纳类比一体式、归纳类比式、演绎式、类比式等形式。较先秦时有所不同,此时期连珠推理以归纳类比式较多。

A.演绎归纳类比一体式:

妾闻洛妃高髻,不资于芳泽;玄妻长发,无藉于金钿。故云名由于自美,蝉称得于天然。是以梁妻独其妖艳,卫姬专其可怜。(刘孝仪《探物作艳体连珠》)

刘孝仪以女性口吻通过描述"洛妃高髻""玄妻长发"归纳出"云的美名是由于它的美好,蝉称称誉来源于天赋使然",进而通过演绎得出"梁翼妻子的坠马髻""卫庄姜的头发"各自具有独特的美,同时又富含类比。

B.归纳类比式:

臣闻春风朝煦,萧艾蒙其温;秋霜宵坠,芝蕙被其凉。是

故威以齐物为肃，德以普济为弘。（陆机《演连珠》）

通过分别描述"萧艾""芝蕙"在春天与秋天感受的气温的变化，归纳得出"威力要平等，恩德要普及"，暗示君主当罚不遗贵，赏不遗贱。以"春风""秋霜"类比"君王"，以"萧艾""芝蕙"类比"群臣"，前后形成类比推理。

C.演绎式：

臣闻忠臣率志，不谋其报；贞士发愤，期在明贤。是以柳庄黜殡，非贪瓜衍之赏；禽息碎首，岂要先茅之田。（陆机《演连珠》）

作者通过"闻知"描述"忠臣率志"与"贞士发愤"两者的行为目标是"谋其志""期明贤"。"是以"在此表"所以"，上下首之间构成演绎推理出"柳庄黜殡""禽息碎首"两人的行为分别对应"谋其志""期明贤"。

D.类比式：

盖闻鼓蘙怀音，待扬桴以振响；天地涵灵，资昏明以垂位。是以俊乂之臣，借汤武而隆；英达之君，假伊周而治。（刘祥《连珠》）

刘祥通过先描述"鼓蘙怀音"需扬桴才振响，"天地涵灵"需昼夜交替才可以，为下文类比说理进行铺垫。将"鼓蘙怀音"与"俊乂之臣"类比，"天地涵灵"与"英达之君"类比，由于"鼓蘙怀音""英达之君"均需要借外力的特点才各显其性，因此"俊乂之臣需要借汤武才会兴隆；

英达之君需伊周才能治理好"就更具说服性。

唐宋时期：

此时期连珠发展虽有所衰落，创作量较少，看不出多少新的特点。所以，唐宋时期可略而不论。

明清时期：

明清是连珠体发展中又一高峰，这时期作品特点可谓丰厚而多样。其丰厚性展现在此时期作品创作数量之多，超以往时期作品数量的总和；其多样性表现其功用范围的扩大，转变以往明理谏说功用，渐渐发展出赞君祝寿、评论文章、写景记事、读书心得、怡情娱乐等功用。

最值得注意的是用连珠体写读书心得。

　　盖闻事势濒危，用人弗及；国家闲暇，弃才不任。是以郑惧东封，急而求乎烛武；齐侵北鄙，命必受于展禽。（皮锡瑞《左氏连珠》）

皮锡瑞读《左传》，以《左传》为论说对象，创作此类连珠。该首通过列举《左传》事实，来证明"事势濒危，用人弗及；国家闲暇，弃才不任"的道理。

通过语料分析，发现随着连珠体功用范围的扩大，其推理性在某种程度上有所削弱，主要表现于怡情娱乐、写景记事等方面，而在评论文章、读书心得、赞君祝寿方面仍具有较强的推理性，盖因为抒情成分较少，侧重点在于说理缘故。分析怡情娱乐、写景记事两方面的连珠体，多涉及描写与抒情，虽减弱其推理性，但更多是以类比的手法去烘托情感。

连珠这一文体主要传承了墨家的推类思想，但是，先秦儒家和道家也重视类推。墨家推类，强调"故""辞""理""类"俱全，而儒、道二家无此讲究，所以连珠中也往往有一些非理之例，如陆机《演连珠》第八首："臣闻鉴之积也无厚，而照有重渊之深；目之察也有畔，而视周天壤之际，何则？应事以精不以形，造物以神不以器。是以，万邦凯乐，非悦钟鼓之娱；天下归仁，非感玉帛之惠。"

三、墨子推类思想对古代中医、科技发展的影响

在我国古代医学诊断方法中，通常讲究"望""闻""问""切"。《墨子·经上》将人获取知识的依据分为三知："传受之，闻也。方不彰，说也。身观焉，亲也。"即"闻知""说知""亲知"，三者之间相互联系，相互统一。"闻知"是通过传授得来的知识；"说知"是一种从已知到未知推理获得知识；"亲知"是通过亲身实践得来的知识，包含自身的观念。根据中医基础理论常识，我们知道中医看病的"闻"如同墨家三知中"闻"，即听病人所述病的症状；"望""问""切"是指诊断者通过观察病人的气色、询问病人的症状、摸一摸病人的脉象，其本质是一种实践得来的认识，如同墨家三知中"亲知"；大夫通过"闻知""亲知"获得认识进而推理得出"说知"，即确诊病人的疾病及治疗方法。可见中医中"望""闻""问""切"的诊断疗法其实是墨家"推类思想"与"三知"思想的继承与进一步发展。

《伤寒杂病论》条一云："太阳之为病，浮脉，头项强痛而恶寒。"通过张仲景给"太阳病"定义，可见"浮脉""头项强痛""恶寒"共同揭示出"太阳病"的病症规律特点，因此凡是符合以上三种病症的皆当诊断为"太阳病"。结合中医基础理论常识"望""闻""问""切"，诊断者通过"闻"即听取病人描述"浮脉""头项强痛""恶寒"症状，通过"望""问""切"发现病人确实共同表现出"浮脉""头项强痛""恶寒"三种症状，诊断者会在实践中获取认知，在认证中进行推理，将

"闻知""亲知"获得的认识与《伤寒杂病论》所描述"太阳病"的规律特点进行推类，以最终确定病人的病。可见张仲景背后的诊断思维正是墨子"三知"的实践，即通过"知"来确定"名"，通过"名"来抒其"辞"，通过"辞"来构其"说"，整个推类皆以"同类相推"为原则。

北宋沈括《梦溪笔谈》是我国古代科技发展的巅峰之作，英国科学史家李约瑟曾评价该书为"中国科学史上的里程碑"，可见该书在国际上也是极为重视。虽然有学者研究指出"沈括是一位儒学家"①，但不可否认，他在自然科学方面的一些独到见解是受墨子实践观的影响而成。

在地质学方面，沈括在《梦溪笔谈·雁荡山》一文中提出"水蚀成山"的观点，不仅在我国地质学、地形学理论成为先驱，而且在世界上也占有重要地位。沈括通过实地考察，即"予观雁荡诸峰，皆峭拔险怪，上耸千尺，穿崖巨谷，不类他山，皆包在诸谷中。自岭外望之，都无所见，至谷中则森然干霄。原其理，当是为谷中大水冲激，沙土尽去，唯巨石岿然挺立耳。如大小龙湫、水帘、初月谷之类，皆是水凿之穴。自下望之，则高岩峭壁；从上观之，适与地平。以至诸峰之顶，亦低于山顶之地面。世间沟壑中水凿之处，皆有植土龛岩，亦此类耳。今成皋、陕西大涧中，立土动及百尺，迥然耸立，亦雁荡具体而微者，但此土彼石耳。既非挺出地上，则为深谷林莽所蔽，故古人未见，灵运所不至，理不足怪也。"沈括通过实地考察，依据"雁荡山大水冲刷后地貌特点"与"西北黄土高原的地貌特点"形似性，提出"水蚀成山"的观点，其论证方式，研究方法，都"符合现代地质科学的理论与方法"②。

在地理方面，沈括注重将"闻知""亲知""说知"结合，解释事理。

---

① 乐爱国：《北宋儒学背景下沈括的科学研究》，《浙江师范大学学报》（社会科学版）2007年第6期第9页。

② 李鄂荣：《〈梦溪笔谈〉与地质学》，《中国地质》，1987年第6期第32页。

如唐代卢肇认为潮汐是太阳的出没而激起的观点，沈括认为其有误，便以亲身实践考察来反驳。在《补笔谈》卷二中云："卢肇论海潮，以谓日出没所激而成，此极无理。若因日出没，当每日有常，安得复有早晚？予常考其行节，每至月正临子、午，则潮生，候之万万无差。（此以海上候之，得潮生之时。去海远，即须据地理增添时刻。）月正午而生者为潮，则正子而生者为汐，正子而生者为潮，则正午而生者为汐。"注意，沈括在亲身实践的基础上，还将具有"类"的规律性的认识进一步总结，得出"月正午而生者为潮，则正子而生者为汐，正子而生者为潮，则正午而生者为汐"。

沈括之所以能取得如此高的科技成绩，一方面是因为他具有科学的怀疑精神，另一方面得益于他继承墨家思想，重视实践，重视推类的方法。在面对前人的"辞"或"闻知"，他并非盲目地相信与遵从，而是分析其"故"，并以"类"为基础，以"亲知"方式进行观察或实验，对于错误的看法，他往往依据"理"进行解释或质疑。正如沈括在《孟子解》中云："所谓修身也，不能穷万物之理，则不足择天下之义；不能尽己之性，则不足入天下之道德。穷理尽性以此。"① 可见他在修身中对"穷理"即"穷万物之理"已是发挥到极致。

清人方以智著有《物理小识》，侧重记录了一些天文、物理、动物、植物等自然科学方面的知识，同样也是一部具有历史意义的百科全书。方以智重视科学的精神，发展创立了"质测之学"，即"物有其故，实考究之，大而元会，小而草木蠢蠕，类其性情，征其好恶，推其常变，是曰质测"。如在"同声相应之征"中，不仅记录沈括《梦溪笔谈》的有关内容，方以智还做了另外两个实验进行论证。"今和琴瑟者，分门内外，外弹仙翁，则内弦亦动，如定三弦子为梅花调，以小纸每弦帖

---

① 沈括：《长兴集》卷三十二，四部丛刊三编景明翻宋刻本，第7页。

之。旁吹笛中梅花调一字，此弦之纸亦动。"第一个实验，即屋内屋外各放一琴，门外弹奏仙翁曲时，屋内的弦也发生共振。方以智的第二个实验其实与沈括用"管弦""琵琶"相类，即将三弦定好调，琴弦上贴上小纸片，然后用笛子吹梅花调，发现琴弦上的纸随之也动。两个实验均证明有共同频率的物体具有共振现象。从方以智求证的过程可以看出，他为求证"同声相应之征"的准确性，通过设计两个合理实验进行验证，在相同结果的基础上推其常变，具有墨家"辞""理""类"的特点。

第三节　墨家"三表法"的影响与启示

将实践作为认识来源是马克思主义认识论区别于其他哲学认识论的根本。在我国先秦时期，墨子也曾完整地提出"实践是认识的来源、实践是判断认识正确与否"的观点，集中体现在墨子的"以名举实""三知法""三表法"思想中。墨子的实践检验思想，在先秦，就对稍后的思想家产生了影响，如荀子辨合符验的思想就明显受到其影响，《荀子·大略》说："是非疑则度之以远事，验之以近物，参之以平心。"是非疑惑，则"度""验"远事、近物，可以释疑解惑。在《荀子·性恶》中又说："故善言古者必有节于今，善言天者必有征于人。凡论者，贵其有辨合，有符验，故坐而言之，起而可设，张而可施行。今孟子曰'人之性善'，无辨合符验，坐而言之，起而不可设，张而不可施行，岂不过甚矣哉！"论而有辨合符验，则可贵；无辨合符验，则为过。这种方法也被荀子用来检验"三惑"的言论，明显与继承墨子实践检验的思想有关。

一、墨子的实践观

墨子的"以名举实"其本质是实践检验思想的萌芽，他认为"实"在"名"之前，"名"是对"实"的反映，但"名"对"实"的反映是基于实践才成立。如《墨子·贵义》云："今瞽曰：'钜者白也，黔者黑也。'虽明目者无以易之。兼白黑，使瞽取焉，不能知也。故我曰瞽不知白黑者，非以其名也，以其取也。今天下之君子之名仁也，虽禹、汤无以易之。兼仁与不仁，而使天下之君子取焉，不能知也。故我曰天下之君子不知仁者，非以其名也，亦以其取也。"墨子认为盲人虽知黑白的名称，但不能区别放在一起的黑和白的东西，因此，盲人不知白黑，不是因为他不能称说白黑的名称，而是因为他无法择取。同样天下的君子能给仁下定义，却不能区分仁与不仁的事情，所以天下的君子不能区别仁与不仁的事情，就不是真正知道什么是"仁"。可见，墨子是强调只有实践才可以获得"名"所反映的"实"的认识，仅仅口头上知道"名"的概念并不等于真的知道"名"。

其实，在墨子的"三知"理论中就已强调实践是认识的来源了。《墨子·经上》云："知：传受之，闻也。方不彰，说也。身观焉，亲也。""闻知""说知""亲知"三者间相互联系，相互统一。"闻知"强调是人通过传授得来的知识；"说知"强调是人的一种从已知到未知推理获得的知识；"亲知"强调是人通过亲身实践得来的知识。在"三知"中，不难看出"亲知"也是墨子倡导认识来源于实践的观点。

不过，墨子第一次明确系统提出实践检验真理标准是在"三表法"中，"三法"即"本之""原之""用之"，见于《墨子·非命》诸篇，但在文献解释上有所不同，如下表：

篇名	本之	原之	用之
《非命上》	古者圣王之事	察百姓耳目之实	废以为刑政，观其中国家百姓人民之利
《非命中》	考之天鬼之志，圣王之事	征以先王之书	发而为刑政
《非命下》	考先圣大王之事	察众之耳目之请	发而为政乎国家万民而观之

　　《非命中》篇在对于"三表"的解释不同于《非命上》《非命下》，尤其《非命中》在"本之"中融入了"天鬼之志"，在"原之"中改"察百姓耳目之实"为"征以先王之书"。由于《非命》诸篇是墨子针对当时"有命说"即"生死有命，富贵在天"所提出，因此考察其含义，我们认为应当将其具体论述放置《墨子》其他篇中，获得合理解释。

　　本之：

　　从内容上看，无论"古者圣王之事"，还是"先圣大王之事"，二者皆指溯源，考察过去的圣人的行事，是一种历史观。然而"古代圣王之事"同"天鬼之志"又有什么关联？在墨子看来，天下百工皆有从事之法，对于统治者也需要"法"。《墨子·法仪》云："父母、学、君三者，莫可以为治法。"这里的"治法"如同"仪"，是具有标准、规范的含义。墨子认为："父母、师长和国君三者，都不可以作为治理国家的法则。""然则奚以为治法而可？故曰：莫若法天。天之行广而无私，其施厚而不德，其明久而不衰，故圣王法之。"可见墨子主张君主"莫若法天"，将"法天"作为治理国家的标准。"圣王法之"即"圣王以天为法"，鉴于此，"圣王之事"中必然含有"以天为法"，因此"圣王之事"是含有"天鬼之志"。如《墨子·天志中》云："故子墨子之有天之意也，上将以度天下之王公大人为刑政也，下将以量天下之万民为文学、出言谈也。观其行，顺天之意，谓之善意行；反天之意，谓之不善意行。观其言谈，顺天之意，谓之善言谈；反天之意，谓之不善言谈。观其刑政，顺天之意，谓之善刑政；反天之意，谓之不善刑政。故置此以为法，立此以为仪，将以量度天下之王公大人、卿、大夫之仁与不仁，譬之犹分墨白也。"在《非命上》《非命下》虽未明"天鬼之志"，但在后文论说中皆含有事鬼神之义。如《非命上》："率其百姓以上尊天事鬼"，《非命下》所引《仲虺之诰》《太誓》说明夏桀、商纣"执有命而行"即违背上天的行为。

从认识论上看，"上本古者圣王之事"虽是一种间接经验，如同以史为鉴，但其实质也是一种历史实践的案例。而且这种以史为鉴是含有宗教唯心主义色彩的，如《墨子·贵义》："凡言凡动，合于三代圣王尧舜禹汤文武者为之；凡言凡动，合于三代暴王桀纣幽厉者舍之。"可见墨子心中坚守的"圣王之事"，并非绝对客观，而是"妄图以某个人或某几个人的言行作为真理标准，树立全智全能的神圣偶像，在现实中是行不通的。这只有在宗教教义中才能找到，但这毕竟是宗教述信，而不是科学"①。因此有学者认为"第一表"还含有一个审定的问题，如针对圣王之事"应加以鉴别，不能把'书之竹帛，镂之金石，琢之盘盂'的圣王之事情，都以为真实可信，那就是迷信了"②。

原之：

从内容上看，"察百姓耳目之实"与"察众之耳目之请（情）"义相近，都指百姓耳闻目睹的认识。《墨子·尚同下》篇云："一目之视也，不若二目之视也。一耳之听也，不若二耳之听也。一手之操也，不若二手之强也。"可见墨子认为众人耳目感观所获得的认识，是一种约定俗成的认识是可靠的。《墨子·非命中》用"先王之书"而非"察百姓耳目之实"，是因"先王之书"多记载当时先王耳闻目睹之事或约定俗成的认识。

---

① 许悦：《试析墨子的"三表法"》，《福建师大福清分校学报》1988年第2期第10页。

② 胡子宗、李全兴：《墨子思想研究》，人民出版社2007年版，第255页。

《墨子·尚同中》篇云："先王之言曰：夫唯能使人之耳目助己视听，使人之吻助己言谈，使人之心助己思虑……助之视听者众，则其所闻见者远矣。"可见"先王之书"是包含"考百姓耳目之实"；百姓耳闻目睹的认识，不仅有对当时当下的经验，还有对当时过去的经验。因此，先王之书也是一个当时过去经验的记录，如《墨子·兼爱下》云："吾非与之并世同时，亲闻其声，见其色也。以其所书于竹帛，镂于金石，琢之盘盂，传遗后世子孙知之。"亦可见"先王之书"包含"考百姓耳目之实"。

从认识论上看，"察百姓耳目之实"虽是一种直接经验的来源，但其本质是一种民意。"耳闻目睹"是主体对客观事物的直接反映认识，是一种感性认识。《墨子·非命中》云："有闻之者，有见之者，谓之有；莫之闻，莫之见，谓之亡。"《墨子·明鬼下》云："入一乡一里而问之。自古以及今，生民以来着，亦有尝见鬼神之物，闻鬼神之声，则鬼神何谓无乎？"可见，墨子认为判断认识有无的标准就是众人耳闻目睹。由于民众耳目之实属于主观认识，且这种主观认识并非是客观事物的正确反映，存在一种或然性，因此这种认识具有片面性，具有唯物主义色彩，同时也有唯心主义成分。感性认识属于认识的初级阶段，需要经过去粗取精、去伪存真的加工才能上升到理性阶段。

用之：

从内容上看，"废（发）以为刑政，观其中国家百姓人民之利"即考察言行是否正确，就是将其实施，看其实际效果是否符合国家和人民的利益。墨子第三表注重从实际效果来看言论与行动的结果，反对空口无凭，注重动机与效果的统一。如《墨子·鲁问》记载："鲁君谓子墨子曰：我有二子，一人者好学，一人者好分人财，孰以为太子而可？子墨子曰：未可知也。或所为赏与为是也。钓者之恭，非为鱼赐也。饵鼠以虫，非爱之也。吾愿主君之合其志功而观焉。"

从认识论上看，"废（发）以为刑政，观其中国家百姓人民之利"，本质是一种实践论，属于唯物主义的观点。墨子认为言行要经得起考验，才值得重视；经不起考验的，就不值得重视。如《墨子·贵义》云："言足以迁行者常之，不足以迁行者勿常。不足以迁行而常之，是荡口也。"认为只有有利于改善行为的言论才是对的，否则是空谈。

以上，"本之"其本质是一种溯源历史，"原之"其本质是一种民意，"用之"其本质是一种实践论。可见，墨子"三表法"中"本之"与"用之"是密切相连的。"本之"虽是溯源历史，更是指向一种历史的实践，这种历史的实践某种程度上为"用之"提供了指导意义。

正如张岱年先生在《中国古典哲学概念范畴要论》中说："墨子三表兼重历史经验、感官经验与实际效果，含义是比较丰富的。这是中国古代哲学关于真理标准的精辟观点。"[①] 墨子"三表法"第一次明确提出检验认识的标准问题，以客观事实和实践效果为衡量、检验的标准，是朴素的唯物主义认识论，在中国古代唯物主义认识论发展史上，占有重要地位。

二、墨子实践观对后世的影响

墨子的实践观在后世国家治理的真理探索过程中产生了重要的指导意义。当面临要不要实行某种政治制度时，必须先要预知这种政治制度的利弊，而政治制度的利弊必须付诸实践才能看清。如果这种制度在历史上曾经反复实行过，那我们就要通过分析历史，来达到实践检验真理的目的，这可以看作墨子第三表的变通。下面我们以检验"分封制"与"郡县制"到底哪种制度更适合秦汉以后的古代社会为例。

---

① 张岱年:《中国古典哲学概念范畴要论》，中国社会科学出版社 1989 年版，第 231 页。

（一）在检验古代不同政治体制孰优孰劣问题上的应用

关于"分封制"与"郡县制"的优劣问题，历代争论不休。从三国时期魏国曹冏，晋代有陆机、刘颂，唐代有萧瑀、李百药、柳宗元，宋代有苏轼，清代有顾炎武等。纵观历代文人之争，唯独柳宗元在《封建论》①中将"封建制"与"郡县制"孰优孰劣讨论最为清晰，其说还为后世苏轼在《秦废封建》中大加赞赏，终成定论。分析其原因：柳宗元正是以墨子"实践观"为指导，同时从逻辑上以动态的视角纵观历代实行郡县制与分封制的根源，因而能够古为今用，以史为鉴，得到科学认识。

第一，从国家人民的历史实践分析问题。

历代论辩"郡县制""分封制"时，必然涉及夏商周秦汉的历史实践。由于立场不同导致观点有所不同。多数臣子会从统治者利益出发，围绕如何长保统治者社稷问题而论述，最后认为封建制好。如陆机《五等诸侯论》："王室遂卑，犹保名位，祚垂后嗣，皇统幽而不辍，神器否而必存者，岂非置势使之然欤！"然而柳宗元不同，他结合历史社会现实，秉持从国家人民的历史实践出发考虑问题，借古喻今，指明用人唯贤的重要性，这是前人讨论立场中所没有的。

柳宗元认为国家的产生源自人类历史实践活动，是人类社会实践发展的必然产物，是"势"之必然，并非圣人意志所掌控。如"近者聚而为群，群之分，其争必大，大而后有兵有德。又有大者，众群之长又就而听命焉，以安其属。于是有诸侯之列，则其争又有大者焉。德又大者，诸侯之列又就而听命焉，以安其封。于是有方伯、连帅之类，则其

---

①　此处"封建"专指西周至两汉时期实行的分封诸侯制，并非马克思主义所指的为地主阶级霸占土地剥削农民的封建生产关系。

争又有大者焉。德又大者，方伯、连帅之类又就而听命焉，以安其人，然后天下会于一。"

这种认识从本质上抓住了封建制产生的必然因素，是社会客观发展导致封建的产生。这不同于陆机认为的"分封制"是源自"先王知帝业至中，天下至旷。旷不可以偏制，重不可以独任。任重必于借力，制旷终乎因人。故设官分职，所以轻其任也；并建五长，所以弘其制也。于是乎立其封疆之典，财其亲疏之宜，使万国相维，以成磐石之固；宗庶杂居，而定维城之业"(《五等诸侯论》)。陆机认为分封制是圣人之意，因圣人先有广阔土地，靠个人无法控制，需依靠他人来治理，因此设置官员分掌职务，减轻自己负担，同时设置诸侯智障，扩大自己的权力控制。可见陆机的认识是从统治者利益出发，是一种或然性推理，不同于柳氏从人类历史实践出发，是一种必然性的推理。

历代文人多认为秦亡是由于实行郡县制，造成自身孤立无援所致。如陆机认为："降及亡秦，弃道任术，惩周之失，自矜其得，寻斧始于所庇，制国昧于弱下，国庆独飨其利，主忧莫与共害，虽速亡趣乱，不必一道，颠沛之衅，实由孤立。"然柳宗元不这样认识，相反，他结合秦的国情，从人民的实践活动立场出发考虑问题，认为秦虽统一全国，实行郡县制，但覆亡的主要原因是秦的严刑峻法和徭役压迫，即"咺役万人，暴其威刑，竭其货贿，负锄梃谪戍之徒，圜视而合从，大呼而成群"。进一步分析反抗群体，柳氏发现"有叛人而无叛吏"，结合当时有"天下相合，杀守劫令而并起"情况，可见当时老百姓是极其怨恨秦统治者，然而官吏却是极其惧怕朝廷，所以总结秦亡"咎在人怨，非郡邑之制失也"。

柳宗元还以汉代对比，汉一统后始复封建制时，诸侯国与郡县各占一半。当汉朝发生叛乱时，同秦"有叛人而无叛吏"相似，汉出现"时则有叛国而无叛郡"局面，再次通过汉朝的历史实践印证秦朝历史实践，进一步说明郡县制本身并非导致秦亡的根本原因。柳氏还以自己生活的时代唐朝为例，唐统一后设置州县，虽当下有藩镇割据造反，侵州夺县情况，但深入分析发现"唯有反叛的藩镇将领而无反叛的州县长官"。同秦汉有相似而不及，藩镇将领因兵权重而借势造反，州县长官受制于朝廷赏罚任用，根本无势造反。可见郡县制相比于分封制是具有优越性的，且更有利于国家稳定，人民安定。

第二，古为今用，以史为鉴。

《墨子·小取》："推也者，以其所不取之同于其所取者，予之也。是犹谓它者同也，吾岂谓它者异也。"即依据"已然则常然"原则，将未知的归纳到已知上去，把未然的结合在已然便是"推"。詹剑锋总结认为："墨子逻辑的基本原则是'别同异，明是非'，他（墨子）的归纳法也是从'别同异'出发，故'推'（归纳）之主要方法有三：一为求同法，二为别异法，三为同异交得法。"他认为所谓"别异法，即察同事而观其所异"。其遵循的原则是"法异则观其宜"①，换句话讲，即"两个或几个事例在其他条件都相同，只有一条件不同，此不同的条件或则其原因"②。如"子在军，不必其死生，闻战，亦不必其死生，前也不惧，今也惧。说在弗必，弗必者，疑也。"在儿子从军的条件下，其他条件全同，唯一不同是"在战场与不在战场"，推求"今也惧"原因，当由疑心所致。

柳宗元在面对国家探讨"郡县制""封建制"孰优孰劣时，科学运用墨家"别异法"于历史实践，将两种制度分别置于历史活动中，通过变动不同的条件，来总结历史上实践检验的认识，以指导当下国家的决策。

---

①　詹剑锋：《墨家的形式逻辑》，湖北人民出版社1979年版，第144页。

②　詹剑锋：《墨家的形式逻辑》，湖北人民出版社1979年版，第144页。

柳宗元回顾历史社会实践，在国家实行封建制的情况下，周朝实行封建制后，出现诸侯骄横，贪财好战，治理混乱，百姓生活在水深火热之中，而天子却无法撤换诸侯王。因诸侯势力过强，最终诸侯国反叛导致周朝灭亡。汉初治理，一半实行封建制，一半实行郡县制。汉天子政令只能在郡县制通行，不能在诸侯国通行，天子只能控制郡县长官，无法控制诸侯王。对比汉代封建国中诸侯与百姓情况，与周王朝有过之而不及。诸侯王即使做违法之事，依靠权势欺压百姓，天子也不能对他们怎样，诸侯国百姓深受其害，朝廷却无计可施，唯独等诸侯王反叛，才能率兵讨伐灭掉他们。因此会有"数年之间，奔命扶伤之不暇，困平城，病流矢，陵迟不救者三代"情况。

通过对比周、汉所践行封建制，观察其诸侯王、百姓的情况，柳宗元发现封建制国家中，往往会出现诸侯王反叛的情况，这也是导致国家灭亡的根本原因。而诸侯国的百姓，往往并非如陆机所述"五等则不然，知国为己土，众皆我民，民安己受其利，国伤家婴其病，故前人欲以垂后，后嗣思其堂构，为上无苟且之心，群下知胶固之义"，而是生活在水深火热之中。

当国家实行郡县制的情况下，秦朝通过设计郡县长官控制全国，对郡县长官的治理，中央设置有管理政务的大臣，防止地方官员自行其是，因此在揭竿而起的反叛中，即使在各地出现杀郡守劫县令的情况下，也没有地方官吏进行反叛，其根本在于惧怕朝廷。秦朝为防止郡县专权，有治理百姓的制度，但秦朝实行"亟役万人，暴其威刑，竭其货贿"，导致百姓产生怨恨，那些扛着锄头木棍被责罚守边之人，圜视而合从，大呼而成群，奋起反秦。汉代建立初时，一半实行郡县制，在诸侯国反叛时，郡县国则没有反叛，可以说是政治清明、社会安定。如"且汉知孟舒于田叔，得魏尚于冯唐，闻黄霸之明审，睹汲黯之简靖，拜之可也，复其位可也，卧而委之以辑一方可也"。即使官吏犯了罪可以罢免，有才干可以奖赏。

"朝拜而不道，夕斥之矣；夕受而不法，朝斥之矣。"让郡县制正确发挥郡县制的作用，郡守、县令可以很好治理人民，百姓也安居乐业，政局稳定。

通过对比秦、汉实行的郡县制，进一步观察其郡县国中郡县官吏、人民百姓的情况，发现汉代充分发挥郡县制的优势，郡守、县令听命于天子政令，天子任人唯贤，因此郡守、县令尽心治理地方，地方百姓也安居乐业，政治清明、社会稳定。对比同样实行郡县制的秦国，柳宗元通过变换条件，发现秦亡的根本原因并非因为郡县制的问题，而是因为国家的严刑峻法，烦琐奴役，激动百姓所引起。换句话讲，秦朝忽视了百姓人民的利益是导致其灭亡的根本原因，正如柳宗元总结"咎在人怨，非郡邑之制失也"。并非曹冏《六代论》认为"秦王独制其民，故倾危而莫救"。

在诸家认为"封建制"乃"三代垂道、四王垂业"的原因，而后世各王朝的倾覆，多是因为没有实行封建，是因为政制不善所致。柳宗元善于从历史实践中总结经验，采用科学的逻辑论证，通过对比周、秦、汉的历史实践，认为周亡、汉封建制出现叛乱的原因并非仅仅因为统治者政策上的失当，主要是因为诸侯权力过重，即"大凡乱国多，理国寡，侯伯不得变其政，天子不得变其君，私土子人者，百不有一。失在于制，不在于政，周事然也"。之所以导致如此，如柳宗元总结"失在于制，不在于政"。在诸家认为"郡县制"是导致秦亡的历史教训时，柳宗元通过变换秦汉的官吏因素、人民百姓的情况，对比汉的郡县制情况，分析认为郡县制并非导致秦亡的历史原因，导致秦亡国的主要原因在于秦国对人民的严刑峻法、烦琐徭役，即"失在于政，不在于制"。此外，当面对"夏、商、周、汉封建而延，秦郡邑而促"的说法，柳宗元同样以历史实践经验举出魏继承汉朝，分封贵族仍然实行封建制；西晋继承魏，因袭旧制不加改变，但魏和晋都很快就衰亡了，没听说有国运长久的。再以唐为例，唐纠正魏晋的过失改变了制度，享国已近二百年，国家基业更加巩固，进一步说明实行郡县制，再推行好的政策，就可以长治久安。

（二）在治国理念方面的"以史为鉴"

"以史为鉴"是汉初明确提倡的，这与秦王朝的迅速灭亡，新建之汉朝需要找到长治久安、国祚长保之道的现实需要有关，也与墨家"三表法"的思想影响有关，从上文的分析中，我们不难看到"三表法"中的两表均与如何吸取历史经验教训有关，所谓"圣王之事""先王之书"是历史，而"发而为刑政""观其中国家百姓人民之利"，对我们一般的研究者来说，也只能通过分析总结过往的相关历史事实来实现。

章学诚说："古人未尝离事而言理。"虽然说的是经书，但是同样也可以用于诸子。诸子书中征引故事，是为了作为自身理论的论据。战国时，百家并起，相互辩驳，同时纵横之风盛行，游说之士众多，各家都积极搜寻典故以为谈资，比如《韩非子·内外储说》就是为说理而作的"故事储备"，《说林》就是"故事集林"。

《吕氏春秋》比较晚出，但其为积聚论据而搜集历史故事的规模却是空前的。在《吕氏春秋》中，除去《十二纪·纪首》与最后四篇农耕之术之外，小部分是纯粹的说理文，大部分采用的是说理与故事相结合的模式，一般是开篇先说理，再列举故事，中间和最后或者加些理论，或者不加，一般还会对故事进行一番评论与总结。大部分的篇章，开篇的理论部分是各家的学说，后面的故事是经过挑选的，符合自家学说的故事。这种篇章的写作模式是选定论点（学派理论），寻找论据（故事），加工完成。但是还有一些篇章，是先有故事，再从故事中总结理论，这种篇章的写作模式是，选取相似的故事，从这些故事中总结出一种较为普遍的理论，加工完成篇章。如《吕氏春秋·先识》开篇曰："凡国之亡也，有道者必先去，古今一也。地从於城，城从於民，民从於贤。故贤主得贤者而民得，民得而城得，城得而地得。夫地得岂必足行其地、人说其民哉？得其要而已矣。"之后列举了夏太史令终古出其图法归商，殷内史向挚载其图法归周，晋太史屠黍见晋之乱以其图法归周，白圭辞中山王，齐王四件事，都是贤人远离将要发生动荡的国家。显然，本篇第一句"凡国之亡也，有道者必先去，古今一也"，是对这种现象的总结。之后的论述是从这种现象中得出的道理：维持国家稳定最重要的是重贤。

在《吕氏春秋》中，已经将用历史故事印证道理和从历史故事中抽绎道理的手法运用得很成熟了。但是不管是用这两种方式的哪一种，《吕氏春秋》都是先有了依托于某个学派的观点，然后再用史实、故事来证明，如此看来，这还是有点先入为主，与真正客观的"以史为鉴"还有距离。

为了"以史为鉴"，汉初，贾谊写了《过秦论》，不但引起当时最高统治者的重视，而且也在文人士大夫中造成非常久远的反响，以致后世出现了许多总结亡国教训的名篇，像北宋苏洵的《六国论》就是其中之一。在该文的开头苏洵就亮出自己的结论："六国破灭，非兵不利，战不善，弊在赂秦。赂秦而力亏，破灭之道也。或曰：六国互丧，率赂秦耶？曰：不赂者以赂者丧，盖失强援，不能独完。故曰：弊在赂秦也。"然后，他综观秦国得地和诸侯失地的原因，发现大部分不是因为战争，而是因为贪图一时安宁而以地"赂秦"，其文曰：

秦以攻取之外，小则获邑，大则得城。较秦之所得，与战胜而得者，其实百倍；诸侯之所亡，与战败而亡者，其实亦百倍。则秦之所大欲，诸侯之所大患，固不在战矣。思厥先祖父，暴霜露，斩荆棘，以有尺寸之地。子孙视之不甚惜，举以予人，如弃草芥。今日割五城，明日割十城，然后得一夕安寝。起视四境，而秦兵又至矣。然则诸侯之地有限，暴秦之欲无厌，奉之弥繁，侵之愈急。故不战而强弱胜负已判矣。至于颠覆，理固宜然。古人云："以地事秦，犹抱薪救火，薪不尽，火不灭。"此言得之。

那么，"齐人未尝赂秦，终继五国迁灭，何哉？"他的回答是，齐国与秦国联手而不帮助其他五国。这样一来，"五国既丧，齐亦不免矣"。然后，他举出了弱小的燕赵，因为力战而不赂秦，从而坚持了更久，"燕赵之君，始有远略，能守其土，义不赂秦。是故燕虽小国而后亡，斯用兵之效也。至丹以荆卿为计，始速祸焉。赵尝五战于秦，二败而三胜。后秦击赵者再，李牧连却之。洎牧以谗诛，邯郸为郡，惜其用武而不终也"。

接着，他来了一个假设，"向使三国各爱其地，齐人勿附于秦，刺客不行，良将犹在，则胜负之数，存亡之理，当与秦相较，或未易量。呜呼！以赂秦之地，封天下之谋臣，以事秦之心，礼天下之奇才，并力西向，则吾恐秦人食之不得下咽也"。要是历史能够再来一遍的话，那么真可以运用墨家"三表法"中的第三表来检验一番了。

总的来看，汉以后各朝各代的"以史为鉴"工作各有特点，由于对历史事实的预设立场不同，所以收到的效果也往往不同。唐太宗时君臣的"以史为鉴"在实践上是最成功的。而要在漫长的封建社会中找出一个能较少"先入为主"、客观地从过往历史中找出一些经验和教训的，可能南宋的洪迈就要首膺其选了。

在评议史实方面，洪迈《容斋随笔》尤其注意结合宋代的现实而进行讨论。洪迈在该书中常常将宋代赋税轻重与唐末五代进行对比，指出宋代的剥削之重远胜于前朝，因而，他主张任用贤良的地方官员，尽可能减轻劳动人民的负担。宋代最突出的矛盾是民族矛盾，辽、西夏、金相继为边患，北宋竟为金所灭，南宋初年半壁江山也岌岌可危。当时，洪迈主张抗金，对宋代统治者屈膝求和、丧权辱国的行径痛心疾首。洪迈在《靖康时事》等篇目中恳切地希望宋代皇帝也能像历史上一些国君那样真诚地对待将士和百姓，调动其抗敌积极性，以保卫江山。洪迈还在《孙吴四英将》《东晋将相》等篇中反复说明君主应当信任将帅，赋予其自主权，而不应过多防范，处处掣肘。

清末启蒙思想家龚自珍有一句名言："欲知大道，必先为史。"意思是说，要掌握社会发展的"大道"，必须首先研究蕴含着社会发展"大道"的历史。在人类社会发展的诸多"道"中，最"大"者当推治国安邦之道。中华民族是一个历史悠久的民族，我们的先哲非常重视历史资源的开发，为后人留下了一笔笔宝贵的财富。洪迈在《容斋随笔》中引经据典，讲述了自己在治国安邦方面的见解。

在洪迈看来，治国安邦之道最主要有两个方面的内容，一是修身爱民，实行仁政；二是尚贤使能，实行开明统治。

仁政为治国安邦之本。实行仁政首先要修身。《大学》中讲道："古之欲明明德于天下者，先治其国。欲治其国者，先齐其家。欲齐其家者，先修其身。"修身就是要注意自身品德修养。洪迈在随笔卷十一《汉景帝忍杀》和续笔卷四《周世宗》中强调，统治者要做到心胸宽广，容忍异己，才能维持政局稳定。汉景帝恭敬节俭而爱护百姓，继承了汉文帝的业绩，所以也被称为有才德的君主。但是考察他的天性禀赋，却是个心胸狭窄、不能容忍异己、苛刻暴虐、残忍好杀的人。他还在东宫当太子的时候，就因为赌博游戏杀了吴国太子，因而引起了吴王刘濞的怨恨。即位之后，不反思责备自己，却于一天之内在吴国三郡中削夺了其中两郡，因而造成了战火争端。当他信任使用晁错的时候，便把国家大事交付给他，但等到袁盎的坏主意说出来（说七国之兵只不过是请求杀了晁错罢了），汉景帝便命令官吏举发晁错大逆之罪，还把晁错的父母双亲、妻儿子女、同胞兄弟全部杀害了。在平定七国叛乱的战役中，汉景帝颁下诏令，把进攻的深入和多杀乱军作为立功的标准，三百石以上的官员都杀死，没有一个被放过的，如果敢对命令存在疑虑以及不遵照执行的，都要处以腰斩之刑。周亚夫由于军功而做了丞相，因为在封匈奴降将一事上与他争论，得罪了他而被迫托病免相。接下来，汉景帝便十分厌恶周亚夫，赏赐他饮食却不摆放筷子，喝令跪下请罪的周亚夫起来，不断羞辱他，不明白尊敬礼待大臣的道理。最后还以莫须有的罪名将他处死。只因与自己意见不同，便加羞辱和残杀，可见汉景帝的胸怀多么的狭小、残忍，与东汉光武帝相比就差远了。光武帝派遣冯异讨伐赤眉军时，曾告诫冯异说："讨伐不是一定要虏虐地方，屠杀城中居民，关键在于平定局势、安定百姓罢了。各位将领并不是不善于作战，但他们喜欢劫掠。你生性能管束官兵，希望自加整顿，不要给郡县地方带去苦难。"汉景帝诏书的残忍暴虐，与光武帝告诫之语的关爱之情，真是不可同日而语啊！光武帝因关爱百姓成就了千秋霸业，而汉景帝却落下个"忍杀"的罪名。

南北朝时周世宗柴荣也是心胸狭窄，刑法严酷，他手下的官员稍有一点过错，往往要处以重刑杀掉。据《旧五代史》记载，翰林院医官马道元向周世宗告状，说自己的儿子在寿州被贼人杀害，现在主犯已经被抓捕，但当地的州官不认真审理此案。周世宗大怒，派大臣窦仪去审理此案，结果处死了二十四个人及其家属。此事本来只有马氏子一人被杀，是州官失职没有认真审查此案，撤其职即可，却因此处死二十多人，其处罚的严酷可想而知了。虽然周世宗很有才干，但他不知道宽容，刑法严酷，最终导致了北周王朝的灭亡。

其次，实行仁政还要以民为本。一个王朝，要是因为得罪了百姓而导致倾覆，它的倾覆灭亡就无可挽回。洪迈在比较了秦朝、隋朝与西晋亡国的不同情况后，得出了这个宝贵的结论。自尧舜以来到宋代，天下分裂而后又统一的情况有四次：周朝末年分裂成七个相互争战的国家，秦朝把它们统一了；汉朝末年分裂为三个国家，晋朝把它们统一了；晋朝的动乱把天下分裂为十多个国家，争战了三百年，隋朝把它们统一了；唐代之后又分裂为八九个国家，宋朝把它们统一了。然而，在这四个统一分裂国家的王朝中，只有宋朝传位了九次，共一百七十年，其他三个只传位到下一代国家就灭亡了。比较它们灭亡的原因，洪迈指出，秦朝和隋朝都是因为实行暴政，荼毒天下民众，搞得民不聊生，最终爆发农民起义，导致国家灭亡；而西晋的灭亡根源于晋惠帝的昏庸愚昧，并不是因为得罪了老百姓。因而，秦、隋两朝"一亡即扫地"，而晋却保持了"百有余年"。由此可见，老百姓在一个国家的兴衰存亡中占有多么重要的地位。这些都见于随笔卷五《晋之亡与秦隋异》。

随笔卷十《战国自取亡》也同样说明了这个道理。战国七雄中，秦国虽然有"得地利，善为兵"等有利条件而"百战百胜"，但是其他六国中有些国家的实力最初与秦国不相上下，只是由于统治者贪婪别国领土，频频发动兼并战争，使得民不聊生，国力衰微，最后被秦国一并扫灭。倘若他们的君主能与民休养，保守边境，结好邻国，秦国虽然强大，也不至于将他们统一歼灭。

洪迈《容斋随笔》这种客观总结历史经验教训的做法，实际上与墨子在"三表法"中倡导的精神是一致的。不但当时宋孝宗喜欢读，就是对现代治国理政，也有参考作用，毛泽东同志生前就曾反复研读过这本书。

三、墨子实践观对后世的启发

正如梁启超所说:"墨子是古代大马克思。"①墨子的认识实践论的提出,显示了古代朴素辩证唯物论的较高水平,不仅在当时有力地颠覆了不可知论,而且对后世产生了深远的影响和启发。

"三表"是由墨子提出的检验认识是非对错的三个标准,表现了朴素的唯物主义思想,在我国古代哲学史上,有着重要地位。

"三表"是偏正式合成词,由"三"和"表"组成。"三"在甲骨文中作"三",表示数字,指事字。"表"在《说文解字》中作"裘"。《说文解字·衣部》:"裘,上衣也。从衣,从毛。古者衣裘,以毛为表。""表"指动物毛皮制作的外衣,会意字。《庄子·让王》:"曾子居卫,缊袍无表,颜色肿哙,手足胼胝。""表"字古又表木制标记。《周礼·大司马》:"虞人莱所田之野为表,百步则一,为三表,又五十步为一表。"后引申为表率、标准。《左传·襄公二十九年》:"表东海者,其大公乎!"墨子的"三表"指判断观点对错的标准,又称"三法"。"法"旧作"灋"。《说文解字·廌部》:"灋,刑也。平之如水,从水。廌,所以触不直者,去之,从廌去。法,今文省。""法"即刑法、法律,会意字。《周易·蒙》:"利用刑人,以正法也。"后引申指标准、准则。《春秋繁露·楚庄王》:"《春秋》贤而举之,以为天下法,曰礼而信。"

在百家争鸣的论战中,墨子提出了检验认识真伪、言论是非的三条标准,称之为"三表"或"三法"。《墨子·非命上》:"故言必有三表。何谓三表?子墨子言曰:有本之者,有原之者,有用之者。于何本之?上本之于古者圣王之事;于何原之?下原察百姓耳目之实;于何用之?废以为刑政,观其中国家百姓人民之利,此所谓言有三表也。"第一表

---

① 孟祥才:《梁启超自传》,江苏文艺出版社2012年版,第107页。

"本之于古者圣王之事"，从历史记载入手，考察认识是否符合历史上圣王的言行，以来于古人的间接经验检验认识。第二表"原察百姓耳目之实"，从客观事实入手，考察认识是否符合百姓耳目的见闻，以来源于百姓的直接经验检验认识。《墨子·明鬼下》："是与天下之所以察知有与无之道者，必以众之耳目之实知有与亡为仪者也。请或闻之见之，则必以为有，莫闻莫见，则必以为无。"大家都认识到了一件事物的存在，就断定这个事物存在，反之就断定它不存在。第三表"废以为刑政，观其中国家百姓人民之利"，从政治实践入手，将认识放到社会政治实践中去施行，看是否符合国家百姓人民之利，以实践效果来检验认识。《墨子·贵义》："言足以迁行者常之，不足以迁行者勿常。不足以迁行而常之，是荡口也。"认为只有有利于改善行为的言论才是对的，否则是空谈。墨子第一次明确提出检验认识的标准问题，以客观事实和实践效果为衡量、检验的标准，是朴素的唯物主义认识论，在中国古代唯物主义认识论发展史上，占有重要地位。

先秦诸子中，由于儒墨之争，孟子思想不可避免受墨家影响，荀子继承孟子思想，因此荀子也重视实效，把行为效果作为检验认识的标准。《荀子·性恶篇》："善言古者必有节于今，善言天者必有征于人。凡论者贵其有辨合，有符验。故坐而言之，起而可设，张而可施行。"论古要求合于今，论天要求征于人，言论要通过验证符合事实，主张要可以施行，可见荀子主张认识必须符合客观事实，而且能够施行。韩非子以避免君主被臣下蒙蔽为出发点，提出"参验"之法来判别认识的是非，同样受墨子实践观影响。《韩非子·奸劫弑臣》："循名实而定是非，因参验而审言辞。""参验"就是综合各种情况，进行分析研究、比较验证。《韩非子·八经》："言会众端，必揆之以地，谋之以天，验之以物，参之以人，四征者符，乃可以观矣。"韩非子也重视实践的效果，认为只能通过实际践行才能判断是非。《韩非子·显学》："观容服，听辞言，仲尼不能以必士；试之官职，课其功能，则庸人不疑于愚智。"

汉代独尊儒术，董仲舒进一步神化儒家的"天道"观。东汉谶纬神学盛行，唯心主义思想占据主导地位。但在认识检验标准上，仍有思想家受墨子影响提出朴素唯物主义认识论的观点。《淮南子》反对以主观意识为标准的是非观，主张以客观实际检验认识。《淮南子·齐俗训》："天下是非无所定，世各是其所是而非其所非，所谓是与非各异，皆自是而非人。"认为之所以是非未定，源于人的自是而非人。《淮南子·汇论训》："故不用之法，圣王不行；不验之言，圣王不听。"要求法度可供施行，言论经得起实践检验，强调通过实践效果来判断是非。王充主张以"效验"来定是非，即以事实、实效来作为判断认识正误的标准。《论衡·薄葬篇》："事莫明于有效，论莫定于有证。"《论衡·知实篇》："凡论事者，违实不引效验，则虽甘意繁说，众不见信。"《论衡·语增篇》："考察前后，效验自列。自列，则是非之实有所定矣。"只有与客观事实相符、有实效的言论才是正确的，才能取信于人。

宋代也有思想家坚持了唯物主义的认识论。叶适认为应该以客观事实及实践作为判断认识是非正误的依据。《水心别集·进卷·总义》："无验于事者，其言不合。无考于器者，其道不化。论高而实违，是又不可也。"理论需要以实践效果来作为检验标准，如果不合于实际，则虽高不可取。叶适甚至以有无实际的功利作为判断言论正误的标准。《习学记言》卷二十三："既无功利，则道义者，乃无用之虚语尔。"

两宋理学发展、成熟，并成为其后历代封建王朝的统治思想。理学属于唯心主义哲学，其认识论也是唯心主义的。他们认为"理"或"天理"，是世界的本源与最高法则，人的认识、行为以"理"为最终依据。在程朱理学盛行的同时，明代王阳明的"知行合一"学说某种程度上是继承了墨子的实践观。如"言必行，行必果，使言行之合犹合符节也"

（《墨子·兼爱下》）。因王阳明"知行合一"直接源自孟子思想，而在先秦时期，儒墨之争时，孟子的思想有部分吸收墨子思想而成，如孟子的"仁爱"直接源自墨子"兼爱"思想。因此墨子强调言行要统一，言论只有付诸行动才有意义，否则为空谈的认识，可能也为孟子所吸收，进而影响到王阳明系统地提出"知行合一"的思想。

西方哲学史上，也贯穿着如何检验认识真伪的思考与讨论。唯心主义思想家以"理念"、"圣人"、感觉等作为检验真理的标准，基督教以上帝的意志为真理，旧唯物主义思想家则主张以经验、实验、实践等作为真理的检验标准。至马克思将辩证法与唯物主义哲学结合起来，强调实践是认识论的开始，进而提出人类的社会实践是真理检验标准的观点。《关于费尔巴哈的提纲》："人的思维是否具有客观的［gegenständliche］真理性，这不是一个理论的问题，而是一个实践的问题。人应该在实践中证明自己思维的真理性，即自己思维的现实性和力量，自己思维的此岸性。关于思维——离开实践的思维——的现实性或非现实性的争论，是一个纯粹经院哲学的问题。"[1]

马列主义思想在"五四"之后传入中国，在中国共产党领导全国人民展开革命、建设的实践活动中，毛泽东、邓小平结合中国社会和革命实践的具体情况，多方面充实并发展了马列主义思想，其中包括真理的检验标准。毛泽东强调社会实践是检验真理的唯一标准。他在《实践论》中指出："马克思主义者认为，只有人们的社会实践，才是人们对于外界认识的真理性的标准。"[2]毛泽东还指出，只有人民群众的社会实践才是检验真理的标准，从深度与广度上发展了真理检验标准。《新民主主

---

① 马克思：《关于费尔巴哈的提纲》，载《马克思恩格斯选集》第1卷，人民出版社2012年第3版，第134页。

② 毛泽东：《实践论》，载《毛泽东选集》第1卷，人民出版社1991年第2版，第284页。

义论》:"只有千百万人民的革命实践,才是检验真理的尺度。"① 邓小平在"文化大革命"之后重新确立实践是真理检验标准的思想,具有重要的理论与现实意义。邓小平在中共十一届五中全会第三次会议上讲话说:"实事求是,一切从实际出发,理论联系实际,坚持实践是检验真理的标准,这就是我们党的思想路线。"② 邓小平还以是否发展了生产力作为检验实践成败的标准,并进一步提出三个"有利于"的标准。邓小平 1992 年在南方谈话中说:"判断的标准,应该主要看是否有利于发展社会主义社会的生产力,是否有利于增强社会主义国家的综合国力,是否有利于提高人民的生活水平。"③"三个有利于"实现了真理检验标准在社会领域的具体化和深化,是对辩证唯物主义认识论的丰富与发展。

---

① 毛泽东:《新民主主义论》,载《毛泽东选集》第 2 卷,人民出版社 1991 年第 2 版,第 663 页。

② 《邓小平大辞典》编委会:《邓小平大辞典》,红旗出版社 1994 年版,第 854 页。

③ 邓小平:《在武昌、深圳、珠海、上海等地的谈话要点》,载《邓小平文选》第 3 卷,人民出版社 1993 年版,第 372 页。

参考文献

（一）

B

班固撰、颜师古注：《汉书》，中华书局 1962 年版。

班固：《汉书·董仲舒传》，中华书局 1962 年版。

班固撰、王先谦注：《汉书补注》，中华书局 1983 年版。

C

蔡尚思、方行编：《谭嗣同全集》（修订版），中华书局 1981 年版。

蔡仁厚：《墨家哲学》，东大图书公司排印本 1978 年版。

蔡元培：《中国伦理学史》，东方出版社 1996 年版。

曹胜强、孙卓彩：《墨子研究》，中国社会科学出版社 2008 年版。

陈骙撰、刘彦成注译：《文则》，书目文献出版社 1988 年版。

陈澧：《东塾读书记》，生活·读书·新知三联书店 1998 年版。

陈亮：《陈亮集》，中华书局 1987 年版。

陈寿撰、裴松之注：《三国志集解》，上海古籍出版社 2009 年版。

程树德：《论语集释》，中华书局 1999 年版。

崔国因：《出使美国日记》，岳麓书社 2016 年版。

D

《邓小平文选》第 3 卷，人民出版社 1993 年版。

《邓小平文选》第 2 卷，人民出版社 1994 年版。

《邓小平大辞典》编委会：《邓小平大辞典》，红旗出版社 1994 年版。

杜预注、孔颖达疏：《十三经注疏·春秋左传正义》，上海古籍出版社 1997 年版。

段玉裁：《说文解字注》，上海古籍出版社 1981 年版。

F

范文澜：《文心雕龙注》上册，人民文学出版社 1958 年版。

范文澜：《文心雕龙注》下册，人民文学出版社 1958 年版。

范晔撰、李贤注：《后汉书》，中华书局 1965 年版。

范仲淹：《范仲淹全集》，四川大学出版社 2002 年版。

方以智：《通雅》，上海古籍出版社 1988 年版。

房玄龄：《晋书》，中华书局 1974 年版。

费振刚、胡双宝、宗明华辑校：《全汉赋》，北京大学出版社 1997 年版。

冯友兰：《中国哲学》，上海商务出版社 1934 年版。

冯友兰：《三松堂全集》第一卷，河南人民出版社 2000 年版。

G

高诱注：《吕氏春秋》，上海古籍出版社 2014 年版。

葛兆光：《中国思想史》，复旦大学出版社 2001 年版。

郭庆藩撰、王孝鱼点校：《庄子集释》，中华书局 2012 年版。

郭嵩焘：《拙尊园丛稿》，湖南人民出版社 1982 年版。

H

韩非：《韩非子》，国家图书馆出版社 2018 年版。

韩愈撰、阎琦校注：《韩昌黎文集注释》，三秦出版社 2004 年版。

郝懿行：《尔雅义疏》，上海古籍出版社 1983 年版。

何宁：《淮南子集释》，中华书局 1998 年版。

何文焕辑：《历代诗话》，中华书局 1981 年版。

洪适、洪遵、洪迈撰、凌郁之辑校：《鄱阳三洪集》，江西人民出版社 2011 年版。

洪迈：《容斋随笔》，上海古籍出版社 1978 年版。

洪迈撰、孔凡礼点校：《容斋随笔》，中华书局 2005 年版。

洪兴祖撰、白化文点校：《楚辞补注》，中华书局 1983 年版。

胡适：《中国哲学史大纲》，台湾商务印书馆 2008 年版。

胡子宗、李全兴：《墨子思想研究》，人民出版社 2007 年版。

黄侃：《文心雕龙札记》，华东师范大学出版社 1996 年版。

黄庭坚撰、刘琳校点：《黄庭坚全集》，四川大学出版社 2001 年版。

黄绾：《明道编》，中华书局 1959 年版。

J

《江泽民文选》，人民出版社 2006 年版。

焦循：《孟子正义》，中华书局 1987 年版。

K

孔安国、孔颖达疏：《十三经注疏·尚书正义》，上海古籍出版社 1997 年版。

L

来知德:《周易集注》,民主与建设出版社 2015 年版。

黎翔凤:《管子校注》,中华书局 2004 年版。

李昉:《文苑英华》,中华书局 1966 年版。

李昉:《太平御览》,中华书局 1998 年版。

李觏:《李觏集》,中华书局 1981 年版。

李圃:《古文字诂林》,上海教育出版社 2000 年版。

李清良:《中国阐释学》,湖南师范大学出版社 2001 年版。

李延寿:《北史》,中华书局 1974 年版。

李延寿:《南史》,中华书局 1975 年版。

梁宁建:《当代认知心理学》,上海教育出版社 2003 年版。

梁启超:《梁启超文集》,上海人民出版社 1984 年版。

梁启超:《饮冰室合集》,中华书局 1989 年版。

梁启超:《中国近三百年学术史》,人民出版社 2008 年版。

梁启超:《墨子》,山西古籍出版社 2004 年版。

令狐德棻:《周书》,中华书局 1974 年版。

刘基:《诚意伯文集》,古书社 2008 年版。

刘向集录:《战国策》,上海古籍出版社 1978 年版。

刘向撰、向宗鲁校正:《说苑校证》,中华书局 1987 年版。

刘勰撰、詹锳义证:《文心雕龙义证》,上海古籍出版社 1989 年版。

刘昫等撰:《旧唐书》,国家图书馆出版社 2014 年版。

刘知几撰、浦起龙通释:《史通通释》,上海古籍出版社 2009 年版。

楼宇烈:《王弼集校释》,中华书局 1980 年版。

陆机撰、张少康集释:《文赋集释》,人民文学出版社 2002 年版。

陆九渊撰、钟哲点校:《陆九渊集》,中华书局 1980 年版。

陆游:《老学庵笔记》(唐宋史料笔记丛刊本),中华书局 1979 年版。

吕振羽:《中国政治思想史》,人民出版社 1981 年版。

吕祖谦:《宋文鉴》,商务印书馆 1937 年版。

吕祖谦:《吕祖谦全集》,浙江古籍出版社 2008 年版。

M

马端临：《文献通考》，中华书局 1986 年版。

《马克思恩格斯选集》第 1 卷，人民出版社 2012 年版。

《毛泽东选集》（共四卷），人民出版社 1991 年版。

孟祥才：《梁启超自传》，江苏文艺出版社 2012 年版。

墨翟：《墨子间诂》，中华书局 2001 年版。

O

欧阳修：《新唐书》，中华书局 1975 年版。

欧阳永叔：《欧阳修全集》，北京市中国书店 1986 年版。

欧阳修撰、汪绍楹校：《艺文类聚》，上海古籍出版社 1999 年版。

Q

钱穆：《先秦诸子系年考辨》，上海书店 1992 年版。

钱锺书：《管锥编》，中华书局 1986 年版。

《清代诗文集汇编》编纂委员会：《清代诗文集汇编》，上海古籍出版社 2010 年版。

秋瑾：《秋瑾集》，上海古籍出版社 1991 年版。

钱谷：《吴都文粹续集》，文渊阁四库全书补配文津阁四库全书本。

R

任继愈等主编：《墨子大全》，北京图书馆出版社 2004 年版。

S

沈约:《宋书》,中华书局 1974 年版。

沈云龙编:《近代中国史料丛刊》,文海出版社 1966 年版。

司马光:《资治通鉴》,中华书局 1956 年版。

司马迁:《史记》,中华书局 1959 年版。

司马迁:《史记》,中华书局 1982 年版。

四库禁毁书丛刊编纂委员会:《四库禁毁书丛刊》,北京出版社 1997 年版。

宋濂:《元史》,中华书局 1976 年版。

苏轼:《苏东坡全集》,北京市中国书店 1986 年版。

苏兴撰、钟哲点校:《春秋繁露义证》,中华书局 1992 年版。

孙梅撰、李金松校点:《四六丛话》,人民文学出版社 2010 年版。

孙诒让:《札迻》,中华书局 1989 年版。

孙诒让:《墨子间诂》,中华书局 2001 年版。

孙中山:《孙中山全集》,中华书局 1985 年版。

孙中原:《墨学通论》,辽宁教育出版社 1993 年版。

孙中原:《墨学与现代化》,中国广播电视出版社 1998 年版。

孙中原:《墨学与现代文化》,中国广播电视出版社 2007 年版。

孙卓彩:《墨学概要》,齐鲁书社 2008 年版。

T

谭嗣同:《仁学》,成都书店 1979 年版。

谭戒甫:《墨辩发微》,中华书局 1964 年版。

唐寅:《唐伯虎全集》,中国书店 1985 年版。

田晓娜主编:《四库全书精编》,国际文化出版社 2006 年版。

脱脱:《宋史》,中华书局 1977 年版。

王安石：《临川先生文集》，四部丛刊景明嘉靖本。

王弼注、孔颖达疏：《十三经注疏·周易正义》，上海古籍出版社1997年版。

王弼注、楼宇烈校释：《周易注校释》，中华书局2012年版。

王溥：《唐会要》，中华书局1955年版。

王符著、汪继培笺、彭铎校正：《潜夫论校正》，中华书局1985年版。

王夫之：《船山全书》，岳麓书社2012年版。

王管：《公孙龙子悬解》，中华书局1992年版。

王焕镳：《墨子校释》，浙江文艺出版社1984年版。

王鸣盛：《十七史商榷》，商务印书馆1959年版。

王锡琪辑：《小方壶斋舆地丛钞》，杭州古籍出版社1985年影印本。

王先谦：《荀子集解》下册，中华书局1988年版。

王先谦：《荀子集解》，中华书局1988年版。

王兴国编：《杨昌济文集》，湖南教育出版社1983年版。

王应麟：《玉海》，南京古籍出版社1987年版。

王应麟：《辞学指南》，中华书局2010年版。

魏收：《魏书》，中华书局1974年版。

魏徵：《隋书》，中华书局1973年版。

吴兢：《贞观政要》，中华书局1979年版。

吴讷撰、于北山校点：《文章辨体序说》，人民文学出版社1962年版。

吴毓江：《墨子校注》，中华书局1993年版。

吴兢：《贞观政要》，齐鲁书社局2000年版。

王先慎：《韩非子集解》，中华书局1998年版。

X

萧统编、李善注：《文选》，中华书局1977年版。

萧子显：《南齐书》，中华书局1972年版。

徐师曾著、罗根泽校点：《文体明辨序说》，人民文学出版社1998年版。

徐中舒主编:《甲骨文字典》,四川辞书出版社 2006 年版。

许慎:《说文解字》,中华书局 2016 年版。

许苏民:《明清启蒙学术流变》,辽宁教育出版社 1995 年版。

《续修四库全书》编委会编:《续修四库全书·集部目录》,上海古籍出版社 2002 年版。

薛福成:《庸盦笔记》,江苏人民出版社 1983 年版。

向宗鲁:《说苑校证》,中华书局 1987 年版。

Y

严可均:《全上古三代秦汉三国六朝文》,中华书局 1958 年版。

杨昌济:《达化斋日记》,湖南人民出版社 1981 年版。

杨昌济:《杨昌济文集》,湖南教育出版社 1983 年版。

杨百顺:《比较逻辑史》,四川人民出版社 1989 年版。

杨伯峻:《孟子译注》,中华书局 1960 年版。

杨伯峻:《论语译注》,中华书局 1980 年版。

姚鼐编、高步瀛笺:《古文辞类纂笺》,吉林大学出版社 1997 年版。

姚思廉:《陈书》,中华书局 1972 年版。

姚思廉:《梁书》,中华书局 1973 年版。

叶绍翁:《四朝闻见录》,中华书局 1989 年版。

叶适:《叶适集》,中华书局 1961 年版。

叶适:《习学记言序目》,中华书局 1977 年版。

永瑢:《四库全书总目》,中华书局 1965 年版。

于省吾:《甲骨文字诂林》,中华书局 1999 年版。

余纪元:《亚里士多德伦理学》,中国人民大学出版社 2011 年版。

庾信著、倪璠纂注:《庾子山集注》,中华书局 1980 年版。

Z

詹剑峰:《墨家的形式逻辑》,湖北人民出版社 1979 年版。

詹剑峰：《墨子哲学与科学》，人民出版社 2001 年版。

张斌峰：《墨学与世界和平》，中国书店 1997 年版。

张纯一：《墨子集解》，成都古籍书店 1988 年版。

张岱年主编：《中华的智慧——中国古代哲学思想精粹》，上海人民出版社 1989 年版。

张岱年：《中国古典哲学概念范畴要论》，中国社会科学出版社 1989 年版。

张廷玉：《明史》，中华书局 1936 年版。

张英：《渊鉴类函》，中国书店 1985 年版。

张永祥、肖霞：《墨子译注》，上海古籍出版社 2015 年版。

张玉书：《佩文韵府》，上海古籍出版社 1983 年版。

张枏、王忍之编：《辛亥革命前十年间时论选集》，生活·读书·新知三联书店 1977 年版。

章学诚：《文史通义》，上海古籍出版社 2009 年版。

郑杰文：《中国墨学通史》，人民出版社 2006 年版。

郑杰文、王继学：《墨学对中国社会发展的影响》，山东人民出版社 2011 年版。

郑顺佳：《天理人情》，团结出版社 2011 年版。

郑玄笺、孔颖达疏：《十三经注疏·毛诗正义》，上海古籍出版社 1997 年版。

郑玄注、贾公彦疏：《十三经注疏·周礼注疏》，上海古籍出版社 1997 年版。

郑玄注、贾公彦疏：《周礼注疏》，北京大学出版社 1999 年版。

中国逻辑学会中国逻辑史专业委员会：《中国逻辑史研究》，中国社会科学出版社 1982 年版。

周光庆：《中国古典解释学导论》，中华书局 2002 年版。

周永林：《邹容文集·家书》，重庆出版社 1983 年版。

周裕锴：《中国古代阐释学研究》，上海人民出版社 2003 年版。

周振甫：《文心雕龙今译》，中华书局 1986 年版。

周振甫等：《唐诗宋词元曲全集·全唐诗》，黄山书社 1999 年版。

朱维铮编：《郭嵩焘等使西记六种》，中华书局 1981 年版。

朱熹：《朱子全书》，上海古籍出版社 2010 年版。

左民安：《细说汉字——1000 个汉字的起源与演变》，九州岛出版社 2005 年版。

左丘明撰、杜预集解：《左传》，上海古籍出版社 2015 年版。

（二）

［德］狄尔泰：《历史中的意义》，艾彦、逸飞译，中国城市出版社 2002 年版。

［德］卡尔·雅斯贝尔斯：《智慧之路》，柯锦华译，中国国际广播出版社 1988 年版。

［美］布龙菲尔德：《语言论》，袁家骅译，商务印书馆 1985 年版。

［希腊］柏拉图：《理想国》，吴献书译，商务印书馆 1929 年版。

［希腊］亚里士多德：《亚里士多德伦理学》，向达译，商务印书馆 1933 年版。

［希腊］亚里士多德：《尼各马可伦理学》，廖申白译，商务印书馆 2003 年版。

［希腊］亚里士多德：《尼可马克伦理学》，邓安庆译，［注释导读本］，人民出版社 2010 年版。

［英］葛瑞汉：《论道者——中国古代哲学论辩》，张海晏译，中国社会科学出版社 2003 年版。

［英］雷蒙·威廉斯：《关键词：文化与社会的词汇》，刘建基译，生活·读书·新知三联书店 2016 年版。

责任编辑：崔继新

文字编辑：陈来胜

编辑助理：邓浩迪

封面设计：汪　莹

图书在版编目（CIP）数据

墨家元典关键词研究 / 罗积勇 等著 . —北京：人民出版社，2021.6

（中国文化元典关键词研究丛书 / 李建中主编）

ISBN 978－7－01－023079－5

I.①墨…　II.①罗…　III.①墨家－哲学思想－关键词－研究　IV.① B224.5

中国版本图书馆 CIP 数据核字（2021）第 016807 号

墨家元典关键词研究

MOJIA YUANDIAN GUANJIANCI YANJIU

罗积勇　杨 帅　刘丽玲　著

人民出版社 出版发行

（100706　北京市东城区隆福寺街 99 号）

北京盛通印刷股份有限公司印刷　新华书店经销

2021 年 6 月第 1 版　2021 年 6 月北京第 1 次印刷

开本：710 毫米 ×1000 毫米 1/16　印张：21.75

字数：280 千字

ISBN 978－7－01－023079－5　定价：68.00 元

邮购地址 100706　北京市东城区隆福寺街 99 号

人民东方图书销售中心　电话（010）65250042　65289539